政府向社会组织购买公共服务的公共性保障研究

ZHENGFU XIANG SHEHUI ZUZHI GOUMAI
GONGGONG FUWU DE GONGGONGXING BAOZHANG YANJIU

苗红培◎著

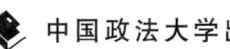
中国政法大学出版社

2022·北京

声　明	1. 版权所有，侵权必究。
	2. 如有缺页、倒装问题，由出版社负责退换。

图书在版编目（ＣＩＰ）数据

政府向社会组织购买公共服务的公共性保障研究/苗红培著.—北京：中国政法大学出版社，2022.8
　ISBN 978-7-5764-0557-6

　Ⅰ.①政… Ⅱ.①苗… Ⅲ.①公共服务－政府采购制度－研究－中国 Ⅳ.①D630.1②F812.2

中国版本图书馆CIP数据核字(2022)第134347号

出版者	中国政法大学出版社
地　址	北京市海淀区西土城路25号
邮　箱	fadapress@163.com
网　址	http://www.cuplpress.com（网络实名：中国政法大学出版社）
电　话	010-58908435(第一编辑部) 58908334(邮购部)
承　印	固安华明印业有限公司
开　本	880mm×1230mm　1/32
印　张	9.5
字　数	222千字
版　次	2022年8月第1版
印　次	2022年8月第1次印刷
定　价	49.00元

前　言

　　2012 年回到山东大学攻读行政管理专业博士学位时，在导师肖金明老师以及曹现强、王佃利等老师的影响之下，我对公共服务供给、社会组织发展产生了浓厚的兴趣。2013 年，国务院办公厅发布了《关于政府向社会力量购买服务的指导意见》；我国社会组织也步入一个相对规范、稳定的发展阶段。于是，便确定了大的研究方向，即政府治理变革、社会组织发展。《政府向社会组织购买公共服务的公共性保障研究》是我的博士学位论文。

　　政府向社会力量购买服务是个实践性很强的领域。论文成文以后，一方面，政府出台了新的管理购买服务的相关规定，比如 2018 年 7 月，财政部下发《关于推进政府购买服务第三方绩效评价工作的指导意见》；2020 年 3 月，《政府购买服务管理办法》施行等。另一方面，社会组织领域，无论是管理制度还是社会组织发展都有新的情况和变化。社会组织登记管理制度改革推进，而且社会组织数量从 2015 年末的 66.2 万发展到 2020 年末的 89.4 万个。因此，对文中涉及的相关内容进行了更新，并形成此书。

　　本书在写作过程中，肖金明老师倾注了大量心血，研究框架的确定、内容的完善方面,都给予我极大的帮助。各位老师、各位同仁也都提出了宝贵的意见。特别谢谢相焕伟师兄,以及我的各位同门。此外,本书的出版受到山东政法学院出版基金资助。在此,一并表示感谢。

苗红培

目 录

导　论 ………………………………………………………… 1

第一章　政府向社会组织购买公共服务的公共性理论 ……… 26
第一节　"公共"的起源及公共性思想发展 ………………… 27
第二节　政府向社会组织购买公共服务的公共性界定 ……… 43
第三节　政府向社会组织购买公共服务公共性保障的
　　　　基本逻辑 ……………………………………………… 60

**第二章　政府向社会组织购买公共服务的公共性问题及
　　　　成因** ……………………………………………………… 68
第一节　政府向社会组织购买公共服务的发展历程与制度
　　　　现状 …………………………………………………… 69
第二节　政府向社会组织购买公共服务的成效与典型
　　　　实践 …………………………………………………… 87
第三节　政府向社会组织购买公共服务的公共性问题 …… 102
第四节　政府向社会组织购买公共服务的公共性问题
　　　　成因 …………………………………………………… 117

第三章 政府向社会组织购买公共服务公共性的基础性保障 ……… 131

第一节 公共服务是政府的核心职能：基础性保障地位的缘由 ……… 133

第二节 政府在公共服务供给方式变革中的新角色：基础性保障作用的立足点 ……… 141

第三节 政府理念转变与制度供给：以自身公共性维护发挥基础性保障作用 ……… 148

第四章 政府向社会组织购买公共服务公共性的关键性保障 ……… 166

第一节 社会组织的组织特征和生产者身份：关键性保障地位的缘由 ……… 168

第二节 政府与社会组织关系重构：关键性保障作用的基础 ……… 174

第三节 社会组织自身建设的加强：以其公益性维护发挥关键性保障作用 ……… 182

第五章 政府向社会组织购买公共服务公共性的支撑性保障 ……… 210

第一节 公共服务、公共生活与公共精神三位一体：支撑性保障地位的缘由 ……… 211

第二节 政府购买中社会公众的公共精神 ……… 217

第三节 社会公众公共精神的提升策略 ……… 228

第六章	政府向社会组织购买公共服务的公共性过程建构 ········· 238
第一节	政府向社会组织购买公共服务三元主体的相互性 ········· 239
第二节	政府向社会组织购买公共服务三元主体间的互动性 ········· 252
第三节	政府向社会组织购买公共服务三元主体互动过程的规范性 ········· 258

结　语 ········· 272

参考文献 ········· 276

附　录 ········· 296

导　论

一、研究背景

公共管理是关于公共价值与管理方法的艺术。作为一门艺术，公共管理并非存在于真空之中，它并不是一种天马行空的"想象"；相反，公共管理存在于现实世界之中，它是由经济、政治、文化等客观因素所决定的，可以这样说，有什么样的客观现实就决定有什么样的公共管理之"术"，一部公共管理的历史就是一部因应客观现实、为了公共价值、达至良善治理从而变革管理方法的历史。

20世纪70年代以来，面对福利国家的沉重负担、官僚政府的臃肿低能以及公民社会的负面感知等多种因素，西方国家普遍与私人部门尤其是非营利组织[1]建立了合作伙伴关系，合作涉及公共设施建设、环境污染治理、养老、医疗甚至监狱管理等领域，合作方式在不同领域有不同表现，如BOT、TOT、PFI、DBFO等，但不同的合作方式在本质上却是一致的，主要是政府购买服务尤其是公共服务。到了20世纪90年代，政府购买公共

---

[1]　在本研究中，社会组织、非营利组织、非营利部门、非政府组织、第三部门等不做严格区分，基本采用"社会组织"的表述，其他视具体论述情况而定。

服务发展为西方发达国家基本的政策工具,购买涉及广泛的公共服务领域,合作主体既有私营企业,也有非营利组织,供给主体多元化时代到来。[1] 在这样的现实背景下,西方国家公共管理悄然发生了范式转换——由传统公共行政转向新公共管理。相比较政府垄断的传统公共行政,新公共管理的显著特征之一就是公私合作,强调用经济学的理念和私人部门管理的方法来实现公共管理。

新中国成立至改革开放之前,我国处于"总体性社会"[2]之下,政府几乎垄断所有资源,是公共服务提供的唯一主体,其他力量没有机会也没有能力参与进来,单一供给主体限制了公共服务提供的效能。从改革开放始,政府职能转变就一直是我国政府改革的重心所在。政府职能转变的核心是在厘清政府与市场、社会关系的基础上确定政府该做什么的问题,即哪些才是政府应该做的事情。当然,政府职能转变是一个不断探索的过程。20世纪90年代中期,以上海市浦东新区社会发展局向罗山会馆购买服务为起点,上海、南京、宁波、无锡等地对政府向社会组织购买服务进行了积极探索,相关国家和地方政策措施也陆续出台。

2002年政府工作报告将"公共服务"定位为政府的四大基本职能之一;2013年国务院办公厅印发《关于政府向社会力量

---

[1] 实际上,发达国家政府购买公共服务的实践早已有之,甚至有完备的理论支撑及制度规范。早在17世纪,英国等老牌资本主义国家基于基础设施建设所需庞大资金和有限的公共财政之间的张力,就开始对高速公路等实施BOT特许经营,引入私人企业参与公共建设。之后,英美等国的铁路建设、城市供水等领域也开始实行公私合作,20世纪初英美等国甚至还制定较为规范的公私合作程序。

[2] Tsou Tang, Revolution, "Reintegration, and Crisis in Communist China: a Framework for Analysis", in: Ho, Ping-ti &Tsou, Tang (ed.), China in Crisis, Vol.1, Book1, Chicago: University of Chicago Press, 1967, pp.277~364.

购买服务的指导意见》[1]，指出政府购买对职能转变的作用；十八届三中全会也高度关注政府购买服务问题，并提及购买范围、原则、方式；2017年1月，国务院印发《"十三五"推进基本公共服务均等化规划》，推出国家基本公共服务清单；2021年12月，国家发展改革委等多部门联合印发《"十四五"公共服务规划》，强调支持社会力量参与公共服务；等等。

与此同时，社会管理创新、社会组织建设进入政策视野，新的社会管理格局出现在十七大报告中，"社会协同"成为新格局的组成部分。"十二五"规划纲要对"加强和创新社会管理"做了总体规划。十八大报告对社会管理体制进行了更为全面的概括，十八届三中全会进一步强调了在党委领导、政府主导下的政社合作和居民自治，以及二者互动的重要性。十九大报告强调推动社会治理[2]重心下移，发挥社会组织作用，要全面地提升社会治理的社会化、法治化、智能化、专业化水平。2021年9月，民政部印发《"十四五"社会组织发展规划》，推动社会组织发展质量的提升以及作用的发挥。

可以看出，自改革开放特别是20世纪90年代以来，受西方新公共管理思潮的影响以及西方国家政府购买公共服务的强大示范，尤其是面对我国日益增长的社会公共服务需求背景下转换政府职能、满足社会多元需求的客观需要，政府垄断公共服务供给的格局逐渐被打破，市场力量、社会力量参与到公共服务的提供中来，公共服务供给主体日益多元化，外部购买在服

---

[1] 下文会多次提到该文件，为行文方便，以下简称"《指导意见》"。

[2] 很长的一段时间之内，我们的表述都是"社会管理"，而不是"社会治理"。十八届三中全会明确提出了"社会治理"的命题，"社会治理"取代了"社会管理"，并展示到社会治理格局、社会治理共同体建设以及社会组织的参与等多个方面。

务提供模式中占据一席之地,[1] 社会组织的合作主体地位日益稳固。回看我国改革开放以来的政府变革可见：第一，整体上，政府角色经历了由"划桨者"到"掌舵者"再到"服务者"的转变。[2] 第二，政府职能转变的切入点是向市场和社会放权，而放权的基本途径之一便是向市场和社会购买公共服务。由于我国开始强调社会建设、社会治理创新以及政府与社会关系调整等，我国在购买公共服务时更强调与"社会（组织）"的合作。

任何事物都具有两面性，政府向社会组织购买公共服务也是这样。这种方式在降低成本、提高效益以及提升公众"获得感"的同时，也存在一些问题，如政府在购买过程中借助契约手段逃避责任甚至获得部门利益；又如社会组织承接力较弱，不能很好地履行作为生产者的职责；再如作为消费者的社会公众缺乏应有的公共精神，"各人自扫门前雪，休管他人瓦上霜"的单向思维较为明显，过度自利的情况时有发生；还如由于购买过程的非公开性，导致较为严重的利益输送；亦如由于程序设计的非合理性，不但没有降低反而增加了交易成本，导致公共服务的整体效率不高；等等。

上述问题在本质上反映的是政府向社会组织购买公共服务的公共性流失问题。[3] 管理主义在提高效率方面有优势，但管

---

〔1〕 敬乂嘉："中国公共服务外部购买的实证分析——一个治理转型的角度"，载《管理世界》2007年第2期。

〔2〕 陈毅："对政府职能转变的思考——从'划桨'到'掌舵'再到'服务'"，载《云南行政学院学报》2010年第1期。

〔3〕 为行文方便，在非章节标题中，尽可能将"政府向社会组织购买公共服务"表达为"政府购买"，但与"公共性"连用时仍采用原表达方式，若无特别说明即为此意。

理主义与公共服务的传统、与公共服务供给对民主的重视是不符的，公共管理在采用私营部门的管理方法时要加以分辨，而不是盲从，引入管理主义是要发展一种独特的"公共"管理，[1] 公共性才是公共管理的本质属性和价值追求。毫无疑问，借助经济学的方法和私人部门的管理技术实现公共管理，甚至将效率视为公共管理的终极价值，有时候会偏离公共管理的基本价值，侵蚀公共管理的公平正义、公共利益、程序正义等价值要求，导致公共管理在"管理性"和"公共性"之间失去平衡。政府和社会组织在公共服务领域的合作不能忽视对公共性的基本关照，对公共行政[2]的公共性予以重视，发扬其蕴含的公共精神，在理论上和实践中都具有重要意义。对政府向社会组织购买公共服务的公共性进行研究，通过制度设计保障公共服务的公共性本质，是转型期的我国必须认真面对的时代课题。当然，这种探讨并不是要阻止甚至扼杀这一新的艺术作品，而是为了防范这种新的艺术作品潜在的制度风险。

二、研究意义

政府购买是公共服务供给机制的重大变革，涉及政府职能转变、政社关系调整、社会建设、社会组织发展，不可避免地成为社会热点问题，受到理论界和实务界的高度关注。从表面上看，这项改革万事俱备，从地方到中央都表现出高度的热情，各界也都对改革寄予厚望。但实践中问题层出不穷，导致公共

---

[1] [澳] 欧文·E. 休斯：《公共管理导论》，彭和平等译，中国人民大学出版社2001年版，第93页。

[2] 在本研究中，不对"公共管理"和"公共行政"的称谓作严格区分。特此说明。

服务公共性流失。对这一问题的探究已经不单单是一种学术追求，我们持有什么样的公共性理念，将直接影响到这项改革的成效。若我们的兴趣仅仅在"购买"本身，而对公共性关注不够，势必在管理主义强调的效率漩涡中愈陷愈深，也势必将民主社会本应强调的公平、正义等价值观束之高阁。因此，政府购买为我们从新的角度关注公共性问题提供了契机。这是一个值得关注的领域，也是一个有意义的问题。本研究认为，通过三元主体[1]公共品格维护和三元主体互动过程中的公共性维护，可以对政府向社会组织购买公共服务的公共性予以保障，以实现公共服务供给机制改革的初衷。因此，本研究具有一定的理论意义和现实意义。

（一）理论意义

本研究在理论上有助于深化对公共性理论的认识、拓展公共性研究的领域；厘清效率和公平之间的关系、达成新公共管理和新公共服务理论某种程度上的"和解"；推动相关学科交叉和融合等。

1. 本研究有助于深化对公共性理论的认识，进一步拓展公共性研究的领域，并在某种程度上使公共性研究更接地气。研究公共性的领域很多，形而上的研究、形而下的研究皆有，且遍及各学科，尤以政治哲学领域为盛。近年来，与公共管理领域日益兴盛的变革相伴随，公共性问题也受到该学科的重视，关于公共行政、公共管理公共性的探讨愈来愈多，公共行政、公共管理应遵循什么样的价值观是一个自学科成立至今都在争

---

[1] 三元主体指的是公共服务的购买者、生产者和消费者，在本研究中分别指政府、社会组织、社会公众（特定公民），这一点在第一章第二节中有充分的论述。

论中的问题。本研究借助于经典的公共性思想和公共性内涵，赋予特定情境下的公共性以特定的含义，并提出了保障这一情境下公共性的策略。研究借助的还是经典的公共性思想，但却将其置于一个相对新鲜的领域，即政府购买这一特定情境下，并作出自己对这一情境下公共性的界定。基于此，本研究具有拓展公共性研究领域的理论意义。

2. 本研究有助于厘清效率和公平之间的关系，达成新公共管理理论和新公共服务理论某种程度上的"和解"。新公共管理打造的是"企业家政府"，企业家的关注点在于通过采用新的形式来实现生产率和实效的最大化，[1] 该理论打破了原来的官僚主义，为公共管理领域带来生机，对效率的关注成为其标签，但也因为其秉持的公私部门无界限的理念以及对市场机制的过度迷信而备受质疑。新公共服务理论应运而生，对公共利益、公民权、民主性、人本身的强调是其标签。[2] 政府购买实际上是引入了市场竞争机制，以竞争来激发活力，这里包含着新公共管理的思想。同时，本研究关注的又是公共服务的公共性保障问题，即要通过一系列措施来保障公共服务的品质和公平、公正的供给，这又包含着新公共服务的思想。因此，本研究有助于实现两种理论之间的融合。

3. 本研究有助于推动相关学科的交叉和融合。本研究涉及多学科的知识，以公共行政学的知识为基础，杂糅政治学、行政法学等学科的知识。一般情况下，各学科研究界限分明。然

---

〔1〕［美］戴维·奥斯本、特德·盖布勒：《改革政府：企业家精神如何改革着公共部门》，周敦仁等译，上海译文出版社2006年版，前言。

〔2〕［美］珍妮特·V. 登哈特、罗伯特·B. 登哈特：《新公共服务：服务，而不是掌舵》，丁煌译，中国人民大学出版社2010年版，第31~41页。

而，政府向社会组织购买公共服务的公共性保障却非单一学科能够解决的问题，当然，其基础知识仍在公共行政学领域，但关于政府、社会组织、社会公众的分析又离不开其他学科知识的支撑，这就在客观上促进了相关学科的交叉和融合。

（二）现实意义

本研究从现实角度看有助于优化公共服务供给机制，在政府、社会组织、社会公众的良性互动中提高公共服务供给效能；有助于促进政府职能的转变，推动社会组织的发展；有助于推进政府和社会组织进一步的合作治理；有助于推动公民参与的发展，为社会建设、社会治理创新打下根基。

1. 本研究有助于提升公共服务供给效能。优化公共服务供给机制，就要改变公共服务的政府单一供给格局，积极吸纳社会力量，即扩大企业、社会组织等的参与。在政府购买中，政府作为公共服务的提供者，负责规划和安排等事项，社会组织作为具体的生产者来负责实施，社会公众作为消费者则以需求表达、监督生产、质量反馈等形式参与其中。三者之间在明确分工的基础上的良性互动对公共服务供给效能形成保障。更为关键的是这里关注的不仅仅是效率的提升，而是以公平、公正等理念为基础的公共服务供给效能的提升。

2. 本研究有助于促进政府职能的转变和社会组织的发展。政府职能能否成功转变取决于政府和承接方双方的努力，在本研究中即政府和社会组织双方。我国对社会组织的管理曾走过弯路，强政府模式之下，社会和社会组织的自主空间很小，仅有的社会组织对政府高度依赖、政治性强。近年来，社会组织以较快的速度成长起来，在规模、数量上都有所突破。但我们也观察到社会组织和政府之间的非对称性依赖关系仍然存在，即使是参与到政府购买中的社会组织也不例外，这些组织在权衡通过合作能够产生的利益和维持组织宗旨之间往往会选择前者，非营利性、专业性等都被抛诸脑后。[1] 在改革过程中，政府和社会组织都要扮演好各自的角色，政府要维护其公共性，社会组织要维护其公益性[2]，这对于政府职能转变和社会组织发展具有积极的推动作用。

3. 本研究还可以推进政府和社会组织的合作治理。合作治理要求权力从中央向地方、从政府向社会的传递，表现在社会治理领域就是从原来的政府唱"独角戏"转变为政府和社会组织的合作。为了更好地回应社会的各项需求，政府可以采用多种方式来激励社会组织加入到公共事务的管理中来。这对参与其中的社会组织提出了较高的要求，客观上增加了社会组织发展的动力。我国社会组织发展相对迟缓，在与政府合作中得到历练，对政社之间的合作治理起到了过渡和铺垫作用。

4. 本研究还有助于推进公民参与的发展，为社会建设、社会治理创新[3]打下根基。作为消费者的社会公众，其参与与否以及参与的质量对政府、社会组织、公共服务品质都会产生影响。本研究主要关注社会公众的公共精神，并通过对公共精神

---

[1] 王名、乐园："中国民间组织参与公共服务购买的模式分析"，载《中共浙江省委党校学报》2008年第4期。

[2] 社会组织有公益性和互益性两类，社会组织的公共品格本研究用"公益性"来指代，因为互益性组织参与到政府购买后，其承担起公共服务供给的功能，这时候就要求其具有"公益性"这种公共品格，以与公共服务的公共性相匹配，而不仅仅是会员之间的"互益性"。以下行文不再专门提及，特此说明。

[3] 十九届四中全会的《决定》指出："必须加强和创新社会治理，完善党委领导、政府负责、民主协商、社会协同、公众参与、法治保障、科技支撑的社会治理体系，建设人人有责、人人尽责、人人享有的社会治理共同体，确保人民安居乐业、社会安定有序，建设更高水平的平安中国。"社会公众参与的重要性由此可见一斑，要尽可能地为公众参与创造条件，公众对政府购买的参与即是其参与的一个方面。

的培育达至对公共性的保障。社会公众公共精神的充分张扬并以积极参与、责任意识、理性互动等形式呈现，这些都为社会建设和社会治理创新所需。因此，本研究为社会建设、社会治理创新做出了贡献。

三、国内外研究现状综述

公共乃众人之事，公共性乃公共管理的本质属性，它与民主政治国家相伴而生。自从有了国家，公共问题便成为人们不断思索的事物，公共性乃多学科学者，尤其是哲学、政治学、公共管理学、法学领域的学者孜孜以求的重要论题。

（一）国外研究现状综述

由于不同学科观察角度不同，公共性的"面向"也不相同，横看成岭，侧看成峰。政治哲学领域的公共性研究统摄性更强，其他学科领域的公共性研究也异常精彩。

1. 政治哲学领域的公共性研究。在政治哲学领域，亚里士多德（Aristotle）、康德（Immanuel Kant）、马克思（Karl Heinrich Marx）、海德格尔（Martin Heidegger）、哈耶克（Friedrich August von Hayek）、阿伦特（Hannah Arendt）、哈贝马斯（Jürgen Habermas）等经典政治学名家都对公共性进行了见仁见智的研究。

论及哲学领域的公共性，首先要提及亚里士多德。亚里士多德关于"人是天生的政治动物"的经典论断，阐明了一个明白无误的道理，即人应当追求比单纯的物质追求更高级的理想，"把生存作为生活的全部无疑是令人沮丧的，把财富作为生活的

导 论

唯一追求无疑是贫乏的"。[1] 城邦生活的目的在于追求和实现融合个人利益和集体利益的"共同的善",城邦以维持"最高的善与正义"为目的;个人只有从事公共活动才能被视为具有德行和完整的人,追求至善的人在目的方面和最优良的政体是合一的。[2] 可见,亚里士多德将个人与城邦联系起来,阐述了公共性对个人和城邦的双重依赖。这被普遍认为是公共性的思想渊源,古希腊的政治实践就体现了浓郁的公共性思想。

对康德而言,公共性兼具法律秩序原则和启蒙方法的双重作用,公共性就是保障政治与道德同一性的基本原则。这意味着正义与否取决于关系到别人权利的行为准则是否和公共性一致。[3] 马克思从人的本性出发,认为人具有社会性,并且公共性是由人的社会性所决定的。当每个人追求个体利益的时候,也就达到普遍利益(个体利益的总体)最大化,无论人们认识到还是没有认识到,他们作为个体发展的历史形成了社会历史。[4] 海德格尔认为,人总是"公共"地存在着的,永远也无法摆脱"他性"而真正存在。公共性一般存在于公共生活领域。罗尔斯(John Rawls)站在社群主义的立场上,将公正视为社会制度必须具有的品质,体现在配置社会基本利益中,应遵循改善境遇最差的社会成员状况的原则,即最大化原则。[5] 罗尔斯

---

[1] 涂文娟:《政治及其公共性:阿伦特政治伦理研究》,中国社会科学出版社2009年版,第15页。

[2] [古希腊]亚里士多德:《政治学》,吴寿彭译,商务印书馆1965年版,第392页。

[3] [德]康德:《历史理性批判文集》,何兆武译,商务印书馆1990年版,第139页。

[4] 《马克思恩格斯选集》(第4卷),人民出版社1995年版,第532页。

[5] 王维国:《公共性理念的现代转型及其困境》,兰州大学出版社2005年版,第89~90页。

将平等原则置于政治价值的首要位置，把机会均等、差别对待等原则置于平等原则之后，认为只有按照这些原则构架的社会制度才具有公共性。

阿伦特在充分吸收亚里士多德将公共性等同于纯粹政治行为的理念的基础上，将"公共领域"与"私人领域"视为泾渭分明的两个领域，甚至极力反对"第三领域"的观点，将公共性视同公共政治生活的专用名词。面对私方主体和社会力量的自私表现，她将经济生活、社会利益排除在公共领域之外，认为公共性是一种纯粹的、不掺杂经济因素的价值追求。并以"行动"为核心阐述了她对公共性的理解：在公共领域中，人们进行的是超越私人利益需要的"对话"和"行动"，这种公共活动具有的本质特征就是公共性。这种公共性意味着人们可以看见或者听到任何展现在公共领域的东西。[1]

不过，真正让公共性思想为人们熟知的当属西方哲学巨擘哈贝马斯。哈贝马斯提出了介乎政治领域与私人领域之间的公共领域，并认为该领域是建立"理性交往"的平台。正是在这样的公共领域中，哈贝马斯阐述了公共性的核心内涵——公共性的实现需要借助平等对话的程序理性。

2. 其他具体学科领域的公共性研究。亚里士多德提出的公共性思想，经由康德、马克思、海德格尔、哈耶克等思想家的加工，最后由阿伦特、哈贝马斯明确提出并系统阐述，逐渐进入到相对形而下的社会科学领域。公共管理学、公共政策学等关乎"公共"的学科领域对公共性展开了持久深入的争论，公共性越来越成为西方社会科学中的显学。

---

[1] [美]汉娜·阿伦特：《人的条件》，竺乾威等译，上海人民出版社1999年版，第3页。

导 论

德怀特·沃尔多（Dwight Waldo）认为公共管理的首要价值是公共性，应抛却工具理性而回归价值理性。在沃尔多的定义中，公共管理的公共性包含着与人民主权、合法性高度关联的，从国家角度理解的"公共性"、作为公共活动基本属性的"公共性"以及作为政府职能基本属性的"公共性"三个层面的含义。[1] 尼古拉斯·亨利（Nicholas Henry）认为公共行政公共性有制度定义、规范定义和组织定义。其中，制度定义主要表现为官僚体制，规范定义是指那些影响公共利益的现象，组织定义是指相应的组织空间。并且，上述三个角度是相辅相成的，它们共同构成公共行政的公共性。[2] 戴维·罗森布罗姆（David H. Rosenbloom）围绕宪法、公共利益、主权、市场对公共行政的公共性进行了界定，公共行政的公共性要求：以宪法为基础、增进公共利益、管理者为主权的代表者、必须坚持非市场化的原则。罗森布罗姆特别强调了公众参与对公共行政公共性保障的作用，并认为其参与程度和受益程度正相关。[3] 在上述学者观点的基础上，乔治·弗雷德里克森（H. George Frederickson）将公共性的要件概括为：①公权力服从于宪法；②品德崇高的公民；③管理者必须公平对待所有公民。公共管理在致力于采用私人管理的手法促进效率的同时，必须致力于实现社会公平；④政府必须增进整个社会的福祉。[4]

[1] Waldo, *The Study of Public Administration*, Double day, New York, 1955, p. 15.
[2] ［美］尼古拉斯·亨利：《公共行政与公共事务》，项龙译，华夏出版社2002年版，第35~37页。
[3] ［美］戴维·H. 罗森布罗姆等：《公共行政学：管理、政治和法律的途径》，张成福等校译，中国人民大学出版社2002年版，第6~16页。
[4] ［美］H. 乔治·弗雷德里克森：《公共行政的精神》，张成福等译，中国人民大学出版社2013年版，第29~32页。

13

对于公共性的保障与实现，西方公共行政学界从多个视角提出了如下几种路径：①从多元主义的视角，通过多种利益集团来保障公共性；②从公共选择的视角，通过理性选择来实现公共性；③从法律的视角，通过代议制度来实现公共性；④从提供服务的视角，通过提升消费者感受来保障公共性。[1]

从国外既有研究来看，形而上的"公共性"研究已经很丰富了。哲学领域对公共性的研究集中于对人的本质以及国家与公民的互动的研究上面，对公共性进行了形而上的探讨，描绘了一幅由国家、社会、个人及其互动性构成的，内含公平正义、公共利益、良善秩序、交往理性、公共精神等价值理念的公共性画面，为其他学科展开对公共性的研究或者运用公共性理论进行学术探索做了充分的哲学铺垫。从具体学科领域来看，公共性已经成为西方社会科学领域最受关注的论题之一。沃尔多等公共管理（行政）领域的学者在哲学领域公共性铺垫的基础上，将公共性作为分析工具，对公共管理（行政）实践进行了深入反思。面对公共管理（行政）实践中公共性的严重缺失，提出了本学科领域的公共性的价值要求与考评指标，从公共性的视角指明了公共管理（行政）发展的愿景与路径。但整体来说，国外学者缺乏对公共性保障的微观研究，也缺乏对中国问题的关注。

（二）国内研究现状综述

国内学者对公共性的研究主要集中于公共性基本理论、将公共性作为一种分析工具（视角）、具体领域的公共性等方面。

1. 公共性基本理论。在梳理借鉴西方研究成果的同时，国

---

[1] [美] H. 乔治·弗雷德里克森：《公共行政的精神》，张成福等译，中国人民大学出版社2013年版，第21~29页。

内学界对公共性的基本理论进行了广泛研究，包括公共性的内涵、外延、实现方式等，形成了一系列研究成果。

万俊人教授认为，公共性不能简单界定，它可以从政治问题、政治伦理问题、政治哲学问题三个由浅入深的层次来理解。[1] 夏铸久教授从政治本体出发，从作为一种批判性的公共言论、与国家的管理有关的公共机关的公共性、社会组织的公共性、政治论述四个方面来理解公共性。[2] 张成福教授将公共性界定为"公共精神"，这种公共精神意味着：①民意是政府合法性的唯一来源；②政府的一切活动应受既定规则的约束；③人人享有不受公权力侵犯的平等权利，公平享受公共服务；④行政过程应平等、公正、透明。[3] 李明伍教授从文化本体的角度对公共性进行了阐述，他认为共同体成员享受利益和承担义务的制度所体现出来的性质就是公共性。[4]

王保树认为，公共性指的是一种公有性而不是私有性，是一种共享性而不是排他性，是一种共同性而不是差异性。[5] 张康之教授认为公共行政的价值基础在于公共性，但公共行政的公共性则并不是存在于任何一个时代。在公共行政领域，公共性与合理性、合法性和代表性相关联，只有通过这些关联概念才能更好地认识公共性。晚近才出现具有公共性的公共行政，并体现在作为公共利益代言人、普遍的代表性、充分的开放性、

---

〔1〕 万俊人："公共性的政治伦理理解"，载《读书》2009年第12期。

〔2〕 夏铸久：《公共空间》，台北艺术家出版社1994年版，第14页。

〔3〕 张成福："论公共行政的'公共精神——兼对主流公共行政理论及其实践的反思'"，载《中国行政管理》1995年第5期。

〔4〕 李明伍："公共性的一般类型及其若干传统模型"，载《社会学研究》1997第4期。

〔5〕 王保树、邱本："经济法与社会公共性论纲"，载《法律科学（西北政法学院学报）》2000年第3期。

接受公众参与等方面。为此，公共行政机关要关注公众的实际利益、关注公共服务品质、主动遵守规范并具有伦理精神。[1]

王维国教授认为公共性不只是一种道德要求和法律责任，更是一种公共职业精神和信念。在梳理西方公共性理论的基础上，将公共性分为消极的公共性与积极的公共性，并指出近代以来西方要求政府在民众面前应保持必要克制是一种消极的公共性，而主动为大众谋取利益才是积极的公共性。现代政府在自利性的侵蚀下遭遇公共性危机，公共职业精神的重塑、公共职业文化的重建是化解危机的途径。[2]

在国内，郭湛教授对公共性进行了比较系统的研究。郭湛教授认为，人的活动过程体现了公共性和私人性的统一，人只有在公共空间中活动才能真正地体现自己，个人活动最终也会表现为公共的活动。人们的行为以自身需求满足为先，但人的行为存在于社会中，通过与他人互动实现，因此，个人的行为兼具个体活动和社会活动的性质，即个人行为的私人性与公共性。郭湛教授指出，"公共精神"的重塑是社会公共性建设的关键。[3] 国家治理、社会治理都要以公共性的方式实现。[4]

除了上述对公共性内涵的探讨外，公共管理（行政）、行政法学等学科的学者站在本学科视角对公共性进行了研究。王乐夫指出，公共管理不同于私人部门的管理，它更多地体现出公

---

[1] 张康之："论'公共性'及其在公共行政中的实现"，载《东南学术》2005年第1期。

[2] 王维国：《公共性理念的现代转型及其困境》，兰州大学出版社2005年版，第1页。

[3] 郭湛主编：《社会公共性研究》，人民出版社2009年版，第2页。

[4] 郭湛："治理的根本：共同体、公共性及其发展理念"，载《华中科技大学学报（社会科学版）》2018年第4期。

共性：主体的公共性、手段的公共性、价值的公共性、对象及目的的公共性。[1] 杨海坤从行政法学的角度对公共性进行了深入研究，指出行政的最基本特征是公共性，在行政法学中公共性兼具实体性价值和程序性价值，前者即人权保障，后者则包括一系列能够让社会公众监督政府的程序设计，比如公民参与、信息公开等。[2] 蔡立辉认为"公共"属于公共管理的基础性范畴，公共主体、公共客体、公共行为等共同构成了公共管理的理论体系。[3] 陈国权从公共行政的伦理价值、公共权力的运作过程、公民的参与和监督三个层面来定义政府公共性，认为政府公共性的实质是将公共行政的首要原则定位在公民利益的维护、公共利益的保障上。[4] 周庆行认为，现代政府最重要的特征就是公共性。[5] 曹现强进一步强化了此观点，认为公共行政的根本目的就在于维护和增进公共利益。[6] 丁煌、梁健认为公共行政学百余年发展历程中"公共性"呈现回复往返的钟摆运动现象，但公共行政对公共利益的追求与增进不变。[7]

关于公共性保障与实现。袁祖社认为公共文化建设、公共

---

[1] 王乐夫、陈干全："公共管理的公共性及其与社会性之异同析"，载《中国行政管理》2002年第6期。

[2] 杨海坤："现代行政公共性理论初探"，载《法学论坛》2001年第2期。

[3] 蔡立辉："公共管理：公共性本质与功能目标的内在统一"，载《中国人民大学学报》2003年第2期。

[4] 陈国权、徐露辉："论政府的公共性及其实现"，载《浙江社会科学》2004年第4期。

[5] 周庆行主编：《公共行政导论》，重庆大学出版社2004年版，第4页。

[6] 曹现强："公共性的现代回归：从统治到治理——对治理理论的一点思考"，载《山东社会科学》2007年第1期。

[7] 丁煌、梁健："探寻公共性：从钟摆到整合——基于公共性视角的公共行政学研究范式分析"，载《江苏行政学院学报》2022年第1期。

性哲学基础分析是重建我国公共性的基本路径,[1] 共同的文化理性信念和公共品格培养才能养成人们的共同体人格,建构公共性的文化价值秩序。[2] 田毅鹏对东亚"新公共性"进行分析,比较了中西方公共性理论的相同和不同之处,开辟了"东亚公共性建设"的视角。[3] 此外,孔繁斌以公共性再生产为基本命题,对合作机制的正当性作出了诠释,分析了多中心治理问题的理论基础和实现方式,从而建构了公共性生产的多中心治理的合作机制。[4]

2. 作为一种分析工具的公共性。鉴于公共性的应用价值,不少学者将公共性作为评价工具,借助公共性理论对公共政策、政府信息公开、公共物品等关涉"公共"的事物进行了研究。孙柏瑛指出,"公共性"是衡量政府施政活动的一个重要分析工具,维护公民基本权利与否、施政过程开放与否、政府自利倾向克制与否是基本的衡量指标。[5] 在公共政策领域,陈潭认为,公共性的基础性维度有公正性、公平性、公开性;[6] 杜专家、杨立华认为,应通过制约公权力自利性、保障民众和社会组织的有效参与、完善腐败治理体系等来防止公共政策公共性

---

[1] 袁祖社:"'公共哲学'与当代中国的公共性社会实践",载《中国社会科学》2007年第3期。

[2] 袁祖社、张媛:"走向一种实践的共同体文化:公共性视角下现代人的价值理性期待",载《东岳论丛》2021年第2期。

[3] 田毅鹏:"东亚'新公共性'的构建及其限制——以中日两国为中心",载《吉林大学社会科学学报》2005年第6期。

[4] 孔繁斌:《公共性的再生产:多中心治理的合作机制建构》,江苏人民出版社2012年版,第2~12页。

[5] 孙柏瑛:"公共性:政府财政活动的价值基础",载《中国行政管理》2001年第1期。

[6] 陈潭:"公共性:公共政策分析的一般范式",载《湖南师范大学社会科学学报》2002年第4期。

流失。[1] 郑谦认为，我国公共物品供给模式应由政府垄断转向供给主体的多元化。政府公共性价值观重塑、公众广泛的参与等才能帮助政府重归公共性价值，而这一过程与公共物品供给转型同时发生。[2] 薛冰从公共性分析入手，分析了公共管理模式的演变，认为公共管理的历史与逻辑统一于公共领域和公共权力、公共事务和公共产品、公共利益和公共政策、公共机构和行政组织等维度，公共管理的发展样态正是通过这些维度呈现出来。[3]

3. 具体领域的公共性。关于具体领域的公共性，学者对公共财政、教育、廉政甚至互联网的公共性进行了详细研究。关于公共财政的公共性，贾康认为，公共财政的内在导向是强调财政的公共性。[4] 高培勇认为，财政全覆盖的过程即公共财政公共化的过程，只有这样才能落实公共财政的本质属性。[5] 关于教育的公共性，张茂聪在对教育公共性理论和内容、多中心治理与保障等问题进行系统研究的基础上，认为近代西方社会教育公共性的变迁表明，对公共利益的追求是作为公共性活动的教育的目的，并通过教育的历史发展呈现；[6] 郑新蓉、王国明认为，教育公共性是现代公共教育制度的核心理念和价值，

---

[1] 杜专家、杨立华："如何防止转型期公共政策公共性的流失？——基于四种类型划分的案例比较研究"，载《公共行政评论》2021年第3期。

[2] 郑谦："公共性视角下的公共物品'多中心'供给研究——兼论我国公共物品供给"，华东师范大学2008年博士学位论文。

[3] 薛冰：《历史与逻辑：公共性视域中的公共管理》，中国社会科学出版社2006年版，第240~245页。

[4] 贾康："对公共财政的基本认识"，载《税务研究》2008年第2期。

[5] 高培勇、杨之刚、夏杰长主编：《中国财政经济理论前沿（5）》，社会科学文献出版社2008年版，第35页。

[6] 张茂聪："论教育公共性及其保障"，山东师范大学2010年博士学位论文。

功能有实现民族国家认同、社会动员等。[1] 关于互联网的公共性，王淑华在前人对互联网公共性存在的可能性、面临的障碍以及具有的形态和功能等方面研究的基础上，对互联网公共性的建构与实践进行了系统研究，指出互联网是网络公众基于公共利益进行表达和沟通协商的网络公共广场；[2] 张晨颖认为互联网平台是公共性的载体，具有"准政府职能"。[3] 关于廉政的公共性，周五香认为，公共性是廉政的理论基石；腐败是对公共性的颠覆，廉政则是向公共性的回归。[4]

就国内的研究成果而言，政治学、公共管理（行政）学、公共政策学等多学科的学者均对公共性进行了研究。在借鉴西方公共性理论研究和实践经验的基础上，多数学者站在实用主义的立场上，将形而上的公共性理论降低到形而下层面，即将公共性理论运用到具体的学科领域中，对公共行政、公共财政、公共服务、廉政建设、公共教育、互联网等关乎公共的问题进行了相对中观的针对性研究，为将抽象的公共性理论运用到具体实践、分析具体问题积累了丰富经验。但国内学者的研究也存在如下两方面的不足：一是在基本理论方面，多数学者只是将公共性作为一个大而化之的理论使用，大多数学者的研究更多是"发表看法"，而非"系统论证"，未能提供一个公共性的具有操作性、执行性的理论框架，较之于西方的公共性研究尚

---

[1] 郑新蓉、王国明："教育公共性的嬗变——也谈我国农村教育兴衰"，载《妇女研究论丛》2019年第1期。

[2] 王淑华："互联网公共性的建构与实践研究"，浙江大学2013年博士学位论文。

[3] 张晨颖："公共性视角下的互联网平台反垄断规制"，载《法学研究》2021年第4期。

[4] 周五香："论廉政及其公共性"，中南大学2013年博士学位论文。

存在明显的不足和局限性；二是尽管进行了相对中观的形而下研究，但缺乏对"现象中的公共性"的研究，尽管有对公私合作中公共性的探讨，但对政社合作中公共性基本理论的探究刚刚展开。面向中国转型背景下政府向社会组织购买公共服务的公共性研究尚处于起步阶段，面向政府向社会组织购买公共服务的公共性保障的具体制度建设亦处于起步阶段。

四、研究思路与研究内容

（一）研究思路

政府购买是一项新的改革举措，在推行过程中不可避免地会出现问题，其中就包括公共服务公共性的流失。保障公共服务的公共性是任何公共服务领域改革的底线，本研究紧紧围绕着这一点展开。首先梳理了"公共"的起源及公共性思想的发展，在解析政府向社会组织购买公共服务内涵、公共性内涵的基础上，界定了本论题中的公共性内涵，即公共服务的公共性、购买涉及的三元主体的公共品格、购买的过程公共性三个层面。然后在梳理我国政府购买发展历程及制度现状的基础上，重点阐释了政府购买出现的公共性问题，并从三元主体公共品格有待提升、三元主体互动过程理性不足角度挖掘公共性问题的成因。接着，本研究从三元主体公共品格维护和三元主体互动过程公共性维护的角度提出公共性保障路径，即以政府公共性维护来发挥基础性保障作用，以社会组织公益性维护来发挥关键性保障作用，以社会公众公共精神提升来发挥支撑性保障作用，同时还要以三元主体良性互动过程的建构来为公共性提供保障。

（二）研究内容

本研究除导论、结语之外，有四部分（共六章）内容：

1. 第一部分：政府向社会组织购买公共服务的公共性理论。

这一部分提出"公共"的起源及公共性思想的发展，在此基础上对公共性的内涵进行解析，并提出了本论题中公共性的三个层面，即公共服务的公共性、购买涉及的三元主体的公共品格以及购买的过程公共性。本论题中公共性保障基本逻辑：以三元主体公共品格维护和三元主体良性互动过程构建来保障公共服务的公共性。

2. 第二部分：政府向社会组织购买公共服务的公共性问题及成因。在论述我国政府购买发展历程、制度现状、地方典型实践与典型购买案例基础上，重点梳理了公共性问题的表现，并从三元主体公共品格有待提升和过程理性不足等方面来挖掘成因。

3. 第三部分：分别从政府、社会组织、社会公众三元主体入手分析如何以自身公共品格维护来保障公共服务的公共性。该部分由第三章、第四章、第五章这三章组成，是从相对静态角度的一种阐释。

第三章主要研究政府向社会组织购买公共服务公共性的基础性保障。公共服务是政府的核心职能，这决定了政府公共性维护在公共性保障中的基础性地位。政府应立足于在购买过程中的新角色，以理念转变、制度建构等途径维护自身公共性，并以此对政府向社会组织购买公共服务的公共性发挥基础性保障作用。

第四章主要研究政政府向社会组织购买公共服务公共性的关键性保障。社会组织的组织特征和生产者身份决定了其公益性维护在公共性保障中的关键性地位。政府与社会组织关系重构是关键性保障作用的前提和基础。社会组织要通过党建工作加强、内部治理优化、公信力建设、能力提升等自身建设的强化来维护其公益性，并以此对政府向社会组织购买公共服务的公共性发挥关键性保障作用。

第五章主要研究政政府向社会组织购买公共服务公共性的支撑性保障。公共服务是公共生活的组成部分，公共生活无疑是需要公共精神的，那么，公共服务与公共精神之间就有着密切的联系。在政府购买中，作为消费者的社会公众应具备参与意识、责任意识、规则意识、公共利益观念、权利意识以及理性精神，应通过强化公共意识教育、拓展公共参与等方式来打破当前社会公众公共精神不足的困境。

4. 第四部分：政府向社会组织购买公共服务的公共性过程建构。该部分是对三元主体之间动态关系的阐释，通过构建三元主体良性互动的过程来为政府向社会组织购买公共服务的公共性提供保障。三元主体在维护各自公共品格的同时，还有一个互动的过程。三元主体互动的前提是其相互性的保障和实现，互动的基点在于对公共性的维护，互动的关键点则是构建以竞争性购买为主的多元购买模式。同时，三元主体之间的互动还要具有规范性。

五、研究方法、创新点及不足之处

（一）研究方法

1. 文献研究法。通过查阅相关文献，把握这一领域的已有研究成果和最新研究动态，发现其中的不足，构建本研究的起点，即在前人研究的基础上，将本领域的研究向前推进。前人更多关注的是形而上的"公共性"，本研究则关注形而下的"公共性"，并通过制度建构使公共性保障能够落地。

2. 比较研究法。本研究在论述过程中涉及我国和英美等发达国家情况的比较。我国政府购买带有向英美等国家学习的色彩，但双方的基础性条件是有差别的，比如社会组织的发展程度、政社合作的经验等。在比较的过程中发现我国在该领域的特殊性以及公共性保障的复杂性。

3. 多学科交叉法。公共行政学的知识是本研究的基础，当然本研究也离不开政治哲学、社会学、行政法学等相关学科的知识。本研究以公共行政学的知识为主，兼容相关学科知识，多学科知识的交叉使论证更加丰满。

4. 系统分析法。政府购买涉及多元主体，购买者、生产者、消费者形成一个围绕着公共服务提供、生产、消费等环节的小的系统。因此，在分析公共性保障问题时，从相关联的多元主体及其互动出发，论证更为系统。

（二）研究创新点

对公共性的关注古已有之，且遍及多学科，而政府购买则是新生事物。将政府购买与公共性研究联系起来，新的化学反应便产生了。具体来看，本研究在以下几个方面具有创新性：

1. 构建了新的公共性分析框架。公共性研究往往高度抽象化。本研究从公共性保障的目的出发，以已有的公共性思想和政府购买涉及的三元主体为基础，构建了一个新的公共性分析框架，即从三个层面对公共性进行界定：公共服务的公共性、三元主体的公共品格、三元主体互动过程的公共性，从而使原本高度抽象化的公共服务的公共性具有了可以分析、衡量、观察的切入点和维度。

2. 提出了系统的公共性保障路径。公共性是公共服务的内在属性，关键在于如何保障公共服务公共性不因供给方式变革而流失。在界定本论题公共性的基础上，本研究提出从三元主体公共品格维护和三元主体互动的公共性过程建构两大方面来保障政府向社会组织购买公共服务的公共性。这种保障路径更具可操作性，使公共性保障不再是空中楼阁，流于空谈。

(三) 研究不足之处

1. 从方法来看，本研究对公共性作了全面解析，并运用质性研究的方法对三元主体公共品格和理性过程建构进行了详细的论证，力图在理论层面实现突破。研究也引入了一些相关案例，但支撑力度可能不够，笔者尝试以单独成章的方式全面剖析某一典型案例的想法也囿于对公共性理解的限度而未能实现。这一点有待在进一步的学习中实现。

2. 从三元主体公共品格在公共性保障中的定位来看，本研究对政府公共性、社会组织公益性、社会公众的公共精神的保障作用依次定位为"基础性""关键性""支撑性"，本研究对此也作出了适当的解释。实际上，三元主体在公共性保障中是相互作用的，很难说清楚孰轻孰重，或者轻到什么程度、重到什么程度。因此，本研究做出这样的界定是为了更好地探讨公共性保障的路径和措施，不妥之处待后续研究改进。

第一章 政府向社会组织购买公共服务的公共性理论

政府向社会组织购买公共服务[1]是一项新生事物,为确保这一新生事物健康成长,我们既需要丰富的实践经验,又需要丰厚的理论支撑。公共性是公共服务的内在属性,政府直接提供抑或在政府安排下由社会组织来生产,其公共性都不应当流失。因此,当政府购买在全国范围内如火如荼地发展时,公共性保障问题就提上了议事日程。在这一过程中,对公共性的探讨是个绕不开的话题,只有厘清公共性的内涵,我们才能够更好地在改革中保障公共服务的公共性。公共性思想源远流长,自古希腊、罗马始,历经中世纪被挤压、近代资产阶级早期被重拾的过程,至现代更加熠熠生辉。近代以来,西方政治哲学领域公共性思想研究成绩斐然,出现了以阿伦特、哈贝马斯、罗尔斯为代表的一批研究者,形成了丰硕的成果。哲学领域的公共性思想具有高度的抽象性,具体到一定的学科领域,公共性的内涵则日益明朗。在公共行政学科领域,公共性思想更多

---

[1] 再次强调,为行文方便,在非章节标题中,尽可能将"政府向社会组织购买公共服务"表达为"政府购买",但与"公共性"连用时仍采用原表达方式,若无特别说明即此意。

第一章 政府向社会组织购买公共服务的公共性理论

地体现在公共行政的公共性中,梳理公共行政理论的发展和变化,抓住公共行政公共性变化这一主线,有助于我们更好地理解公共性本身。此外,公共性界定不仅有学科之分,在西方和东方之间也会有不同。西方对公共性的认识更注重哲学思辨,东方的公共性思想及对公共性的认识更偏向于公权力、权威等。这些不同的认识丰富了公共性的内涵,也为我们全面地认识本研究中的公共性提供了更多角度。

第一节 "公共"的起源及公共性思想发展

公共性思想起源于古希腊,是个被广泛使用但又内涵复杂且多变的概念或者观念。在古希腊,公共性强调的是群体共同的关系,即个人走出家庭进入公共领域,过上公共生活。其中,亚里士多德以公共利益的实现程度来判断政体优劣,认为城邦作为共同体就是为了追求"至善"。在古罗马,法学政治思想的代表人物西塞罗(Marcus Tullius Cicero)认为自然法是最高的理性,国家产生于人类的契约,在理性面前人人平等,该思想闪耀着公共性光辉。之后,在漫长的欧洲中世纪,古希腊、罗马时期开创的公共性思想、公共生活空间被挤压。走出中世纪,霍布斯(Thomas Hobbes)对国家起源与性质的论述、洛克(John Locke)对政府成立的论述、孟德斯鸠(Charles-Louis de Secondat, Baron de La Brède et de Montesquieu)的三权分立和权力制衡思想、卢梭(Jean-Jacques Rousseau)的人民主权理论及"公意"概念的提出等都将公共性思想研究大大向前推进。第一次世界大战后,美国政治评论作家沃尔特·李普曼(Walter Lippmann)掀起了政治哲学领域公共性研究的高潮,这一时期比较有代表性的思想家有阿伦特、哈贝马斯、罗尔斯等。尽管阿伦特、哈贝马斯、罗尔斯等人对公共性的分析路径并不相同，但公共性多指向公共言论空间或形成公论的市民生活领域。[1] 西方行政领域的公共性相对于政治哲学领域会更接地气，表现得更为具象。东亚国家的公共性多与官、公等相关，多指向公共权力。后来，东亚国家在现代化进程中加强了第三域建设，中间团体开始成为公共性的重要开拓主体。

一、"公共"的词源与原初意涵

"公共性"（publicness）是个被政治学、哲学等多学科广泛应用的概念，但也是个非常复杂的概念。在新的历史时期，这一概念被频繁使用，但经常在模糊的意义上使用。理解公共性思想，要回溯至古希腊的城邦政治生活，并对"公共"一词形成认识，尽管"公共"和"公共性"并不等同，但对"公共"的认识有助于我们更好地理解"公共性"。据考证，在古希腊词汇中"公共"有两种起源，一种是源于"pubes or maturity"，指一个人能够关照他人的利益，也是一个人成熟的标志。[2] 二是"koinon"，"共同"（common）即起源于此，指人与人之间在工作、交往中相互照顾和关心的一种状态。[3] 由此可见，"公共"在最初与古希腊的朴素民主有着密切的关系，指的是社会层面

---

[1] 田毅鹏："东亚'新公共性'的构建及其限制——以中日两国为中心"，载《吉林大学社会科学学报》2005年第6期。

[2] [美] H. 乔治·弗雷德里克森：《公共行政的精神》，张成福等译，中国人民大学出版社2013年版，第14页。

[3] 王乐夫、陈干全："公共管理的公共性及其与社会性之异同析"，载《中国行政管理》2002年第6期。

的非个体性。[1] 在古希腊城邦政治中，成年男子从家庭进入广场，超越个人自然需求，在公共活动中实践德性，并通过对话和行动担负社会责任。一个成年男子的生活就被分成了两部分：家庭的生活（idion）[2] 和公共生活（bios politikos），同时也形成了私人领域和公共领域。"公共"一词的两种起源尽管有差异，但都强调了群体共同的关系，含有个人走出家庭步入社会的意思，个人的行为超出家庭的范畴，个体通过对话等在公共事务中发挥作用。

在中国传统社会，我们可以从三个方面来理解"公"的意思，一是作为权威实体的"公"，二是作为伦理道德的平分——平等的"公"，三是表示共同体及其共同空间的"公"。[3] 从词源上看，有象形和会意两种观点。象形说的依据是对甲骨文的考证，"公"是古代祭祀的场景，祭祀场所是一个长方形的空间，左右两侧设有屏障。如此理解的"公"带有神圣性、权威性的特点，这与"公，君也""天下为公"等表述相关。会意说认为，"公"字上部是开放的意思，下部是"私"这个字的原字，基本依据是韩非的说法，即"背私者为之公"。[4] 这样来理解，"公"具有了公开、公平的意思。两种理解的进路是不同的，所表现出来的意思也不相同，但两种解释法共同表明了

---

[1] 王乐夫、陈干全："公共性：公共管理研究的基础与核心"，载《社会科学》2003年第4期。

[2] 这里的词汇"idion"和我们现在英语中"白痴"一词接近，有明显的贬义色彩。

[3] 李明伍："公共性的一般类型及其若干传统模型"，载《社会学研究》1997年第4期。

[4] 李明伍："公共性的一般类型及其若干传统模型"，载《社会学研究》1997年第4期。

我国传统社会"公"的结构：权威为了保全自己，不断地将社会资源相对均等地分配给社会成员的结果，共同空间随之不断形成。[1] 我国传统社会的"公"尽管也是多种意思并存，但从词源上看，"公"更多的是接近权力、权威的意思。

从"公共"的词源来看，中西之间的理解在主要的意义上存在差异。在古希腊，城邦就是"公共"，城邦向所有公民开放，对公民的最大利益负责，公民也对城邦尽义务。古希腊时代被很多人称为理想的时代，直接的民主、公共开放的空间、公民与城邦之间互尽义务等是这一时代的特征。当然，这一时期的"公共"也是有局限性的，这一点从当时的公民范围可见。我国古代"公"很少与"共"连在一起使用，"公"的权威性色彩浓重，尽管传统社会也有一定范围内的"共同空间"，但都在权力的控制范围之内。中西方的后来者都曾对"公共"的起源进行考察，比如哈贝马斯，以与当前的"公共"作对比以及考察"公共"在历史发展的过程中发生了哪些变化。其中，弗雷德里克森认为，"公共"概念发生剧烈变动，人们将"公共"等同于"政治"和"政府"，[2]"公"代表着政府，"私"代表着家庭和市民社会。历史发展过程中，中西方的思想家、不同学科领域的学者都有对"公共性"进行研究，形成了异彩纷呈的画面，梳理这些思想有助于我们形成对本研究中"公共性"的理解。

---

[1] 李明伍："公共性的一般类型及其若干传统模型"，载《社会学研究》1997年第4期。

[2] [美] H. 乔治·弗雷德里克森：《公共行政的精神》，张成福等译，中国人民大学出版社2013年版，第15页。

第一章 政府向社会组织购买公共服务的公共性理论

二、西方政治哲学中的公共性思想

（一）公共领域和社会领域彻底对立的公共性：阿伦特的公共性

公共性是阿伦特政治思想的逻辑起点，其在思考社会现实问题时对公共性作出解释，阿伦特的公共性旨在呼吁自觉的公共领域和行动公众。阿伦特认为，人类活动领域可以分为私人生活领域与公共生活领域，并对应于家庭领域与政治生活领域，这是自古代城邦以来的传统。[1] 但是，晚近兴起的社会领域模糊了私人生活领域和公共生活领域的界限。阿伦特理解的公共领域为共同的空间，共同空间要有最广泛的公开性，每个人都可以看见和听见其中出现的东西。[2] 这些事物都具有公共性，并表现为实在性和共在性。那些为我们自己以及其他人所看见和听见的东西即表象构成了现实，与之相对应，激情、思想、愉悦感等则是不确定的，除非使之具有适于公共表现的相状。阿伦特还形象地将公共领域比喻为：人群中的桌子为周围人群共有，公共领域为"共处在其间的人类事务的创造者和管理者所共有"。[3] 阿伦特认为公共领域非常重要，政治的平等和参与要在公共领域中实现，而不能在以主宰、支配关系为特征的私人领域中实现。阿伦特批判社会领域的原因也正在于此，在阿伦特看来，社会领域的混合性质会使私人领域入侵公共领域，

---

[1]［美］汉娜·阿伦特："公共政治生活：行动、言语与自由"，刘锋译，载谭安奎编：《公共性二十讲》，天津人民出版社2008年版，第224页。

[2]［美］汉娜·阿伦特："公共政治生活：行动、言语与自由"，刘锋译，载谭安奎编：《公共性二十讲》，天津人民出版社2008年版，第240页。

[3] 郑杭生、何珊君："和谐社会与公共性——一种社会学视野"，载《甘肃理论学刊》2005年第1期。

损害公共性。阿伦特呼吁人们脱离生产、消费及共识的精神，多元性和语言特性是行动的条件。多元性是指人们既平等又具有差异性，语言就要体现这种平等的差异性，促进人与人之间的沟通，促成公共空间的形成。在公共生活中，人们彼此给予对方表达的机会，这种表达又使公共领域能够持续存在。显而易见，在阿伦特的认识中，"公共的"更多的是"政治的"，公共领域和社会领域是对立的。

（二）社会公/私二元对立基础上的公共性：哈贝马斯的公共性

哈贝马斯对"公共性"的理解集中体现在其著作《公共领域的结构转型》中，其并没有从公共权力理解公共性，而是强调公共性的批判功能，强调"公"与"私"的二元对立，并阐述了诞生于成熟的资产阶级社会的私人领域基础之上的公共性思想。[1] 哈贝马斯认为公共性是个历史现象，并将公共性具体化为"城邦型"（古希腊）、"代表型"（欧洲中世纪）、"资产阶级市民型"（近代欧洲）等几种类型，[2] 其主要研究了"资产阶级市民型"公共性。"公共领域"是哈贝马斯研究中的一个重要概念，公共领域是公共意见形成的载体，它介于国家和社会之间，起着调节二者关系的作用。[3] 公共领域原则上对所有公民开放，个体的人聚集成公众，在公共领域中人们之间是平等的，基于自愿原则聚集在一个共享的空间中，进行类似于古希腊城邦时代那种聚集在广场上的辩论、沟通活动。但在古希腊

---

[1] 王乐夫、陈干全："公共性：公共管理研究的基础与核心"，载《社会科学》2003 年第 4 期。

[2] 曹鹏飞：《公共性理论研究》，党建读物出版社 2006 年版，第 29 页。

[3] 汪晖、陈燕谷主编：《文化与公共性》，生活·读书·新知三联书店 1998 年版，第 125~126 页。

第一章 政府向社会组织购买公共服务的公共性理论

城邦时期,尽管公众在广场发表意见、交往,但尚未形成真正的公共领域。欧洲中世纪"代表型"公共性则由"公"完全吞没"私",公共性意味着"所有权"。公共领域中,公众自愿就普遍利益问题进行理性—批判性的公共辩论(rational-critical public debate),公共意见形成。公共领域不同于完全受市场经济规则支配的私人领域,也不同于需承担维护整个社会秩序及利益责任的国家,公共领域是一个共同体,发挥着批判建设功能。哈贝马斯认为在理性批判并形成公共意见的过程中才有真正的公共性,在这一过程中个人意见变成了公众舆论(opinion publique)。[1] 哈贝马斯理解的公共性有公共领域、公共意见形成、理性讨论等几个构成要素,公共性实现的过程就是不排除任何公民参加、经由理性讨论形成公共意见的过程,而这一切的发生都需要以实体性讨论空间的存在为前提。这一过程是公开的,同时人们意见的表达是有序的,遵循着自由、民主和正义等原则。[2]

(三)公共性理念:罗尔斯的公共性

罗尔斯在其早期著作《作为公平的正义》和晚期著作《政治自由主义》中均有关于"公共性"的论述,这两本书围绕着如何建构良序宪政的民主社会展开,解释了各种政治观念下公平正义观念地位之所以特殊的成因。[3] 在罗尔斯看来,公共性

---

〔1〕 [德]哈贝马斯:《公共领域的结构转型》,曹卫东等译,学林出版社1999年版,第252页。

〔2〕 Jürgen Habermas, *Communication and the evolution of Society*, translated by Thomas McCarthy, Boston: Beacon Press, 1979, pp. 135~140.

〔3〕 [美]约翰·罗尔斯:《政治自由主义》,万俊人译,译林出版社2000年版,第48页。

是指公民的理性推理能力,这是民主社会公民应具备的能力。[1] 罗尔斯在《作为公平的正义》中论述到公共性是秩序良好社会的基本特征,可以从三个层次来理解:第一层次是公民对正义原则的相互承认,此原则可通过制度安排实现;第二层次是公民对与这些制度相关的一般事实的相互承认;第三层次则是公民基于自身感受而得到的关于正义的证明的相互承认。[2] 在《政治自由主义》中,公共性得到更为直接的论述,社会正义原则本身及其展开构成公共性的内在逻辑条件,公共性问题在罗尔斯思想中的地位得到凸显。在罗尔斯看来,公共性既是正义原则追求的目标,又是正义的最大程度的实现。[3] 罗尔斯的论证方式是契约论式的,将契约形成之前的状态称为原初状态,在原初状态中各方都是自由而平等的道德主体,罗尔斯又引入无知之幕,各方不知彼此差别,人们处于平等的地位、遵循理性法则,选择他们所认同的正义原则,就此达成共识,这种共识被大家所享有,是公共的,公共的正义原则达成。

三、西方公共行政中的公共性思想

公共行政的核心主题之一便是其公共性[4],西方公共行政的发展紧紧围绕着"公共性"展开,并以对"公共行政公共性"探索的形式呈现。19世纪90年代之前是没有明确的公共行

---

[1] 谭清华:"马克思公共性思想初探——基于阿伦特、哈贝马斯和罗尔斯的比较视角",载《中国人民大学学报》2013年第3期。

[2] 曹鹏飞:《公共性理论研究》,党建读物出版社2006年版,第34页。

[3] 曹鹏飞:《公共性理论研究》,党建读物出版社2006年版,第34页。

[4] Bozeman B, Bretschneiders, "The 'publicness puzzle' in organization theory: a test of alternative explanations of differences between public and private organizations", *Journal of Public Administration Research and Theory*, 1994, No. 4, pp. 197~223.

第一章 政府向社会组织购买公共服务的公共性理论

政概念及公共行政学科的，1887年公共行政的鼻祖托马斯·伍德罗·威尔逊（Thomas Woodrow Wilson）等人主张政治与行政二分，公共行政学由此诞生，并开创了实现公共性的新领域。[1] 但在公共行政的发展中，关于公共性的探讨也在不断变化，且随着公共行政理论的演变，公共行政公共性经历了迷失、回归、衰微、复苏的钟摆运动过程。[2] 传统公共行政倡导将管理科学应用到政府管理当中，与之相伴随的是，效率至上成为传统公共行政学的行政价值观；20世纪60年代以弗雷德里克森等为代表的学者批判了效率至上的价值取向，倡导社会公平的价值观[3]；20世纪70、80年代，强调经济、效率和效果以及质量取向的新公共管理诞生，市场化和企业化是其基本行政价值观[4]；20世纪80年代以来的治理理论中，分权、参与、多中心是其基本特点，基本价值取向则是效率、公平、责任并重。现代公共行政自19世纪末期产生以来，在其一百余年的发展历史中，有关效率主义和公平正义理念之争从未停止，时而某种理念占据上风，但经过多年的博弈，在效率价值得到认同的情况下，公平正义等价值理念亦得到尊重。

（一）新公共行政在扬弃传统公共行政理念中回归公共行政公共性

在工业社会初期及之前，行政隶属于政治，二者是一体化

---

[1] 张康之、张乾友："趋向于公共性的近代政治发展逻辑"，载《学海》2009年第1期。

[2] 丁煌、梁健："探寻公共性：从钟摆到整合——基于公共性视角的公共行政学研究范式分析"，载《江苏行政学院学报》2022年第1期。

[3] H. George Frederickson, *New Public Administration*, The University of Alabama Press, 1980, pp. 6~7.

[4] 金太军："西方公共行政价值取向的历史演变"，载《江海学刊》2000年第6期。

的。那时,作为一门独立学科的公共行政学尚未出现,行政本身也未受到应有的重视。随着工业社会的发展,政府职能日益繁多,将行政从政治中抽离出来具有了客观必要性,担任这一重任的是威尔逊。威尔逊倡导政治与行政二分,建立专门的行政科学,以达到政府的日常事务不因政府换届而受影响的目的,保证政府日常运转有条不紊。威尔逊试图以此来增强美国政府应付纷繁复杂问题的能力,并对政治与行政的职责范围和性质作了区分,政治是负责决策的,行政是负责执行的;政治是负责重大国家活动的,行政则是事务性的。政治与行政二分的提出对于克服当时政坛政党分赃制的弊端、提升政策执行效率作出了历史性的贡献。行政由此成为一块相对独立的领域,政党之间的竞争限于政治领域。政党通过竞争不断更换,《彭德尔顿法》颁布之后的公务员制度推行,负责事务性工作而非决策性工作的公务员不与政党共进退,保证了政府系统的稳定性。威尔逊开创了行政学科,价值中立是其思想的核心内容。马克斯·韦伯(Max Weber)的官僚制理论将政治-行政二分变为现实,后泰勒的科学管理原理、法约尔的一般管理等被引入行政学,建立起了20世纪早期的经典行政学框架。[1] 在这一时期,行政被局限于"执行"职责范围内,行政机关内部的事务是其关注的焦点,行政在解决社会现实问题方面表现乏力。效率至上、技术至上被奉为圭臬,政府按照韦伯设计的官僚制如机器般运作,行政缺乏对社会需求的回应性,公共服务质量低劣。

作为一个政治家,威尔逊显然知晓政治与行政是难以彻底分离的,而且韦伯设计的精密官僚制机器在稳定的环境下有效,

---

[1] 夏志强、谭毅:"公共性:中国公共行政学的建构基础",载《中国社会科学》2018年第8期。

第一章 政府向社会组织购买公共服务的公共性理论

当社会出现巨大变革时其适应能力是有限的。西方国家在20世纪60年代发生了一系列的危机，此时，一批富有历史责任感的学者对社会现实作出了回应。其中，沃尔多发起了明诺布鲁克会议，一批青年学者集聚雪城大学，与会者围绕着政治与行政关系重新思考了效率与平等、事实与价值等问题。由此，新公共行政学派形成，其倡导的核心价值观包括社会公平、代表性、回应性、参与和社会责任感，[1] 该学派特别强调了公共行政的公共性。其代表人物之一弗雷德里克森观点的核心就是公平正义，他总结了公共行政中五种有关公共的观点，[2] 并在对每种观点进行分析的基础上提出了公共行政的公共理论的构成要件。弗雷德里克森分析认为，公共与政府不是一回事，公共远超出政府的范围，打破原子化时代重建公共领域是有可能的。总之，由沃尔多发起的、以弗雷德里克森等为代表的新公共行政学派尽管具有一定的浪漫主义色彩，但是它在批判政治与行政二分基础上对社会公平正义的重视，对回应社会公众需求的重视，对公共精神的重视等都体现了其公共性思想。这一学派的贡献特别表现在对民主精神、法的精神、公正精神、公共服务精神等公共行政的公共精神的重视上。[3] 历经新公共行政的洗礼，传统行政学对效率的固守得以扭转，价值中立站不住脚，公共行政的价值层面得到重视，特别是公平正义、回应性、参与、

---

[1] ［美］康特妮、［美］马克·霍哲、张梦中："新公共行政：寻求社会公平与民主价值"，载《中国行政管理》2001年第2期。

[2] 五种观点分别是：公共是利益集团（多元主义的观点），公共是理性选择者（公共选择的观点），公共是被代表者（立法的观点），公共是顾客（服务提供的观点）以及公共是公民。参见：［美］H. 乔治·弗雷德里克森：《公共行政的精神》，张成福等译，中国人民大学出版社2013年版，第21~29页。

[3] 曹现强、公维友："新公共行政的民主行政观探析"，载《中国行政管理》2006年第9期。

责任感、公共精神等凸显了公共行政的公共性。

(二)新公共服务在超越新公共管理中张扬公共行政的公共性

新公共管理实际上是个大箩筐,胡德教授将"新公共管理"看作是一个方便的"标签",将管理主义、企业化政府等都归入其中。[1] 每一次理论变革都是对时代的回应,面对机构臃肿、行政低效的现实,以经济学理论和私营部门管理为理论基础的新公共管理登场。新公共管理对人性的假设与经济学保持一致,认为人是"经济人",在提供公共服务时将公民视为顾客,强调以企业家对顾客负责、企业家重视成本收益分析等理念和原则来管理公共部门。新公共管理的代表人物戴维·奥斯本(David Osborne)认为问题的根本不在于政府是大还是小,而在于政府是不是够好,并认为政府的职责是掌舵而不是划桨、是授权而不是服务、满足顾客的需要、从等级制到参与和协作等。[2] 新公共管理无疑是管理主义思潮的体现,在西方国家掀起了改革的浪潮,撒切尔政府、克林顿政府以及其他西方国家纷纷加入。新公共管理的实施确实在提升政府效率、降低公共服务成本、增强公民回应性等方面取得成效。但市场化原则忽视了公平、正义、民主等公共部门应有的价值,公私界限模糊,市场价值被凸显,甚至超越公平、正义、民主等价值。当然,这也不意味着新公共管理一定会带来公共行政公共性的弱化,但新公共管理操作实践中确实存在着公共行政公共性流失问题。

---

[1] Christopher Hood, "A Public Management for All Seasons", *Public Administration*, 1991, Vol. 69, No. 1, pp. 3~19.

[2] [美]戴维·奥斯本、特德·盖布勒:《改革政府:企业家精神如何改革着公共部门》,周敦仁译,上海译文出版社2006年版,第1~211页。

第一章 政府向社会组织购买公共服务的公共性理论

当新公共管理运动如火如荼开展时，新公共服务掀起了新一轮论战，明确提出"政府不应该像企业那样运作，它应该像一个民主政体那样运作"。[1] 新公共服务代表人物珍妮特·V. 登哈特（Janet V. Denhardt）、罗伯特·B. 登哈特（Robert B. Denhardt）强调"服务于公民，而不是服务于顾客""服务，而不是掌舵"[2] 等，这些宣言引起了人们的重视，新公共服务理论诞生。新公共服务的来源为民主公民权、社区与公民社会的讨论、组织人本主义等，[3] 重视对"公共利益"的分析，比如他们提出公务员对帮助公民明确表达公共利益具有重大作用，而共同的价值和集体的公民利益也应指导公共官员决策。[4] 新公共服务将人定位为"公共人"，而非"经济人"；政府对公民权的重视应胜于对企业家精神的重视；公共利益应优于效率；政府的职能是服务，而不是"掌舵"；政府不仅要关注市场，更要关注宪法、法令、公民权等更为重要的价值等。这实际上又是公共行政公共性的回归，主张与之前基于经济理论的模式不同的新公共服务模式。

经过一个半世纪有余的理论发展，笔者发现公共性未曾走出过行政学的视野，只是时而占据上风，时而处于被压制的状

---

[1] [美]珍妮特·V. 登哈特、罗伯特·B. 登哈特：《新公共服务：服务，而不是掌舵》，丁煌译，中国人民大学出版社2010年版，第1页。

[2] [美]珍妮特·V. 登哈特、罗伯特·B. 登哈特：《新公共服务：服务，而不是掌舵》，丁煌译，中国人民大学出版社2010年版，第32~111页。

[3] [美]珍妮特·V. 登哈特、罗伯特·B. 登哈特：《新公共服务：服务，而不是掌舵》，丁煌译，中国人民大学出版社2010年版，第18~30页。

[4] [美]珍妮特·V. 登哈特、罗伯特·B. 登哈特：《新公共服务：服务，而不是掌舵》，丁煌译，中国人民大学出版社2010年版，第57页。

态,但是,公共性是公共行政学的永恒追求。[1] 学者们一直保持着对公共行政公共性的关注,公共行政公共性的思想也从未熄灭过。如美国公共行政学家 E. 彭德尔顿·赫林（E. Pendleton Herring）认为政府行政行为的价值取向就是追求公共利益,公共利益具有特别的重要性。[2] 政策学家詹姆斯·E. 安德森（James E. Anderson）主张,服务和增进公共利益就是政府的任务所在。[3] 本恩（Stanley I Benn）和高斯（Gerald F Gaus）通过考察公共性在机构、利益、参与三个基本维度的表现来认识公共性。[4] 公共行政学每一次的理论创新都伴随着理论反思,看似矛盾或者针锋相对的理论实际上也体现出扬弃与融合的趋势,公共性作为公共行政的根本属性这一点愈来愈被公共行政的实践证明。

四、东亚的公共性思想

（一）东亚传统的公共性：公共权力活动正当化的公共性

中国、日本、韩国等东亚国家的公共性思想则是另外一番景象,尽管东亚国家偶尔也使用西方对公共性的理解,但东亚国家的公共性多是在公共权力活动正当化的意义上使用。[5] 就公共性的承载主体而言,欧美国家承载主体多元化,公共性指

---

[1] 丁煌、梁健:"探寻公共性:从钟摆到整合——基于公共性视角的公共行政学研究范式分析",载《江苏行政学院学报》2022年第1期。

[2] 彭和平、竹立家等编译:《国外公共行政理论精选》,中共中央党校出版社1997年版,第56~58页。

[3] [美]詹姆斯·E. 安德森:《公共决策》,唐亮译,华夏出版社1990年版,第222页。

[4] [美]尼古拉斯·亨利:《公共行政学》,项龙译,华夏出版社2002年版,第35页。

[5] [日]广松涉:《岩波哲学·思想事典》,岩波书店1998年版,第486页。

向公开性、共同性、平等讨论、理性、多样性等，东亚的公共性主要由"官""公"承载，[1] 公共性指向政治权力。从空间上来看，在传统社会里中国和日本的"公"大都指与"君""官"有关的场所，到了近代社会则是指"政府""国家"领域。从公共性与公权力的关系而言，欧美公共性有强烈的对抗性，强调市民社会与政治权力的分庭抗礼，当然也有如卢曼（Niklas Luhmann）所主张的"合法至上论"的公共性与公权力保持高度一致。中国和日本则不同，市民与公权力不是对抗性的关系，甚或在中国传统社会里也不存在可以自主发展的社会空间，家国同构之下社会被国家覆盖，或者说是被君主的权威覆盖。公共性和公权力之间保持着高度的一致性。现代化的进程是社会力量不断成长、国家和社会关系不断调整的过程，国家对社会的严格控制开始松动，但在渐进调整的过程中，国家及代表国家的政府依然处于强势地位，国家通过"单位制"对社会进行强有力的控制。日本则主要表现为民族国家建立过程中"立公灭私"的过程，"私"被牺牲掉，以满足"公"的要求。官尊民卑是东亚国家传统公共性的特点。

（二）东亚新公共性：活私开公的公共性

20世纪90年代，在全球化和现代化突进背景下，东亚各国掀起公共性研究热潮，形成"新公共性"观点。新公共性与旧公共性相对，旧公共性意指东亚国家由政府垄断的公共性，在日本，公共性则在事实上由中央政府垄断。[2] 在现代化进程

---

〔1〕 田毅鹏："东亚'新公共性'的构建及其限制——以中日两国为中心"，载《吉林大学社会科学学报》2005年第6期。

〔2〕 [日] 长谷川公一："NPO与新的公共性"，载 [日] 佐佐木毅、[韩] 金泰昌主编：《公共哲学第7卷：中间团体开创的公共性》，王伟译，人民出版社2009年版，第11页。

中,经济发展激发了民间的活力,但是社会建设程度与经济发展程度严重脱节,经济和社会发展严重不协调,经济作为核心问题被过分强调,而社会建设却让位于经济发展。二者的不协调成为制约东亚社会经济进一步发展的因素,客观形势迫使"第三域"建设被提上议事日程,新公共性在历史发展中走向前台。"第三域"意指区别于作为第一域的国家或政府组织、作为第二域的市场或营利组织表现为非政府组织、非营利组织等民间组织的私人领域。东亚国家长期社会建设的滞后打破了经济—社会发展之间的平衡,在现代化进程中,其社会建设的核心问题便是新公共性的构建。

"新公共性"也被称为多元主义公共性,具有主体多元的特征,公共性的开拓者不再局限于公共部门,个人、社会组织、市场组织都成为了开拓主体。[1]"新公共性"打破了政府自上而下的垄断,主体范围逐渐拓展,特别表现在具有非营利性、受到非分配约束的非营利组织、非政府组织的加入。公共性开始扩散,原来聚集在一个狭小的范围之内,现在则由社会全体来分担。我国单位制的消解使人由单位人变为社会人,并在经历了一段时间的挣扎、徘徊后,非营利组织、非政府组织承担起了组织和凝聚这些原子化个人的功能,相比于个人、企业组织,这些组织具有显著优势而成为新公共性的重要承载主体,社会组织建设也成为社会建设的重要内容。日本的志愿活动在1995年阪神—淡路大震灾后走向高潮,邻里互助在这场灾难中发挥了极大的作用,激发了人们参加志愿活动的热情。我国也在20世纪90年代以后掀起了非营利组织建设热潮,官方背景的

---

[1] 唐文玉:"社会组织公共性:价值、内涵与生长",载《复旦学报(社会科学版)》2015年第3期。

第一章 政府向社会组织购买公共服务的公共性理论

组织和非官方背景的组织都取得了很大发展。"新公共性"的"新"还表现在将公共性建构建立在个人实践基础上，[1] 这与"市民公共性"对"言说"的强调不同。"言说"受到阿伦特、哈贝马斯等人的高度重视，其本身在公共领域构建中的重要性也是不言而喻的，但东亚社会与欧美国家不同，缺乏超出血缘关系的共同体构建。公私共进开始代替公私对立，以对"私"的确立来开拓充满持续生机的"公"，"公"与"私"之间协同共进同时又界限分明。[2]

第二节 政府向社会组织购买公共服务的公共性界定

从古希腊开始，人们已经有公共的观念，我国也很早就有了"公"的意识，不同的人对"公"的理解有所不同。之后，公共性思想不断演变，公共性的内涵也在不断发生变化。相对来讲，哲学领域对公共性的研究具有高度的抽象性，但这些思想可以为具体学科研究提供方法论上的指导。尽管中西方之间、不同学科之间对公共性理解会有不同，但都对公共性思想的发展作出了贡献，也都丰富了理解公共性内涵的角度。本研究聚焦于政治学、公共管理（行政）学领域，承袭西方和东方公共性思想的精华，结合学者们对公共性内涵的诸多阐释，总结出

---

[1] 田毅鹏："东亚'新公共性'的构建及其限制——以中日两国为中心"，载《吉林大学社会科学学报》2005 年第 6 期。
[2] 唐文玉："社会组织公共性：价值、内涵与生长"，载《复旦学报（社会科学版）》2015 年第 3 期。

公平、正义、民主、法治、公开、参与、监督、回应性、公共利益、理性等是理解公共性的关键词，但公共性的内涵又不限于这些关键词。公共行政理应围绕着这些关键词展开，维护公平、正义，在民主、法治的框架下行动，公开行政过程，通过公众参与和监督来回应社会公众需求，并最终达至对公共利益的追求。本研究在对政府向社会组织购买公共服务内涵、公共性内涵进行解析的基础上形成对本论题中公共性内涵的界定。

一、政府向社会组织购买公共服务的内涵及其三元主体

为了对本论题中的"公共性"进行界定，首先要对政府购买有认识。政府购买发端于西方国家，近年来在我国也普遍发展起来。政府购买是因应理论上的发展和现实需要而产生的，其涉及多元主体，在此借鉴王浦劬、莱斯特·M.萨拉蒙（Lester M. Salamon）的研究经验，引入"三元主体"的分析框架，"三元主体"即购买者、承接者、使用者或者称为供给者、生产者、消费者三方，为后续研究开展作好铺垫。

（一）政府向社会组织购买公共服务的含义

政府购买服务是我国的称谓，在西方一般被称为购买服务合同（Purchase of Service Contracting, POSC）或合同外包（contracting out），是公私合作多种制度中十分普遍的一种。[1]国内从官方文件到学界研究普遍采用"政府购买服务""政府购买公共服务"等表述。与公共服务领域的剧烈变革相对应，学

---

[1]〔美〕E. S. 萨瓦斯：《民营化与公私部门的伙伴关系》，周志忍等译，中国人民大学出版社2002年版，第73页。需要说明的是，萨瓦斯概念里边的"私"涵盖范围很广，是与"公"即政府部门对立意义上的"私"，社会组织等也被包括在内。

第一章 政府向社会组织购买公共服务的公共性理论

界对这一现象日渐关注,并对这一现象的内涵或者本质进行了研究,且对政府购买内涵的界定大同小异。其中,王浦劬和萨拉蒙等合作的研究较具代表性,这一团队在界定政府购买内涵基础上,对国内及全球政府购买经验进行了探究。王浦劬认为,政府向社会组织购买公共服务就是将原来政府直接提供的公共服务通过一定的方式交给社会组织来完成,政府根据具体的完成情况来支付费用。[1] 购买主体是政府,承接主体是社会组织,王浦劬称为"社会服务机构";购买的形式多样,公开招标是其中一种;购买资金由政府提供,社会组织获得的资金量依据其完成公共服务的具体情况来决定。本研究即采用此种界定。

(二)政府向社会组织购买公共服务的三元主体:从萨瓦斯(E. S. Savas)到萨拉蒙[2]

传统的公共服务供给模式下,政府集公共服务提供者和生产者于一身。著名公共经济学家理查德·阿贝尔·马斯格雷夫(Richard Abel Musgrave)在 1959 年区分了提供和生产两个概

---

[1] 王浦劬、[美]莱斯特·M. 萨拉蒙等:《政府向社会组织购买公共服务研究:中国与全球经验分析》,北京大学出版社 2010 年版,第 3~4 页。

[2] 需要说明的是本研究重点关注购买者、生产者、消费者这三元主体,事实上,在政府购买中还会有其他的主体,比如外部媒体的监督、普通社会公众的参与、独立第三方机构的监督等,这些主体对公共性的保障也起着重要的作用。王浦劬、萨拉蒙等从三元主体框架进行分析,以三元主体框架进行分析的还有蔡礼强等学者。参见蔡礼强:"政府向社会组织购买公共服务的需求表达——基于三方主体的分析框架",载《政治学研究》2018 年第 1 期。徐家良、赵挺在四元框架下进行分析,即"购买者——承接者——使用者——评估者"。参见徐家良、赵挺:"政府购买公共服务的现实困境与路径创新:上海的实践",载《中国行政管理》2013 年第 8 期。但本研究仅抓住关系更为直接和紧密的这三元主体进行研究,其他可以作为后续研究的内容和方向,特此说明。

念,[1] 1961年文森特·奥斯特罗姆（Vincent Ostrom）等人在此基础上向前更进一步，提出公共产品和公共服务的生产与供应需要区分开来，私人和公共部门都可以承担生产任务。[2] 罗纳德·J. 奥克森（Ronald J. Oakerson）也区分了公共产品和服务的供应逻辑和生产逻辑，公共服务的供应由地方政府承担，私营部门等则可以承担生产任务。[3] 这些理论分析为公共服务领域改革提供了支撑。E. S. 萨瓦斯更进一步分析了公共服务中的三个基本的参与者：消费者、生产者、安排者或提供者，认为消费者是直接接受服务的人，可以是个人、政府机构、私人组织等；生产者直接组织生产或者直接向消费者提供服务，既可以是政府，也可以是私人企业、非营利机构等；提供者或安排者一般是政府，连接着生产者和消费者。[4] 政府作为提供者或者安排者主要负责决定提供什么、为谁提供、提供多少、如何付费等问题。

理论上的区分推动了实践领域的改革，政府垄断公共服务供给被打破，市场力量、社会力量参与到公共服务生产中来。将研究再推进一步的是萨拉蒙，其在分析美国福利国家中政府与大量第三方机构在福利提供方面的合作时，认为与私人企业相比，在目标方面非营利组织和政府更为接近，在一些公共服

---

[1] Richard Abel Musgrave, *The Theory of Public Finance*: *A Study of Public Economy*, New York: McGraw-Hill Book Company, 1959, p. 15.

[2] Vincent Ostrom, Charles M. Tiebout and Robert Warren, "The Organization of Government in Metropolitan Areas: A Theoretical Inquiry", *American Political Science Association*, 1961, Vol. 55, No. 4, pp. 831~842.

[3] [美] 罗纳德·J. 奥克森：《治理地方公共经济》，万鹏飞译，北京大学出版社2005年版，第8~29页。

[4] [美] E. S. 萨瓦斯：《民营化与公私部门的伙伴关系》，周志忍等译，中国人民大学出版社2002年版，第68页。

务领域非营利组织出现得比政府还要早,政府选择非营利组织更为合适。[1] 萨拉蒙的分析突出了非营利组织在公共服务领域与政府合作时的独特优势。政府购买中有公共服务的供给、生产和消费三个环节,相应地涉及公共服务的供给者、生产者和消费者三元主体。[2] 本研究即采用这种三元主体的分析框架。

二、公共性内涵解析

从公共性思想的起源及其演变可见,公共性本身是个流动性很强的概念,其内涵可能随着时间、学科不同而发生剧烈的变化。比如,早期的公共性带有朴素的全民性特征,古代社会的公共性因公吞没私而等同于国家权力,近代以来因公与私分离才有了真正的公共性,而到了现代社会公与私出现融合,公共性成为政府管理职能的最为根本的特性。[3] 后来发展起来的公共性思想已与早期的"公共"概念相去甚远。但公共性是对人类公共生活的一种思考,在这一点上是一致的。聚焦政治与行政领域,在早期公共性思想、近代以来政治哲学领域公共性思想、东亚国家的公共性思想,特别是公共管理(行政)领域公共性思想的关照之下,加上现代社会国家统治职能和管理职能的分化,公共性的内涵日益清晰。

(一)"公共利益"是公共性的重要内涵

对公共性内涵的认识,无疑"仁者见仁,智者见智",即使

---

〔1〕 [美] E.S. 萨瓦斯:《民营化与公私部门的伙伴关系》,周志忍等译,中国人民大学出版社2002年版,第44~45页。

〔2〕 王浦劬、[美] 莱斯特·M. 萨拉蒙等:《政府向社会组织购买公共服务研究:中国与全球经验分析》,北京大学出版社2010年版,第9页。

〔3〕 王乐夫、陈干全:"公共性:公共管理研究的基础与核心",载《社会科学》2003年第4期。

是同时代的大家也不能彼此说服对方,尽管可能在某一方面达成一致,对公共性的认识都具有理念上对正义公正的认同、提供对社会有用的公益服务、公开地进行公共议论以及社会全体的共有性等特点。[1] 古希腊时期,政治学的开山鼻祖亚里士多德认为,城邦是为了实现善和正义,将城邦视为能够作出对公众有利的裁决的团体,还将能否照顾到公共利益作为区分正当政体和变态政体的标准。[2] 亚里士多德对至善的追求为后世研究或者实践树立了标杆。另一位巨匠西塞罗也强调了"利益的共同",尽管不能把"利益的共同"和"公共利益"划等号,但"公共利益"在这一时期被凸显出来。不仅如此,"公共利益"出现在诸多有关公共性内涵的论述之中,比如,不同的公共行政学派或者思想尽管可以从总体上归纳到管理主义或者宪政主义的框架内,实际上都跟"公共利益",特别是"公共利益"的实现方式密切相关,崇拜市场,抑或崇拜宪法、法律,抑或在二者代表的效率和宪政之间取得平衡,都是"公共利益"的实现方式。登哈特夫妇强调新公共服务的核心原则之一便是重新肯定公共利益在政府服务中的中心地位,[3] 所谓重新肯定,是针对前期新公共管理所带来的冲击。孙柏瑛的"社会的

---

〔1〕 田毅鹏:"东亚'新公共性'的构建及其限制——以中日两国为中心",载《吉林大学社会科学学报》2005年第6期。

〔2〕 [古希腊] 亚里士多德:《政治学》,吴寿彭译,商务印书馆1965年版,第132页。

〔3〕 [美] 珍妮特·V.登哈特、罗伯特·B.登哈特:《新公共服务:服务,而不是掌舵》,丁煌译,中国人民大学出版社2010年版,第47页。

共同利益"、[1] 王乐夫的"保障公共利益完整性和完全性",[2] 以及张康之、曹现强的论述都有相似的含义。由此可见,对公共性进行界定绕不开"公共利益",我们也将"公共利益"作为公共性的重要内涵之一。

(二)公共性包含着公开性、平等对话、理性协商的内涵

亚里士多德时期,公民就在广场上进行广泛的讨论,广场是开放的,人们平等地表达观点。后来具有浓厚的亚里士多德情结或者说是古希腊情结的阿伦特也特别强调公开性,强调公共领域的重要性,人们正是通过在公共领域就共同关心的话题进行平等、理性的交往对话的实际行动来追求共同理想和目标的。因此,在阿伦特看来,能够实现公民政治平等和参与的公共领域非常重要。阿伦特对公共领域以及平等、理性的交往对话的强调在理解公共性上意义重大。在哈贝马斯的公共性思想中,"公共领域""交往理性"等概念贯穿其中,基于此,哈贝马斯甚至成为协商民主理论的重要开创者。哈贝马斯重视"公共领域",有关公共生活的话题都要在公共领域中进行公开的讨论,权力机关在作出相应决策时只有汲取人们在公共领域中公开讨论的成果才能维持自身的合理性,而只有经过公开讨论且经过公民同意的决策才是合法的。虽然哈贝马斯论述的是"公共领域"的事情,但这一模式完全可以平移到其他场合,比如政治运作领域,问题的重点在于开放性、公民参与和理性表达。如果说阿伦特和哈贝马斯的表述更加形而上的话,那么,公共

---

[1] 孙柏瑛:"公共性:政府财政活动的价值基础",载《中国行政管理》2001年第1期。

[2] 王乐夫、陈干全:"公共管理的公共性及其与社会性之异同析",载《中国行政管理》2002年第6期。

行政中对这方面的表述就更为直接。比如,企业化政府中对"参与和协作"的重视[1],并以此来激发责任感、提升效率等。即使是在与之针锋相对的新公共服务理论中,共同领导、合作和授权在组织内部和外部都已成为规范。[2]

(三)对公共性的理解不能局限在政府,政府是众多体现公共性的其中一个重要部门[3]

从政府的角度来看,权力运行符合规范、受到法律法规的约束、受到社会公众的监督等是基本的要求。这里的理解实际上是对政治哲学领域公共性思想的落地,政治哲学领域倡导的自由、平等、理性对话等价值理念和真实的政治生活对接,这一过程同时也是以各项政治制度设计的形式来实现和保障公共性的过程。从政治哲学领域的公开讨论、理性对话到公共行政中将公共利益维护界定为公共行政的宗旨等,这实际上都是在对政府、公共行政人员进行更规范的约束。比如,从范围看职责要清晰、从过程看要公开、从结果看要接受公民检验等。但公共性体现又不局限于政府部门,按照东亚新公共性的理念,社会组织等中间团体也成为公共性的承载主体,政府除了接受社会公众监督、规范公共权力使用之外,还要与社会组织良性

---

[1] 当然,这里必须指出企业化政府也在一定程度上消解着公共行政的公共性,该理论强调"参与和协作",但关键在于其将公民作为"顾客"而非"公民"看待,该理论也正因为如此而备受批评。公共行政学自诞生之日起,关于公共性的讨论就没有停止过,公共行政在效率与公平正义等价值观之间摇摆,诸多学者都参与其中。比较经典的是沃尔多与西蒙之间的世纪之争。但企业化政府及其背后的新公共管理强调"参与和协作"是没有问题的,而且也是公共行政发展的一个趋势。

[2] [美]珍妮特·V.登哈特,罗伯特·B.登哈特:《新公共服务:服务,而不是掌舵》,丁煌译,中国人民大学出版社 2010 年版,第 121 页。

[3] [美] H. 乔治·弗雷德里克森:《公共行政的精神》,张成福等译,中国人民大学出版社 2013 年版,第 20~29 页。

互动，更好地增进公共性。我国学者孔繁斌表达了类似的观点，认为现代社会通过多中心治理满足公众日益增长的公共服务需求，这一过程是公共服务再生产和公共性再生产的统一，关键在于合作机制的建构。[1]

（四）对公平、正义等价值观的追求一直在思想家、学者的视线范围之内

对公平、正义等价值观的追求无论在政治哲学领域还是公共行政领域都是焦点之一，从罗尔斯到弗雷德里克森再到登哈特夫妇以及我国的诸多学者，公平、正义都在其公共性内涵之中。罗尔斯的公共性思想高度重视公平正义问题，而其公平正义问题的核心则是分配公正，是对处境最差的人的利益的关注。[2] 若罗尔斯关于分配的正义观是政治哲学领域的代表，弗雷德里克森对公平正义的追求则是公共行政领域的代表。弗雷德里克森关于公平正义有诸多的论述，他认为在效率和经济之外，社会公平是公共行政的第三个理论支柱。[3] 在新公共服务的观点中，尽管效率很重要，但是效率的产生是要基于对公共服务理想的尊重，基于对处于核心地位的人的尊重以及对于诸如公正、公平、回应性、尊重、授权和承诺这样的价值观的尊重来实现的。[4] 不仅如此，我国学者在谈到公共性时，对公平正义的重要性亦有深刻的认识，比如王乐夫、陈干全、陈国权

---

[1] 孔繁斌：《公共性的再生产：多中心治理的合作机制建构》，江苏人民出版社2012年版，第10~12页。

[2] 王维国：《公共性理念的现代转型及其困境》，兰州大学出版社2005年版，第90页。

[3] Frederickson, H. G. (ed.), "Symposium on Social Equity and Public Administration", *Public Administration Review*, 1974, Vol. 34, No.1, pp. 1~51.

[4] ［美］珍妮特·V.登哈特、罗伯特·B.登哈特：《新公共服务：服务，而不是掌舵》，丁煌译，中国人民大学出版社2010年版，第119页。

等。追求公平、正义是公共行政的基本价值观，作为公共部门的工作人员要有职业伦理，要有责任心。

（五）品德高尚的公民亦是公共性的题中应有之义

每一种公共性思想实际上都包含着特定的对人性的假设。古希腊时期，在理解"公共"时即包含人与人之间的关系、人能够超越自身利益去理解他人利益等观念，具备这样品格的人才能走出家庭进入公共生活领域。在阿伦特、哈贝马斯等人的论述中，"人"也处于极为重要的位置，人们之间平等的、理性的交往、协商等都对人提出了要求。至新公共行政时，弗雷德里克森在分析公共行政的公共的一般理论时将品德崇高的公民纳入其中，认为具备这种品格的公民能够理解立国的重要文件、具备信念、品德崇高、具有操守等。[1] 公共行政的过程伴随着行政人员与公民之间的互动，品德高尚的公民与公共行政活动形成呼应，关心他人和公共的利益，积极参与到公共生活当中。观察东亚国家的情形，当个人被淹没到群体中时，所谓的公共性更多的是用来证明公共权力正当化的，而当社会日益发展，个体日益被突出时，公共性开始扩散，社会组织、公民个体等在公共性建构中的作用日益显著。

三、本论题中公共性的界定

对公共性下一个准确的、涵盖所有的概念，无异于盲人摸象、徒劳而无功。但是，不同时代、不同学科、不同角度对公共性的认识，确实能够帮助我们更好地理解自身正在进行的研究。本研究是在政治学、公共管理（行政）学范围内运用公

---

〔1〕 [美] H. 乔治·弗雷德里克森：《公共行政的精神》，张成福等译，中国人民大学出版社2013年版，第30~31页。

性这一概念的,对公共利益的追求、就共同问题进行理性对话和平等协商、公众参与、权力运用受到规范、对公平正义等价值理念的信赖、品德高尚的公民、过程的交互和开放等都是公共性的应有之义。根据以上对公共性内涵的解析,结合政府向社会组织购买公共服务的三元主体分析框架,形成政府向社会组织购买公共服务的公共性以下三个层面的理解,即公共服务的公共性、政府向社会组织购买公共服务三元主体的公共品格、政府向社会组织购买公共服务的过程公共性。[1] 现代政府的基本职责之一就是供给公共服务,公共性是公共服务的内在属性,不证自明,同时也是实践政府公共性、公共管理(行政)公共性的载体。公共服务的公共性是公共服务领域改革的价值底线,政府购买也不能突破此底线,并应通过对三元主体的公共品格维护和三元主体的良性互动过程构建来加以保障。

(一)公共性的第一个层面:公共服务的公共性

公共服务的公共性是一个不言而喻的命题,这是由公共服务本身的内在属性决定的。关于公共服务,人们有不同的探讨,物品解释法、利益解释法、主体解释法、价值解释法、内容解释法、职能解释法等都是认识公共服务的角度。[2] 物品解释法是从公共物品角度出发来探讨公共服务的,将提供公共物品等同于公共服务,马庆钰对公共服务的解释是典型的物品解释法,将提供主体规定为公法授权的政府和非政府公共组织以及有关工商企业,将范围限制为纯粹公共物品、混合型公共物品以及

---

[1] 需要特别指出的是,这里的"过程"指的是三元主体在公共服务供给中的互动过程,主要体现的是三者之间的动态博弈。"过程"更多地从动态的角度进行阐释,三元主体的公共品格则偏向于静态角度的阐释,以此形成对公共性保障的全面认识。

[2] 陈振明等:《公共服务导论》,北京大学出版社2011年版,第11页。

特殊私人物品，而公共服务就是被授权的组织在此过程中承担的职责。[1] 这种界定根据经济学中公共物品非排他性、非竞争性的区分展开。此外，李军鹏从价值角度进行解释，认为生产主体是以政府机关为主的公共部门，产出要供全社会所有公民共同消费、平等享受的社会产品是公共服务。[2] 另外，还可以从其他角度进行界定。不同角度界定只是表明在解释要描述的公共服务的内涵时的进路是不同的，并不是说彼此之间一定是矛盾的、不可调和的。事实上，不同角度的解释反而使公共服务内涵更加丰满，表明政府职责、公共服务、公共利益、公众需求等之间的关系。本研究无意给公共服务一个严格而清晰的概念，而是从不同角度对公共服务的界定当中把握住了公共服务的根本特征，即其公共性，公共性是公共服务的内在属性。

但公共服务的公共性本身是个价值判断，很难以绝对量化的指标来清晰地加以展示，只能通过公共性的基本维度展现出来。在本研究对公共性内涵的解析之下，公共服务公共性表现在供给主体主要是政府、供给价值观的公平性和公正性、供给过程的公开性、服务对象的公众性以及服务目标的公益性等方面。从供给主体来看，公共服务的提供主体主要是"政府及其公共部门"，[3] 以公权力为基础，支配着公共资源，实现公共利益，公共性是政府合法性的基础，政府应自觉以公共利益为

---

〔1〕 马庆钰："关于'公共服务'的解读"，载《中国行政管理》2005年第2期。

〔2〕 李军鹏：《公共服务学：政府公共服务的理论与实践》，国家行政学院出版社2007年版，第2页。

〔3〕 陈振明等：《公共服务导论》，北京大学出版社2011年版，第13页。公共服务本身也有不同的界定。但不管是哪种界定，以公权力为基础的政府在公共服务供给中的责任是毋庸置疑的，当然，政府可以授权其他主体来具体提供。

行动底线。在政府购买中,社会组织是服务的具体生产者,但资源仍来源于政府。从供给价值观来看,效率很重要,政府购买包含着对效率的追求,但是这种对效率的追求是以对公平、正义、平等、民主、伦理、责任心等价值观的遵守为前提的,否则,对效率的追求会加剧不平等、不公正现象,公共服务供给改革则会南辕北辙。从供给手段和过程来看,购买借助的是公共资源,这种资源获取还是以公权力为基础的,只是政府和社会组织之间通过购买合同建立了合作形式。同时,供给过程要公开、透明,全程处于社会公众的监督之下。公共服务供给回应的是社会公众的公共服务需求,社会公众要能够参与到这一过程中来,并能够与政府、社会组织高效互动。从供给对象和目标来看,公共服务供给满足的是社会公众的公共服务需求,其基本的追求在于公共利益最大化。

(二)公共性的第二个层面:政府向社会组织购买公共服务三元主体的公共品格

在政府购买中,三元主体各自扮演不同角色,良性互动,共同推动购买的顺利进行。政府、社会组织、社会公众三元主体的公共品格即是本论题中公共性的第二个层面,政府公共性、社会组织公益性、社会公众公共精神[1]共同为政府向社会组织购买公共服务的公共性提供保障。其中,政府的公共性提供基础性保障,社会组织的公益性提供关键性保障,社会公众的公共精神提供支撑性保障。

本研究将"政府的公共性"定位为"基础性保障",是基于政府原本即肩负着公共服务提供职能及相关制度供给职责的考虑,即使是在政府与社会组织合作供给时,最终的兜底责任

---

[1] 也即弗雷德里克森所谓的品德高尚的公民。

仍然归政府；将"社会组织的公益性"定位为"关键性保障"，是基于其生产者身份的考虑，具体的资源转化过程即生产过程要由社会组织来完成；将"社会公众的公共精神"定位为"支撑性保障"，是基于对社会公众公共精神增进公共服务公共性的考虑，社会公众可以选择与政府、社会组织互动或不互动，互动亦有良性互动或者相反，若社会公众与政府、社会组织良性互动，确实可以更好地保障公共服务的公共性，而这是以社会公众具备公共精神为前提的。

  作此界定就类似于一座房子的架构，各个组成要件都很重要，"地基"是整个房子稳固的基础，但若无"梁柱"房子亦无法建成，"房顶"则使整个房子更加完整。"地基""梁柱""房顶"对于一座房子来说都很重要，我们只是试图基于从各个部分对于保障一座房子重要性的角度作出粗略的判断，将"地基"定位为"基础"，将"梁柱"定位为"关键"，将"房顶"定位为"支撑"，但实际上三者缺一不可。在公共性保障中有着类似的逻辑。

  1. 政府的公共品格，即其公共性。政府公共性体现在政府部门及其工作人员运用公权力，本着公平、正义、平等、民主、伦理和责任等价值观，在公众的监督和约束之下，管理社会公共事务，并实现公共利益最大化的行动中。孙柏瑛认为政府公共性表现为：基本理念上应着眼于社会发展长期、根本的利益和公民普遍、共同的利益；道德层面上"公共性"应成为每个公职人员的职业态度、观念和信仰；在政治过程层面上，政府在公共物品提供等集体行动中有有效的决策参与通道和决策选

第一章 政府向社会组织购买公共服务的公共性理论

择的机制。[1] 这是对理想状态政府公共性的总体描述，或者说是对政府公共性应然状态的描述。事实上政府公共性也有一个不断生长发育的过程，在这个过程中也可能有公共性缺失、衰减等状况，但从社会整体的发展进程来看，政府公共性有不断增强的趋势，并特别表现在公共服务职能受到越来越多的重视、政府的供给能力逐步提升等方面。公共服务的特殊性质决定了政府在公共服务供给中的特殊责任，即使是在公共服务供给方式发生变革的情况下，政府的特殊责任也不会消失。因此，在政府购买中，政府以其公共品格及公共品格指引下的行动为公共服务公共性提供基础性保障。

2. 社会组织的公共品格，即公益性。公益性是社会组织最显著的组织特征。社会组织是目前我国官方的称呼，实际上对应此称呼的还有非营利组织、第三部门、非政府组织、慈善组织等。最初提出非营利部门概念是为了将政府和私人部门之间的界限区分出来，这一概念在19世纪后期形成。[2] 尽管每种称呼运用的具体环境可能会有差别，但在一些基本特征方面是一致的，比如受非分配约束性、志愿性等，正是这些特征铸成了社会组织公益性、互益性等公共品格。社会组织的公共品格通过其活动展现出来，比如王名认为非营利组织的活动主要是不以营利为目的的各种志愿性活动。[3] 对社会组织的认识，见

---

[1] 孙柏瑛：" 公共性：政府财政活动的价值基础 "，载《中国行政管理》2001年第1期。

[2] Stevens, Rosemary, " 'A Poor Sort of Memory': Voluntary Hospital and Government before the Depression ", *Milbank Fund Quarterly/ Health and Society*, 1982, Vol. 60, No. 4, pp. 551~584.

[3] 王名编著：《非营利组织管理概论》，中国人民大学出版社2002年版，第2页。

仁见智，尚未有统一的界定，但社会组织在受非分配约束性、志愿性等组织特征方面的一致性以及社会组织在实践中开展的各种不以营利为目的的志愿性活动都将社会组织与以公权力为基础的政府组织和以营利为目的的市场组织区分开来。在政府购买中，社会组织具体地生产政府所购买的公共服务，并以其独特的组织特性为公共服务公共性保障提供关键性支撑。

3. 社会公众的公共品格，即其公共精神。公共精神由一系列最基本的价值命题构成，它形成于公共社会之中，位于社会最深处，并体现为基本道德，在政治价值层面则表现为以公民和社会为依归的价值取向。[1] 公共精神既有公共部门及其工作人员的公共精神，也有普通公众的公共精神，这里指的是作为消费者的社会公众应具备的能够促进政府购买健康发展的公共精神。社会公众的公共精神与社会发展密切相关，具备公共精神的社会公众更知晓如何表达自身利益诉求，更关切其他公民的利益和社会公共利益，更有参与的积极性和奉献的精神。在政府购买中，具备公共精神的社会公众能够与政府、社会组织理性互动。同时，在这一过程中社会公众还有一个特殊的身份，即某些服务中的共同生产者，这是以奥斯特罗姆、帕克斯（Roger B. Parks）等为代表的几位学人提出的合作生产理论的内容，在社会治安、教育等服务中将消费者作为共同生产者。[2] 作为共同生产者的消费者需要更多积极而正面的行为，其公共精神将对公共服务公共性保障发挥更大的作用。在政府

---

[1] 袁祖社："公共精神：培育当代民族精神的核心理论维度"，载《北京师范大学学报（社会科学版）》2006 年第 1 期。

[2] 陈建国："合作生产理论与公共服务治理的思维转换"，载《天津行政学院学报》2012 年第 2 期。

第一章 政府向社会组织购买公共服务的公共性理论

购买中,作为消费者以及一些服务中兼任共同生产者角色的社会公众的公共精神为公共服务公共性提供支撑性保障。

(三) 公共性的第三个层面:政府向社会组织购买公共服务的过程公共性[1]

为防止理解上的偏差或者文字上歧义,有必要再次强调这里的"过程"指的是政府、社会组织、社会公众三元主体的互动过程,主要体现三者之间的动态博弈。当然,三者之间的互动过程发生在政府购买的全过程中,即从购买到生产再到消费的整个流程中。当政府单独供给公共服务时,政府直接面对作为消费者的社会公众。但是,当公共服务供给方式发生变化时,提供者、生产者、消费者之间的关系变得复杂起来。三者之间形成了关联交错的关系,公共服务的供给正是在这个错综复杂的关系中完成的。公共性在过程方面的基本体现为多元主体的互动性、过程的开放性、程序的规范性以及平等对话、理性协商等,即政府、社会组织、社会公众之间并不是彼此封闭的关系,而是开放的,彼此互动的关系,并且在整个过程中共享信息。公开、开放是最基本的要求,三元主体彼此知晓对方的行动,并且各方的行为都是可预期的。同时,三者之间不仅要互动,而且其互动还要是有益的、理性的,这里"有益"标准的基本指向就是保证公共服务的品质不减损。这样可以理解为理性磋商的过程,各个主体都是理性的,能够对共同关心的问题进行商讨、辩论,形成共识。

过程公共性是以三元主体对公共服务公共性价值的认同以

---

[1] 为了避免概念使用和理解上的歧义,将三元主体之间的互动过程定义为"过程",而将政府购买的过程定义为"全过程",实际上三元主体之间的互动贯穿于政府购买的始终,即所谓"全过程"的始终。

及对保障这一目标得以实现的自身责任认同为前提的。政府的公共性决定了其在公共服务供给中的兜底责任，即使是政府购买时，政府仍然要扮演好规划者、资金提供者、监督者等角色，并在必要的情况下回购公共服务。政府不能因为公共服务供给方式发生了变化就推卸责任，这是政府公共性的要求，也是以政府公共性为保障的。社会组织既然参与进来，就应该对自己作为生产者的角色有自觉的身份认同，并对自身扮演的角色有清醒的认识。作为消费者的社会公众亦要认识到其公共精神对保障公共服务品质的重要性。当互动的三方对自身角色有了清醒的认识，并对保障公共服务品质有了一致的认同之后，三者之间才能够良性互动。过程公共性正是在三元主体对自身角色的认同、对公共性是公共服务内在品质的认同、对达成保障公共服务品质不因供给方式变化而变化的认同等基础上，通过三元主体之间的良性互动实现的。

第三节　政府向社会组织购买公共服务公共性保障的基本逻辑

在本研究中，公共性保障的基本逻辑为：公共性是公共服务的内在属性，也是政府购买的价值追求所在；三元主体的公共品格和公共服务购买的过程公共性是公共性保障的基本要素；塑造三元主体公共品格、推动各主体在购买过程中的良性互动，是防止公共服务公共性流失、实现公共服务应然价值的主要进路。政府向社会组织购买公共服务的公共性由三元主体的公共品格和过程的公共性来共同保障。政府垄断时，保障公共服务公共性主要依靠政府来完成，政府通过提升服务意识、增强供

第一章 政府向社会组织购买公共服务的公共性理论

给能力、以制度建设规范公权力运行等来实现,当然也包括与作为消费者的社会公众之间的互动等,因此,公共服务公共性维护主要通过政府内部一些不良因素的消除以及公共服务健康供给环境的构建等来实现。当政府购买时,公共服务公共性维护变得复杂起来,政府、社会组织、社会公众三元主体及彼此之间的互动都会影响到供给效果,因此,公共服务公共性维护需要三方的共同努力,由三元主体的公共品格和购买的过程公共性来加以保障。具体来看,政府、社会组织、社会公众需要各自扮演好自身角色,政府以服务意识增强、制度供给来提供基础性保障,社会组织以规范运作、能力提升等来提供关键性保障,社会公众则以公共精神提升来提供支撑性保障。同时,又要构建三元主体良性互动的过程来为公共性提供保障。

一、公共服务的公共性是价值追求所在

政府购买是公共服务供给方式的变革,由政府直接提供转变为间接提供,由单一主体提供转变为多元主体合作提供。由政府垄断性提供和由多元主体合作提供只是供给方式的变革,并反映到公共服务供给效率、成本等方面,但公共服务的价值基础在于保障人权,提供的基本标准在于维护公共利益,[1] 这就决定了维护公共服务的公共性、保障公共服务公共性不因供给方式变革而流失是最基本的要求。这一点正是由公共性是公共服务的内在属性或者本质规定性决定的。那么,我们在变革的过程中就要保障这种公共性,而保障是发生在具体的环境和条件下的。西方国家20世纪70、80年代以来的民营化浪潮使公

---

[1] 陈振明等:《公共服务导论》,北京大学出版社2011年版,第81~82页。

共部门通过对合同的广泛使用来以更低的成本提供公共服务。[1] 在实务界和理论界对民营化成果抱乐观态度时，也不乏理性的反思。比如，20世纪90年代，过度的民营化导致政府在一些公共服务领域的退出，公共服务公共性弱化。实然和应然的背离使我们反思并重视这一问题，无论如何变革，公共服务的公共性始终都应是基本的价值追求，政府购买也不例外。

政府向社会组织购买公共服务的公共性体现在其提供主体即政府和社会组织对公共利益的追求、供给过程的公开和透明、供给中作为消费者的社会公众的参与、供给目的在于满足公共需求、供给效率的提升以及对公平、正义、责任等价值观的遵循等方面。[2] 公共性是公共服务的本质属性，偏离了这一本质属性，意味着效率越高越会适得其反，我国政府购买也出现了公共性问题。政府选择社会组织作为购买的合作伙伴，与社会组织分享公共服务供给的资源和责任，其合作的基础在于对公共服务公共性的维护，保证公共服务由社会组织来具体提供时公共性不会流失。在考虑公共服务内在属性以及政府购买中公共性问题现状的基础上，增进和维护公共服务公共性成为一个关键的问题，也是一个必然的价值选择。将公共服务公共性维护和增进置于具体的政府购买这一背景中，则多元主体的公共品格以及购买的过程公共性就成为关键所在。

---

[1] [美] 艾略特·D. 斯科拉：《关于私有化的经济学：不一定总能得到你想要的》，李雪松、王磊译，科学出版社2013年版，第37页。

[2] 郑谦：《公共物品"多中心"供给研究——基于公共性价值实现的分析视角》，北京大学出版社2012年版，第233页。

第一章 政府向社会组织购买公共服务的公共性理论

二、三元主体公共品格与公共服务公共性保障

（一）政府公共性与公共服务公共性保障

政府在公共服务公共性维护中实际上完成的是政府公共性与公共服务公共性的对接。政府公共性体现在政府部门及其工作人员运用公共权力，本着公平、正义、平等、民主、伦理和责任等价值观，在社会公众的监督和约束之下，管理社会公共事务，并实现公共利益最大化的行动中。如此来实施政府购买，公共服务公共性维护就获得了来自政府维度的保障。通过购买来供给公共服务是由政府主动发起的，政府的管理理念、政府构建的购买制度等都影响着公共服务供给效能及其公共性。政府切实将购买作为提高质量、降低成本的改革举措，而不是仅仅用来证明自己越来越小和有效以及没有侵入私人市场等，[1]或者将购买作为控制社会组织的新手段，则政府会主动履行自身职责，通过制度供给等方式来保障购买能够规范发展，真正将公共利益作为政府的行动准则。政府购买制度健全，则购买范围确定、方式选择、合同管理、监督和评价等都能规范开展，保证购买从头到尾都有制度作保障，以此为维护公共服务公共性奠定基础。购买范围确定可以防止政府甩包袱，将不能通过购买来提供的服务推给社会组织；购买方式科学可以保证择优选择合作伙伴，防止政府选择熟悉但能力不足的社会组织作为合作伙伴而影响公共服务有效供给，保证服务生产能力；购买合同管理明确双方权利义务，事先明确了服务标准，避免合作中的扯皮；购买监督和评价鼓励作为消费者的社会公众、其他

---

[1] David M. Van Slyke, "The Mythology of Privatization in Contracting for Social Services", *Public Administration Review*, 2003, Vol. 63, No. 3, p. 307.

公众、第三方机构等的参与,[1] 助推各方责任的履行等,这些都有助于公共服务公共性的维护。

(二) 社会组织公益性与公共服务公共性保障

社会组织是社会公众结社的载体,并承载着公共利益表达和社会公益性服务提供功能,[2] 具备非营利性等特征,是公共管理主体之一,社会组织也要主动维护组织特征,与其他主体在公共服务提供中良性互动。政府购买是将生产的任务交到社会组织手中,二者在分工明确的基础上紧密合作。政府是供给者,负责的是服务范围确定、资金筹集、服务数量和质量标准确定、找到生产者等涉及集体选择的行为,[3] 社会组织则负责按照政府提出的要求来完成具体的生产任务。那么,社会组织的提供能力直接影响到供给成效。社会组织能力本身是个综合性的概念,将资源转化为产出的过程体现的是狭义的组织能力,除此之外,社会组织内部治理结构、社会组织对外的公信力等也都与能力相关,或者也可被视为广义组织能力的一部分。健全科学的内部治理结构保证社会组织良性运转,不空耗资源,提升生产效能。社会组织对外公信力强更容易获得作为提供者的政府和作为消费者的社会公众的认可,特别是获得消费者认可可以减少实际的供应成本。社会组织能力保障了公共服务的产出,即资源向价值的转化,社会组织还以其非分配约束、公

---

[1] 这里需要说明的是,本研究更多强调的是购买中直接相关的三元主体及其之间的互动。但鉴于第三方机构在评估中的作用日益凸显,在结语部分会有部分内容提及第三方机构的问题。

[2] 王浦劬、[美]莱斯特·M.萨拉蒙等:《政府向社会组织购买公共服务研究:中国与全球经验分析》,北京大学出版社2010年版,第6页。

[3] [美]罗纳德·J.奥克森:《治理地方公共经济》,万鹏飞译,北京大学出版社2005年版,第9页。

第一章 政府向社会组织购买公共服务的公共性理论

益性等组织特征来保障公共服务供给公正、公平,以及供给服务于公共利益的目的。

(三) 社会公众公共精神与公共服务公共性保障

作为提供者的政府负责提供资源,作为生产者的社会组织负责资源转化,作为消费者的社会公众则是服务的接受者或者是在一些服务中的共同生产者。在购买合同中,政府与社会组织分别是买方和卖方,买方是公共服务质量的主要评价主体。政府购买将购买方和消费者分割开来,二者之间存在着信息隔阂,公共服务是由社会公众直接感知的,因此,社会公众理应被纳入到公共服务质量的评价主体中,否则,信息在公共服务购买方和消费者之间的阻滞会影响到评价结果。在政府购买全过程中,社会公众的需求表达影响着政府购买范围的确定,社会公众的参与规范着社会组织的行为,社会公众对社会组织生产者身份的接纳会降低服务供给成本,社会公众对服务使用信息的反馈有助于增强买方对服务质量评价的客观性等。而且在一些公共服务中,比如教育、老年照料等,消费者要参与到公共服务中,作为公共服务供给中同等重要的参与者。[1] 社会公众的全程参与及作用与公共服务公共性维护紧密相关,社会公众以其积极的参与和作用发挥保证供给的服务能够满足公众需求、服务提供过程公开、服务能够公平公正地提供等。

三、过程公共性与公共服务公共性保障

政府向社会组织购买公共服务的公共性保障,三元主体的公共品格是一个方面,同时,三元主体之间的互动过程也是一个方面,两个方面综合起来才能形成一个立体的保障框架。从

---

〔1〕 陈振明等:《公共服务导论》,北京大学出版社2011年版,第234页。

过程方面看，公共性表现为三元主体的良性互动，并且这种互动发生于政府购买的完整流程中，即政府购买的全过程中都伴随着三元主体的互动。首先要强调三元主体的互动性，政府是公共服务购买的发起人，其在互动中也扮演着重要的角色，比如互动规则的制定、不良互动的调适、权益侵犯后的保障等。但仅有政府是不够的，要保障互动过程的公共性，还要有社会组织、社会公众的参加。比如，在确定购买公共服务的合作伙伴时，在对社会组织所提供的公共服务进行绩效评估时，作为监督者的政府有发言权，作为消费者的社会公众也要有发言权，当然，作为被评价当事人的社会组织也有发言权。三元主体互动打破一方垄断的局面，使政府购买更加开放、民主，也更有利于公共服务品质的保障。

三元主体之间的互动并不是凭空发生的，公开、参与等都是为了保证互动过程的透明性、公共性，但这些都是一些抽象性的要求，抽象性的要求最后还是要落实到健全合理的制度和规范的程序方面。所以，过程公共性还要加强程序规范性建设，要结合政府购买的流程展开，综合观察购买全貌，在保障流程合理的情况下，加强程序建设，保障程序的正当性，即遵循这些程序三元主体之间能够良性地博弈。再则，三元主体之间的博弈离不开信息的共享。政府购买的过程即是公共服务生产、消费的过程，也是三元主体互动的过程，同时也是信息流动的过程。三元主体之间的充分互动需要以信息互通为条件，可以通过建立政府购买公共服务信息平台等来实现信息实时传递、信息共享的目的。比如，在政府确定购买公共服务时，作为潜在合作伙伴的社会组织要通过制度化的途径来获取这一信息，并且政府选择合作伙伴要通过可预期的、制度化的途径来进行，社会组织的具体生产过程是开放的，消费者可以参与到政府的

第一章 政府向社会组织购买公共服务的公共性理论

购买过程中,也可以参与到社会组织的生产过程中。购买者、生产者、消费者在规范制度的约束之下理性互动,各自克服自利性,在理性博弈中使公共服务公共性得以保障。

第二章 政府向社会组织购买公共服务的公共性问题及成因

政府购买[1]议题的成立需要四个基础性条件的支撑。一是政府职能和角色的转化，即由此前的直接供给者（生产者）转变为公共服务的购买者、过程的监管者及制度的供给者等。二是适度发展的社会组织，它们承担起了部分公共服务的生产者角色。三是发达的公民社会里富有公共精神的社会公众，作为公共服务的使用者和公权力的授予者，他们当然有权利进行需求表达、有权利参与到政府购买的监管和绩效评价中。然而，仅有上述条件还不够，政府购买实际上是三元主体间的有序互动和协同治理。为了保障其互动的有序性和治理的协同性，科学、合理、规范的制度体系建构必不可少。对于绝大多数欧美国家而言，上述四个基础性条件已基本具备，公共服务的购买已经是水到渠成。尽管在其发展历程中也面临着诸多新的问题，但主体框架业已建成。20世纪60年代前后，新自由主义的再度崛起并取代主张国家全面干预的凯恩斯主义，以及后来"福利

---

[1] 再次强调，为行文方便，在非章节标题中，尽可能将"政府向社会组织购买公共服务"表达为"政府购买"，但与"公共性"连用时仍采用原表达方式，若无特别说明即是此意。

国家"危机的出现，客观上都为政府购买创造了深刻的经济、政治和社会条件。从这个意义上而言，政府购买亦反射出整个经济、政治和社会的变迁。

与欧美等国家不同，我国政府购买的基础性条件较弱，且政府购买还被赋予培育社会组织的重任。正因为如此，政府购买在中国又呈现出另一番独特的景象。经过二十多年的发展，无论在制度供给还是三元主体公共品格塑造方面，政府购买都取得了明显的成效。不过，外表的光鲜并不能彻底掩盖隐性存在的问题。政府购买理念与行为的偏离、购买形式化、社会组织承接力不足、社会公众主观与客观排斥以及主体间的低度信任等都是值得我们深刻反思的问题。有鉴于此，本章首先从发展历程与制度现状切入，旨在勾勒出政府购买的全貌，进而发现其中存在的问题。但是，研究并未止步于表层的问题，而是期冀通过问题导向的研究揭示出深层次的原因，最终找到既存问题的治本之策。

第一节 政府向社会组织购买公共服务的发展历程与制度现状

政府购买的发展亦是一个制度变迁过程，它表现在各种相关政策与法律的逐步完善上。对于具体的发展历程，本研究采用了一般意义上的阶段论描述，分别选取 1996 年、2005 年和

2013年作为三阶段划分的时间节点。[1] 1996年正式挂牌成立的"罗山市民会馆"不仅是非政府组织与政府合作、社区治理模式的典范，更重要的是它拉开了我国政府购买的序幕。2005年则是政府购买的另一个标志性年份。这一年，国务院扶贫办开始尝试引入国内外非政府组织进入扶贫工程项目，标志着政府购买格局的进一步拓展。同年，上海浦东新区政府和无锡市政府分别出台了各自关于支持购买公共服务的政策文本，特别是无锡市《关于政府购买公共服务的指导意见（试行）》对于后来中央和各级地方政府购买公共服务的立法工作提供了宝贵的经验借鉴。2013年，国务院《指导意见》出台，标志着这一领域顶层设计的发端，具有里程碑式的意义。从制度现状来看，公共服务的购买主体、承接主体、购买内容、资金来源和购买方式都有了一定依据。从纵向来看，中央和各级地方政府初步建立了一套相对完整的政策法规体系，但体系较为松散，缺少协同性。从横向来看，同级政府机构内部存在一定的制度供给失衡，甚至不同的政策间存在明显的冲突。

一、政府向社会组织购买公共服务的发展历程

政府购买的大背景是政府职能转变、社会管理创新[2]等，购买也是我国建设服务型政府的必然要求，与服务型政府建设

---

[1] 其他学者也有类似的划分，竺乾威、朱春奎等学者将社会组织视角下的政府购买公共服务分为初步探索期（1994年~2003年）、快速发展期（2003年~2013年）、全面推进期（2013年至今）。参见：竺乾威、朱春奎等：《社会组织视角下的政府购买公共服务》，中国社会科学出版社2016年版，第50页。

[2] 事实上，自十八届三中全会明确提出了"社会治理"的命题之后，现在"社会治理"已经取代了"社会管理"，应该是"社会治理创新"，但鉴于政府购买服务是90年代中期出现的，这里仍然采用"社会管理创新"的表述。

第二章　政府向社会组织购买公共服务的公共性问题及成因

进程相关联。在服务型政府的建设上，我国先是在南京、广州等地方政府层面进行探索，然后各地纷纷效仿，再由中央政府进行统一部署，是一个由下而上探索和由上而下部署相结合的互动推进的过程。在 2004 年温家宝总理提出建设服务型政府之前，各地已经在探索，而这时期的政府购买才刚刚起步，处于零星的购买阶段，以上海为起点，南京、宁波、无锡等地都开始了积极的探索。2004 年之后，我国服务型政府建设在全国开展起来，这对政府购买也是一个促进，政府购买借此不断拓展，更多的地方政府加入进来，且这一时期地方政府开始出台一些关于购买的规范性文件，购买朝着规范化的方向发展。直至国务院 2013 年《指导意见》出台，随之《关于支持和规范社会组织承接政府购买服务的通知》《政府购买服务管理办法（暂行）》《政府购买服务管理办法》等相继颁发，地方政府层面也陆续出台相应的管理办法，政府购买进入相对规范化的阶段。纵向来看，我国政府购买已经走过了萌芽期（1996 年～2005 年）、拓展期（2006 年～2012 年），并正处于成长期（2013 年至今），购买的各个方面正在逐步完善。

（一）萌芽期（1996 年～2005 年）

1995 年，上海青年会受托管理"罗山市民会馆"，该会馆是集社区教育、社区文化、救助服务等多项社区功能为一体的市民活动中心。[1] 当时的浦东新区社会发展局向罗山会馆购买服务，开创政府向社会组织购买服务的先河。上海市开创的"罗山会馆"模式在上海市内及其他政府间都形成了一定影响，我国政府购买的帷幕由此拉开。受到"罗山会馆"模式效应的

---

[1] 张淑贤："浦东探索政府购买服务取得积极成效"，载《浦东时报》2019 年 10 月 11 日，第 02 版。

影响，2003年上海市委政法委牵头在社区矫正、社区青少年服务、滥用药物人员服务等领域开展购买，上海市的购买范围不断拓展。契约化的方式进一步引起各地的关注。在上海政府购买示范效应下，其他地方政府，如南京市鼓楼区、宁波市海曙区、无锡市等也都开始尝试向社会组织购买服务。由于这一时期社会组织数量有限，在购买实践中出现了由企业成立社会组织来承接任务的现象，购买领域也逐步摆脱早期领域局限，开始向校车服务、政策咨询等更广泛的领域拓展。这一时期一个重要事件便是《政府采购法》的正式实施，[1] 尽管该法界定的服务范围与政府购买涵盖的服务范围关系并不明晰，但该法确实对政府购买起到了规范作用。这一时期，在地方政府探索的同时，国务院扶贫办也开始试点引入非政府组织进行农村扶贫，典型事件是国务院扶贫办与亚洲开发银行等共同推动的我国村级扶贫规划试点项目。地方政府和国务院相关部门、机构的探索催生了初期的政府购买规范性文件，各地陆续出台了一些与政府购买相关的意见、办法等。从整体上看，这一时期的购买尚处于零星发展阶段，具有很强的探索性。社会组织数量也不足，政府购买缺乏潜在的合作伙伴，因此，有限的政府购买一般都是通过委托等方式交由具有官方背景的或者购买方熟悉的社会组织来承担，双方表面上看起来是平等的合作关系，构建的是契约化的市场关系，实际上二者仅仅是具备了契约化的形式。但只要政府迈出向社会组织购买公共服务的第一步，公共服务供给方式就会开始发生变化。这一时期政府购买代表性项目见表1，各级政府出台的规范性文件见表2。

---

〔1〕 该法于2002年6月29日第九届全国人民代表大会常务委员会第二十八次会议通过，于2003年1月1日起施行。

第二章 政府向社会组织购买公共服务的公共性问题及成因

表1 政府购买萌芽期代表性项目

年份	政府机构	项目内容
2003	上海市矫正办	向新航社区服务总站购买有关社区矫正人员的社会服务工作
2003	上海市团委	向阳光社区服务总站购买"失学、失业、失管"社区青少年的社会服务工作
2003	上海市禁毒委员会	向自强社区青少年事务中心购买关于药物滥用人员的社会服务工作
2003	南京市鼓楼区	"居家养老服务网"工程启动,购买居家养老服务
2005	无锡市	将社会办养老机构等多项公共事业纳入政府购买范围
2005	国务院扶贫办	国务院扶贫办协同其它几家机构引入非政府组织扶贫试点项目,并在江西试点[1]
2005	国务院扶贫办	福特基金支持,国务院扶贫办与四川曙光社区发展咨询服务中心实施引入非政府组织扶贫试验

---

[1] 该项目是我国第一个通过规范程序招标进行的公共服务购买项目,也是中国政府扶贫资源首次公开向NGO开放。参见:潘跃:"政府与非政府组织合作实施村级扶贫规划项目启动",载中华人民共和国中央人民政府网站,http://www.gov.cn/jrzg/2005-12/20/content_131618.htm,最后访问时间:2022年4月10日。在该章第二节也会进行详细的介绍。

表2 政府购买萌芽期部分规范性文件[1]

时间	文件
1999	财政部《政府采购管理暂行办法》
2002	上海市《上海市促进行业协会发展规定》《上海市行业协会暂行办法》
2003	全国人民代表大会常务委员会《政府采购法》
2004	宁波市海曙区《关于海曙区社会化居家养老工作的指导性意见》
2005	上海浦东新区《关于促进浦东新区社会事业发展的财政扶持意见》
2005	无锡市《关于政府购买公共服务的指导意见（试行）》，提出"政府承担、定向委托、合同管理、评估兑现"的公共服务提供方式

（二）拓展期（2006年~2012年）

在拓展阶段，政府购买获得明显成长，政府出台政策增多，地方政府试点也显著增加，购买范围逐步拓展，购买规范开始成型。中央及地方政府出台的政策集中在推进社会组织发展、在社区卫生等具体领域鼓励政府购买服务、不同服务领域的规范等。具体来看，天津市在2006年《天津市人民政府关于进一步加强社区建设的意见》基础上于2011年出台了《关于进一步加强我市社区建设服务和管理的意见》，提出通过政府购买服务

---

[1] 周俊：《社会组织管理》，中国人民大学出版社2015年版，第110页。

或项目管理方式来委托、鼓励社会组织为社区提供公益性服务;[1] 处于改革前沿的广东省 2008 年出台了《关于发展和规范广东省社会组织的意见》,并率先在 2012 年颁布了第一批政府向社会组织购买服务的目录,指导购买规范进行,具有代表性。试点的区域开始拓展,一些内地的城市也加入到购买行列中,上海等地的政府购买示范效应显著。在购买范围方面,社区卫生服务、白血病患儿专项救助、社区垃圾处理、居家养老、社区协会服务等领域都有购买项目。在购买规范性方面,各地出台的政策开始涉及购买的基本要素,如购买主体、购买范围、购买流程、保障措施、项目管理、资金管理、评估与监督等,购买规定日益细化。总体上,这一时期越来越多的地方政府加入到政府购买行列,且广东、上海等发展较快地区开始出台总体性的指导意见。这一时期的规范性文件显著增加,地方政府和财政部、民政部等部门一边探索,一边规范。这一时期的规范性文件和代表性项目分别见表 3 和表 4。

表 3 政府购买拓展期代表性项目

年份	政府机构	项目内容
2007	广州市	志愿服务项目(60 万)
2008	广州市荔湾区	社区居民就业服务项目(广州市大同社会工作服务中心)

---

[1] "关于进一步加强我市社区建设服务和管理的意见",载天津市人民政府网站,http://www.tj.gov.cn/zwgk/szfwj/tjsrmzf/202005/t20200519_2369433.html,最后访问时间:2022 年 4 月 11 日。

续表

年份	政府机构	项目内容
2010	北京市	公共服务类、社区服务类、社工服务类等300项公益服务项目（7.88亿）
2011	北京市	支教助学、扶老助残、社会矛盾调解等公共服务项目（8亿）

表4 政府购买拓展期部分规范性文件

时间	文件
2006	北京市海淀区《关于政府购买公共服务指导意见（试行）》，首个购买的区级政府规范性文件
2007	山东省《政府购买城市社区公共卫生服务指导意见（试行）》
2007	浦东新区《关于政府购买公共服务的实施意见（试行）》
2009	宁波市人民政府《宁波市政府服务外包暂行办法》，全国第一个政府服务外包方面的规章
2011	天津市《关于进一步加强我市社区建设服务和管理的意见》
2012	广东省人民政府《关于建立政府购买社会组织服务制度的意见（试行）》
2012	国务院《国家基本公共服务体系"十二五"规划》
2012	民政部、财政部《关于政府购买社会工作服务的指导意见》

（三）成长期（2013年至今）

2013年至今是政府购买公共服务的成长期，这一时期以国务院2013年《指导意见》为标志，《指导意见》对购买工作作

第二章 政府向社会组织购买公共服务的公共性问题及成因

出全面部署，成为政府购买的基本规范。这一时期的特点是政府购买"遍地开花"，几乎所有的政府都对购买表现出极大的热情，并付诸行动；国家层面的政策规范陆续出台，为政府购买保驾护航；将政府购买作为深化改革的一个突破口加以重视；购买制度体系框架基本形成，政府购买制度正式确立。在国务院 2013 年《指导意见》出台之后，各地积极探索，原先走在公共服务供给机制改革前列的省市，如广东、上海等继续发挥引领作用，基本建立起完整的政府购买制度体系，政府购买也日益规范化；原来对政府购买持观望态度或者是浅尝辄止的地方政府也开始大展身手，陆续出台政府购买的暂行办法、购买项目目录等，政府购买大有燎原之势。

中央政府相关文件的颁布是政府购买迅猛推进的催化剂，国务院 2013 年《指导意见》提出政府向社会力量购买服务制度要在 2020 年之前基本完善起来，为政府购买制度发展指出方向和目标。此外，2014 年 4 月财政部下发了《关于推进和完善服务项目政府采购有关问题》，将教育、医疗卫生、社会服务等项目纳入到政府采购范围，该文件与国务院 2013 年《指导意见》一样具有标杆意义，这些顶层设计为地方政府购买提供了强大动力。2015 年，《政府购买服务管理办法（暂行）》的施行更是对购买做出细致规定。2016 年，财政部、民政部发布《关于通过政府购买服务支持社会组织培育发展的指导意见》，大力推进政府购买发展，引导社会组织专业化发展。2018 年 7 月，财政部下发《关于推进政府购买服务第三方绩效评价工作的指导意见》。2020 年 3 月，《政府购买服务管理办法》施行。2021 年，财政部下发《关于印发〈中央本级政府购买服务指导性目录〉的通知》，规定了中央政府购买服务事项的范围。这一时期，政府高度重视政府职能转变和机构改革，2013 年十八届三中全会提出要进一步推广政府购买服务。政府购买被视为实现政社之间互动、推动政府职能转变的利器,因此,购买被置于政府职能转变、机构改革突破口的位置,重要性更加凸显。这一时期政府购买的规范性文件见表5,政府购买项目较多,不再列举。

表5 政府购买成长期部分规范性文件

时间	文件
2014	徐州市人民政府《徐州市市级政府购买公共服务实施办法》
2014	财政部《关于政府购买服务有关预算管理问题的通知》
2014	财政部《关于推进和完善服务项目政府采购有关问题的通知》
2014	财政部《中央专项彩票公益金支持精神病人福利机构项目管理办法》
2014	财政部等四部门《关于做好政府购买养老服务工作的通知》
2014	财政部、民政部《关于支持和规范社会组织承接政府购买服务的通知》
2014	浙江省人民政府《关于政府向社会力量购买服务的实施意见》
2014	广东省人民政府《政府向社会力量购买服务暂行办法》
2014	浦东新区《浦东新区政府购买服务实施暂行办法》
2015	浙江省财政厅《浙江省政府向社会力量购买服务指导目录(2015年度)》
2015	财政部、民政部、工商总局《政府购买服务管理办法(暂行)》

第二章 政府向社会组织购买公共服务的公共性问题及成因

续表

时间	文件
2015	国务院《政府采购法实施条例》
2015	文化部等《关于做好政府向社会力量购买公共文化服务工作的意见》
2015	上海市人民政府《上海市政府购买服务管理办法》
2017	财政部《关于坚决制止地方以政府购买服务名义违法违规融资的通知》
2018	财政部《关于推进政府购买服务第三方绩效评价工作的指导意见》
2020	财政部《政府购买服务管理办法》
2021	财政部《关于印发〈中央本级政府购买服务指导性目录〉的通知》

二、政府向社会组织购买公共服务的制度现状

供给主体直接影响到公共服务的供给效能，公共服务供给经历了从政府作为单一主体的阶段到20世纪70年代末开始的私营部门成为供给主体的阶段再到20世纪80年代全球性"社团革命"兴起后第三部门成为公共服务主体的阶段，最终形成了政府、私营部门、第三部门组织等合作供给。[1] 新中国成立之后，我国公共服务供给机制也经历了相似的变革路径，大体经过了三个阶段："计划主义"阶段、"'半政府'安排，'半市

---

[1] 夏志强、付亚南："公共服务的'基本问题'论争"，载《社会科学研究》2021年第6期。

场'生产"阶段、"混合安排,混合生产"阶段。[1] 在第一阶段,政府集公共服务安排者和生产者于一身,自己安排自己生产;第二阶段自改革开放始,公共服务机制走向"市场",一些事业单位"越来越不像政府机关,越来越像企业";[2] 第三阶段从 2003 年 "非典疫情"[3] 开始,市场性和公共性在不同层面得以强化。政府购买发生于我国公共服务供给机制的第二和第三阶段之间,从 1996 年始,经过二十余年的发展,政府与社会组织开展了广泛的合作。从地方政府的自发创新到中央政府的统一部署,我国政府购买的架构基本成型。

(一)购买主体

从政府购买主体来看,根据国务院 2013 年《指导意见》的规定:"购买服务的主体是各级行政机关和参照公务员法管理、具有行政管理职能的事业单位。纳入行政编制管理且经费由财政负担的群团组织,也可根据实际需要,通过购买服务方式提供公共服务。"从政府购买实践来看,亦是如此,如最早实施政府购买的浦东新区社会发展局,该局即是一级行政机关,属于典型的购买主体。其他政府购买规定相似,《政府购买服务管理办法(暂行)》也是将购买主体限于"各级行政机关和具有行政管理职能的事业单位",同时也规定党的机关、特定的群团组织可根据实际需要购买。《政府购买服务管理办法》规定:"各级国家机关是政府购买服务的购买主体。"此外,广东省《政府向社会组织购买服务暂行办法》、浙江省《关于政府向社会力量

---

[1] 陈振明等:《公共服务导论》,北京大学出版社 2011 年版,第 157 页。

[2] 世界银行:《中国:深化事业单位改革,改善公共服务提供》,中信出版社 2005 年版,第 14 页。

[3] "非典疫情"暴露出我国长期经济和社会发展不协调的问题,过分市场化在取得短期成效的同时隐藏着社会不公正问题,公共服务供给机制改革紧迫性凸显。

购买服务的实施意见》也作出基本相同的规定,在购买主体上从中央到地方规定、从政策到实践基本上是保持一致的。

从承接主体来看,国务院 2013 年《指导意见》规定具备承接资格的社会组织是"依法在民政部门登记或经国务院批准免予登记的社会组织",并对承接主体的能力、信誉等做出原则性规定。《政府购买服务管理办法》规定承接主体应当符合政府采购法律、行政法规规定的条件。建国后,我国社会组织管理体制经过了多次调整,自 1996 年始确立了归口登记、双重负责、分级管理的"双重管理"体制,除了免予登记的团体之外,社会组织都要到县级以上民政部门进行登记,登记管理机关和业务主管单位共同对社会组织进行管理,"分级管理"是社会组织要分级登记,实行属地管理。"双重管理"体制对于克服前一时期社会组织多头管理[1]、野蛮生长带来的混乱有所助益,但在社会组织发展的过程中,其局限性越来越明显。后"双重管理"体制开始松动,尤其是十八大之后,四类社会组织可以直接登记,行业协会商会的"一业多会"制度也出台了。但仍然有大量活跃在底层的社会组织因为找不到合适的"主管"单位而未能进入登记程序,即根据现有规定这些组织实际上处于"非法"状态,或者有的被迫进行工商登记,两者都不具备承接主体资格,被排斥在政府购买的合作对象之外。

(二)购买内容

国务院 2013 年《指导意见》规定的购买内容为"适合采取市场化方式提供、社会力量能够承担的公共服务,突出公共性和公益性",《指导意见》还要求各级政府要研究制定职责范围

---

[1] 多头管理是指原来主管社团工作的内务部在 1969 年被取消,其大部分职责由财政部、公安部、卫生部和国家计委来承担,管理混乱。

内的政府购买指导性目录。《指导意见》下发之前，北京市在2011年首次发布政府购买指南，并将购买的项目细化为基本公共服务、社会公益服务等五个方面，涉及300多个项目。[1] 广东省于2012年下发了《政府向社会组织购买服务暂行办法》，该办法列举了社会公共服务与管理事项、履行职责所需要的服务事项两大类内容，具体内容见附件1。在此基础上，广东省公布了《2012年省级政府向社会组织购买服务目录（第一批）》，要求省直各部门按照相关要求及该目录组织实施购买。之后，有的地方政府公布了向社会力量购买公共服务的指导性目录，如山东省、浙江省、天津市，也有的公布了向社会组织购买公共服务的指导性目录，如上海市杨浦区等。《政府购买服务管理办法》规定购买内容包括"政府向社会公众提供的公共服务，以及政府履职所需辅助性服务"，[2] 并列出来不允许纳入购买的服务范围。政府购买的内容有一个发展和变化的过程，早期的购买主要涉及社区公共卫生、扶贫、养老、助残等领域，随着政府购买服务经验的积累及社会领域问题的凸显，教育、社区发展、社区矫正、文化、公民教育、环保、政策咨询等方面也逐步纳入到政府购买的范围中。[3] 必须指出的是，各地政府购买的项目会略有差别，如北京市围绕着社会基本公共服务、社会公益服务等五个方面进行，但基本的购买范围与国务院

---

[1] "北京2011年将向社会组织购买300个公共服务项目"，载中华人民共和国中央人民政府网站，http://www.gov.cn/gzdt/2011-03/16/content_1825623.htm，最后访问时间：2022年7月15日。

[2] "政府购买服务管理办法"，载中华人民共和国财政部网站，http://tfs.mof.gov.cn/caizhengbuling/202001/t20200122_3463449.htm，最后访问时间：2022年4月5日。

[3] 马庆钰、廖鸿主编：《中国社会组织发展战略》，社会科学文献出版社2015年版，第242页。

第二章 政府向社会组织购买公共服务的公共性问题及成因

2013年《指导意见》《政府购买服务管理办法》规定的范围保持一致，规定的不应纳入购买范围的内容均未出现在各地的购买规范性文件中。

（三）资金来源

政府购买所需资金，国务院2013年《指导意见》规定"在既有财政预算安排中统筹考虑"，《政府购买服务管理办法》规定"应当在相关部门预算中统筹安排，并与中期财政规划相衔接"。从购买实践来看，政府购买的资金主要由财政预算内资金、福彩公益金等预算外资金、购买专项资金三部分组成。[1]政府购买服务初期，预算外资金、专项资金使用比例较高，纳入公共预算的比例较小。[2]财政预算内资金是将政府购买所需资金纳入到政府财政预算中，如上海市政府系统、宣传文化系统、民政系统以及浦东区、闵行区等每年都投入大量资金用于政府购买。此外，广东省政府购买资金从作为购买主体的部门预算安排中的公用经费开支，也通过专项经费开支，若是重大项目或临时确定的重要事项，则按照"一事一议"原则确定资金规模和来源。预算外资金目前主要是福彩公益金，上海市从2009年开始通过引入公益招投标和公益创投机制，将公益金作为政府购买的资金来源之一。2012年，民政部社会管理创新工作座谈会提到政府购买在开拓资金渠道时可将福利彩票公益金纳入其中，各级民政部门迅速行动起来。2014年，民政部下发了政府购买使用福利彩票公益金的文件，将福彩公益金作为一

---

[1] 本刊编辑部："地方政府向社会组织购买服务：探索中不断前行"，载《中国社会组织》2013年第10期。

[2] 马庆钰、廖鸿主编：《中国社会组织发展战略》，社会科学文献出版社2015年版，第244页。

般预算资金的有益补充,同时规定福彩公益金只能用于各级民政部门购买符合《彩票管理条例》《彩票公益金管理办法》规定的使用范围内的适合采取市场化方式提供、社会力量能够承担的扶老、助残、救孤、济困等服务项目。

购买专项资金来源于政府财政和社会捐赠。如北京市有市级社会建设专项资金,按照《北京市市级社会建设专项资金管理办法(试行)》规定,专项资金的支持范围包括了"政府购买社会组织服务项目"。实际上,北京市用专项资金购买社会组织服务始于2010年,该管理办法出台后,用于支持政府向社会组织购买服务的资金量、项目数量都在增加。市社会建设工作领导小组负责政府购买的申报管理,上一年度年检合格的市级社会组织可以作为项目申报单位,由项目主责单位(市级"枢纽型"社会组织、区县社会建设工作领导小组办公室)负责资格审查,主责单位同意后,社会组织按照统一流程进行网上申报。成都市是由市政府和区(市、县)政府共同出资设立社会组织发展基金会的形式。上海市闵行区、虹口区等采取的办法是从财政资金中拨款设立专项资金用于资助社会组织发展,还有部分街(镇)也设立专项资金用于购买。[1]

(四)购买方式

国务院2013年《指导意见》在"购买机制"中提到"采用公开招标、邀请招标、竞争性谈判、单一来源、询价等方式确定承接主体,严禁转包行为",这些基本都是《政府采购法》规定的政府采购方式。《政府购买服务管理办法》也规定了"通过公平竞争择优确定承接主体"。各级政府在实践中不断探索,

---

〔1〕 本刊编辑部:"地方政府向社会组织购买服务:探索中不断前行",载《中国社会组织》2013年第10期。

第二章 政府向社会组织购买公共服务的公共性问题及成因

结合所购买服务项目的特点,采用了多种购买方式。王浦劬和萨拉蒙将我国政府购买分为合同制、直接资助制、项目申请制等三种基本方式。[1] 合同制最为典型,购买者和社会组织签订的合同旨在保障双方权益、约束双方行为。直接资助制分为资助服务生产者和服务消费者两种,前者是地方政府对承担一定公共服务职能的社会组织给予的经费资助、实物资助、优惠政策扶持等,后者是向消费者发放消费券,用于特定时间内对特定服务的消费。消费券用于就业培训、教育等面向个体的、有多个提供主体的公共服务领域,目前我国运用的相对还比较少。项目申请制是政府将需购买的服务设计成项目,向社会公开招标,或者社会组织也可以主动申请立项,以政府公开招标为主。购买方式也可以作直接购买和间接购买之分,直接购买包括授权或委托、合同外包,间接购买包括补贴制、凭单制。合同外包根据合作的社会组织产生方式不同又可以分为竞争性购买、谈判式购买和指定性购买。凭单制即发放消费券的方式。

政府购买的方式在不断地摸索和创新之中,除了以上购买方式之外,上海、深圳、济南等城市还采取了政府购买社工岗位模式,适应了"少养人多做事"的现实要求,[2] 也有购买管理岗位的形式。南京市还用招商方式,[3] 政府搭台将经济建设中的招商引资经验应用到政府购买中,举办社会公益服务项目洽谈会,创新行动带来了积极的效果,促进了社会需求与社会

---

[1] 王浦劬、[美] 莱斯特·M. 萨拉蒙等:《政府向社会组织购买公共服务研究:中国与全球经验分析》,北京大学出版社2010年版,第17页。

[2] 李慧龙、文宏:"外部约束与内在激励:政府购买公共服务持续性的双重逻辑——以A市社区购买社工服务为例",载《甘肃行政学院学报》2019年第6期。

[3] 施惠宇、马发财:"南京:以招商方式购买社会组织服务",载《中国社会组织》2013年第10期。

组织直接对接,提升了政府购买的效率。政府购买还有"竞争性磋商方式"。2014年12月,财政部印发了《政府采购竞争性磋商采购方式管理暂行办法》,扫清了该方式在政府购买中应用的障碍。浙江省政府购买还采用了"点单"的方式,[1] 2015年,浙江省民政厅印发《社会组织承接政府转移职能和购买服务推荐性目录编制管理办法》,后进行修订,2019年2月施行。该办法规定了社会组织可以申请编入目录的基本条件,并对符合特定优先条件的组织简化申报程序。[2] 政府购买服务时,同等条件下优先选择入编的社会组织。"点单"方式并不是一种真正的购买方式,但与购买相关又能够激发社会组织活力。此外,上海的公益创投、北京的"组团购买"[3] 也都有创新性。

政府购买是一种时代的进步。它既是建设服务型政府、法治政府和有限政府的必然要求,同时又在一定程度上推进了中国公民社会的发展。客观而言,政府购买在一定程度上改革了服务供给机制,提升了服务供给效能,推动着政府职能转变,有效激发了社会组织活力,培育了社会公共精神,大大加快了社会治理创新的步伐。在分享政府购买的公共性收益的同时,我们仍然需要以审慎的态度和问题聚焦意识来看待其中的公共性问题。

---

〔1〕 吴振宇:"政府'点单'购买服务模式将在浙江全省推开",载浙江在线, https://zjnews.zjol.com.cn/system/2016/01/08/020982637.shtml,最后访问时间:2022年4月5日。

〔2〕 "社会组织承接政府转移职能和购买服务推荐性目录编制管理办法",载浙江省人民政府网站,https://www.zjzwfw.gov.cn/zjservice/item/detail/lawtext.do?outLawId=4b0c0d19-be48-4088-b4b0-b991f4711533,最后访问时间:2022年4月5日。

〔3〕 朱晓红、陈吉:"北京市政府购买社会组织服务的组团模式解读",载《北京航空航天大学学报(社会科学版)》2012年第4期。

第二章　政府向社会组织购买公共服务的公共性问题及成因

第二节　政府向社会组织购买公共服务的成效与典型实践

政府购买经过二十余年的发展，国务院各部委以及地方政府都出台了相关的管理规定以推进购买规范化地发展，实践领域的购买实践也全面发展起来。二十余年的制度建设与实践推进带来的成效在于逐步扭转了人们对公共服务供给的认识，供给不再是政府单一主体的职责；逐步完善相关的管理制度，提升了公共服务供给的质量，带动相关质量标准的出台；促进了社会组织的发展，政府购买带来社会组织发展机会，社会组织在"参与"中成长；培育了社会公众参与的意识、提供了参与的机会；与"放管服"改革、社会治理创新形成协力，释放良性互动效能。从地方实践来看，从上海有政府购买开始，各个地方政府陆续进行摸索，呈现出了一些较为典型的案例，既成为我国政府购买每个阶段的典型，又在某些方面推动了我国政府购买的持续发展。

一、政府向社会组织购买公共服务的成效

政府购买服务涉及到政府、社会组织、社会公众三元主体，而连接三者的是公共服务供给。政府购买服务经过中央政府从上而下与地方政府从下而上的共同推进，通过政府、社会组织、社会公众的互动，成效初显。

（一）公共服务多元供给体系逐步形成

公共服务多元供给体系的形成与人们对公共服务供给的认识转变、政府购买服务的制度完善相伴随，结果则是公共服务

供给质量的提升以及公众获得感的增加。从人们对公共服务供给的认识转变来看，这里既包括理论界的认识，也包括实务部门的认识；既包括政府部门的认识，也包括社会层面的认识。从理论角度来看，公共服务多元供给的障碍基本已经被扫清，公共服务可以由多元主体来供给已经达成共识。社会组织基于自身组织特点成为政府购买服务的重要合作伙伴。从实务部门的认识来看，诸多政策的出台、购买行为表明政府部门是接受政府购买服务这种服务供给方式的。此外，政府与社会组织如何合作才能够取得良好的治理效果成为理论界与实务部门共同关注的话题，这也表明了多元供给方式的被接受。[1]

从政府层面上看，中央政府和地方政府都致力于通过制度建设来推进购买相对规范化的发展。这一点从国务院2013年《指导意见》以及后续相关的保障政府购买发展的制度和措施里可见。与之相伴随的还有制度逐步细化的问题，比如，关于由第三方开展绩效评估的相关规定。不仅如此，关于公共服务质量标准的讨论也在进行当中。政府购买服务必须要明确的一个前提就是服务标准何在，当政府将公共服务生产环节交给社会组织时，明确服务质量尤其重要。关于服务质量尚在明确进程中，目前比较明确的是基本公共服务的质量。《国家基本公共服务标准（2021年版）》从9个方面明确了国家基本公共服务的质量要求，并要求各地对照标准进行细化。[2]

关于政府购买服务认识上的转变以及相关制度的完善又促

---

[1] 张冉、楼鑫鑫："中国行业协会研究热点与展望：基于知识图谱的分析"，载《治理研究》2021年第1期。

[2] 国家发展改革委等："关于印发〈国家基本公共服务标准（2021年版）〉的通知"，载中华人民共和国中央人民政府网站，http://www.gov.cn/zhengce/zhengceku/2021-04/20/content_5600894.htm，最后访问时间：2022年4月11日。

第二章 政府向社会组织购买公共服务的公共性问题及成因

成了服务质量的提升。养老服务是政府购买服务的重要领域,北京市宣武区政府购买居家养老服务方面,服务质量就得到了明显提高。[1] 公共服务供给质量与公民的获得感提升之间有着紧密的联系,公共服务的财政投入、民众对社会公平的认知等都对提升获得感有促进作用。[2] 在我国社会主要矛盾发展变化的历史阶段,公共服务供给方式变革释放出来的效能有助于推动社会公众共享改革发展成果,并进而提升其获得感。

(二)社会组织借助政府购买持续发展

社会组织与政府之间是彼此依赖的,只是依赖程度有差异。我国政府购买服务属于政府治理创新范畴,政府创新尤其是地方政府创新是内在动力与外在压力共同作用的结果,[3] 即是要化解某些方面问题的。政府购买服务主要是为了化解公共服务需求增加与公共服务供给能力之间的矛盾,同时,推动社会组织发展一直是政策设计的初衷之一,这一点从各级政府关于推动政府购买的政策中可见。从政策效果来看,1995年我国各级民政部门批准登记的各类社团有12 931个,2011年共有社会组织46.2万个,2016年有70.2万个,2017年有76.2万个,2018年有81.7万个,2019年有86.6万个,2020年有89.4万个。社会组织发展趋势见图1。

---

〔1〕 吕普生:"政府与公民社会组织在养老服务供给中的合作模式研究——基于北京市宣武区三种合作方式的分析",载《科学决策》2009年第12期。

〔2〕 廖福崇:"公共服务质量与公民获得感——基于CFPS面板数据的统计分析",载《重庆社会科学》2020年第2期。

〔3〕 吴建南、马亮、杨宇谦:"中国地方政府创新的动因、特征与绩效——基于'中国地方政府创新奖'的多案例文本分析",载《管理世界》2007年第8期。

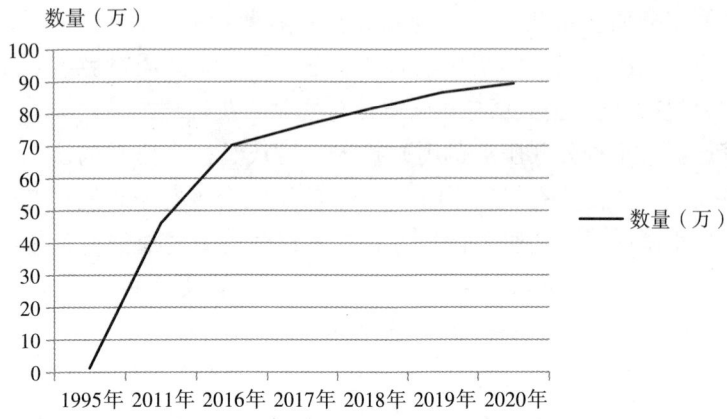

图 1　我国社会组织发展情况

社会组织的发展不仅仅体现在数量上,更多的应体现在数量增加基础上的质量改善方面,这个改善包括社会组织内部治理的改善、专业能力的提升、社会影响力的增强等。从内部治理来看,2018 年民政部印发《关于在社会组织章程增加党的建设和社会主义核心价值观有关内容的通知》,这是明确党的组织在社会组织法人治理结构中法定地位的重要制度安排,也是践行作为全国各族人民在价值观念上"最大公约数"的社会主义核心价值观的需要,并由此形成了我国社会组织在社会治理中的独特优势。[1] 这有助于保障我国社会组织坚持正确的发展方向,有助于社会组织扎根我国实际,更多地通过参与政府购买服务等形式来发挥其在社会治理中的效能。而且,由于我国政府购买服务的政策初衷即有推动社会组织发展的意涵,这对社

---

〔1〕 本刊编辑部、李海雁、闫薇:"社会组织章程增加党的建设和社会主义核心价值观有关内容",载《中国社会工作》2019 年第 1 期。

会组织形成一种倒逼机制，客观上推动着社会组织的发展，形成社会组织发展的外来力量。

（三）社会公众在参与中更精准地进行需求表达

公众需求表达是影响公共服务供给效能的关键参数之一，因为公共服务供需匹配了才能获得认可，这样的公共服务供给才是高质量的供给。公众需求表达的意愿与途径跟过去相比，都有了很大程度的改善。[1] 政府购买服务的政策对社会公众的需求表达都较为重视，国务院2013年《指导意见》规定财政部要根据公众需求来调整具体的政府购买服务目录，那么，财政部无论是制定还是调整政府购买服务目录，都需要进行一定的需求调研，这也就成为社会公众的需求表达途径之一。这是社会公众在目录制定环节的表达，社会公众的需求表达还可以通过倒推的形式来实现。《关于推进政府购买服务第三方绩效评价工作的指导意见》将服务对象满意度作为第三方评价指标体系的组成部分，并要求被赋予较大权重。这是对已经开展的政府购买服务活动的评价，评价结果是与政府购买服务合同资金挂钩的，并且结果也会影响到后续社会组织能否继续充当承接主体的问题。第三方绩效评价的相关规定就形成了一种倒推机制，要求购买主体和承接主体都重视社会公众对于公共服务的满意度。

制度规定为社会公众的公共服务需求表达提供了相对具体的途径，客观上推动了社会公众的参与。当需求表达通畅，并且需求意见被纳入公共服务供给主体的考虑范围，且以公共服务供给形式体现出来时，这又对社会公众形成一种激励。公共

---

[1] 张邦辉、李丹姣、蒋杰："政府向社会组织购买公共服务中的公众需求表达机制探究"，载《改革》2020年第5期。

服务质量的保障需要政府购买相关主体的共同努力，尽管各主体在购买过程中扮演的角色不同。相对于政府、社会组织来说，在政府购买中，社会公众是较为"被动"的一方。政府出于提升供给效能的目的，试图改革与创新公共服务供给方式。社会组织出于组织生存需要，也对参与政府购买跃跃欲试。双方的积极性都较高，行动的动力较为充足。社会公众在这一过程中尽管较为"被动"，但其需求是将各方紧密连接起来的关键因素。因此，政府购买客观上需要社会公众的充分需求表达，也在一定程度上推动了社会公众参与的意愿以及需求表达的精准性。

（四）推动了"放管服"改革、社会治理创新的发展

"放管服"改革与政府购买是相互促进的关系。"放管服"改革即简政放权、放管结合、优化服务，是三者的协调发展，也是政府的一场刀刃向内的自我革命。"放管服"改革是我国原有的市场导向改革的延续，也是我国政府机构改革、政府职能转变在新时期的深化与表现。"放管服"改革发生的基本逻辑是经济和社会的发展离不开政府管理，当经济和社会发展到一定阶段，尤其是步入高质量发展阶段后，迫切需要一个能够与之匹配的、甚至是引领其发展的政府。于是，"放管服"改革就出现了。"放管服"改革通过调整政府与市场、政府与社会之间的关系，工作重点转向创新宏观调控、加强事中事后监管和提供公共服务，这其中伴随着政府管理理念的进步、管理效率的提高、管理方式的变革和管理手段的创新等。[1] 政府购买与"放管服"之间有着直接而密切的关系，"放管服"改革为政府购买

---

〔1〕 中国行政管理学会课题组："深化'放管服'改革 建设人民满意的服务型政府"，载《中国行政管理》2019年第3期。

第二章 政府向社会组织购买公共服务的公共性问题及成因

创造了良好的条件,而政府购买服务又推动着"放管服"改革向纵深的发展。"放管服"通过政府对自身的改革来优化服务,为包括市场主体、社会组织、公民个人等在内的服务对象提供优质的发展环境。同时,"放管服"改革本身也向包括社会组织在内的社会力量转移职能,推动社会力量成长。政府购买通过培育和规范社会组织的发展为"放管服"改革提供主体拓展,即社会组织也成为公共治理的重要主体;政府购买还为改革提供了动力源泉,还为"放管服"改革成效提供了支撑保障。[1]

政府购买也推动了社会治理创新的发展。政府购买是公共服务供给方式的变革,属于公共服务供给侧改革范畴,改革推动公共服务供给质量提升,促进政府与社会组织的合作,从而有助于社会治理创新、社会治理现代化。[2] 社会治理创新、社会治理现代化是现代社会治理发展的要求,治理创新可以从多个维度展开,但治理共同体的成长是其中最为核心的内容之一。党和政府提出社会治理重心下移,构建基层社会治理新格局,十九届四中和五中全会明确提出建设社会治理共同体,充分发挥群团组织和社会组织在社会治理中的作用。基层社会治理共同体的构建亦需要社会组织作用的充分发挥。政府购买服务本身就带有扶持社会组织发展的政策目的,因此,从社会治理创新的角度来看,政府购买服务既是政府治理创新的举措,又推动着社会治理创新的发展。

---

[1] 陈华:"'放管服'改革背景下政府购买服务的边界识别",载《甘肃社会科学》2021年第2期。

[2] 张新生:"创新社会治理:大数据应用与公共服务供给侧改革",载《南京社会科学》2018年第12期。

二、政府向社会组织购买公共服务的典型实践

政府购买的典型实践分典型城市政府购买的阐释以及典型的购买案例两部分。前者是为了从整体上介绍一些典型城市政府购买的状况，了解该城市政府购买的整体发展水平。后者则是通过具体案例，了解某一具体购买案例的情况。

（一）典型城市的政府购买实践

1. 上海政府购买的发展。上海是我国政府购买的发源地，一般政府购买都会追溯到浦东新区探索向罗山会馆购买服务的尝试与实践。之后上海在政府购买方面又进行了一系列的探索，出台了推进社会组织发展的若干措施，并在市级和区级层面都建立了相对完整的政府购买制度体系。

在推进和扶持社会组织发展方面，2017年8月，中共上海市委、上海市人民政府发布《关于本市改革社会组织管理制度促进社会组织健康有序发展的实施意见》，要求做好深化直接登记改革，严格民政部门登记审查，完善业务主管单位前置审查；上海还修订了《上海市社会组织直接登记管理若干规定》，启用上海市社会组织网上办事平台；上海市民政局2021年9月出台了《上海市民政局关于高质量发展上海社区社会组织的指导意见》，致力于推动社区社会组织高质量发展，提出到2023年底，初步建成作用发挥明显的社区社会组织体系；上海市社会组织建设与管理工作联席会议2022年1月发布了《上海社会组织发展"十四五"规划》，对"十四五"期间社会组织的发展重点任务做出了谋划。

在推进政府购买方面，2015年5月，上海市政府发布了《上海市人民政府关于进一步建立健全本市政府购买服务制度的实施意见》，对政府购买服务的基本方面作出规定；2012年8

月，上海市财政局印发了《上海市市级政府购买公共服务项目预算管理暂行办法》《上海市市级政府购买公共服务项目目录（2013年度）》，对预算相关事宜及年度项目作出安排；上海市建设了"上海市政府购买社会组织服务供需对接平台"，并于2019年9月21日上线运行，购买主体和承接主体都可以在线上查询信息，实现政府购买服务供需信息之间的匹配。上海市民政部编制并优化了《上海市承接政府购买服务社会组织推荐目录》，将机构整体实力强、运作管理规范、具有项目实施经验的社会组织按照程序纳入到推荐目录中，并在对接平台发布。2021年5月，上海市财政局下发了《上海市政府购买服务管理办法》，并以附件形式发布了《上海市市级政府购买服务指导性目录》，政府购买各方面的规定更具可操作性。以购买内容为例，不再只是笼统地表述为哪些服务可以购买，而是在概括性规定的基础上，列出负面清单，即哪些服务是不能购买的，并附上指导性目录。

上海市区级政府在政府购买方面也作出了一系列的制度安排。以浦东新区为例，2021年8月，区财政局印发了《浦东新区政府购买服务管理实施办法》，规定本区政府购买指导性目录分为三级。2021年11月，区民政局、财政局联合发布了《关于促进浦东新区社会组织高质量发展的财政扶持意见》，以进一步完善社会组织发展的生态。

上海政府购买取得成效表现在社会组织的发展以及政府购买数量的增加及质量的提升上。从社会组织发展来看，截至2020年末，上海市共有17 151家社会组织，相比2015年末增长了28.4%，年均增长5.1%，正逐步发展为上海经济社会发展的一支重要生力军。[1] 从政府购买来看，政府购买服务制度体系建设、运作规范化等都取得了显著的成效。

2. 宁波政府购买服务的发展。宁波市在推进政府购买方面走出了一条稳扎稳打的路子。宁波市做好了政府购买的制度建设。这些制度建设包括 2015 年宁波市市政府办公厅发布的《关于政府向社会力量购买服务的实施意见》、2017 年宁波市民政局印发的《宁波市民政局向社会力量购买服务实施办法（试行）》、2021 年宁波市财政局印发的《宁波市政府向社会组织购买服务专项资金管理办法》、2022 年宁波市民政局下发的《关于做好 2022 年向社会组织购买服务项目的通知》等。宁波市海曙区还制定了专门的推荐性目录。

宁波市政府购买形成了一定的影响力，宁波市司法局、商务局等都开展了政府购买服务工作。宁波市司法局在 2020 年曾发布购买"人民调解服务"的需求，采用的是单一来源采购方式。[2] 宁波市商务局也发布公告向社会组织购买商务系统财政扶持政策企业咨询服务等，项目金额都在 20 万元以上。[3] 整体上，宁波市政府购买已经涉及教育、文化、体育、养老、科技、医疗卫生、社会治理等诸多民生服务领域，政府购买重视

---

〔1〕"上海市社会组织建设与管理工作联席会议关于印发〈上海社会组织发展'十四五'规划〉的通知"，载上海市人民政府网站，https：//www.shanghai.gov.cn/gwk/search/content/30232746cd4b4c51a6dda899b7f3aafe，最后访问时间：2022 年 4 月 13 日。

〔2〕市司法局："关于宁波市司法局向社会组织购买服务需求的公告"，载宁波市司法局网站，http：//sfj.ningbo.gov.cn/art/2020/9/1/art_1229058220_2355 576.html，最后访问时间：2022 年 4 月 12 日。

〔3〕市商务局："宁波市商务局向社会组织购买服务项目公告"，载宁波市山商务局网站，http：//swj.ningbo.gov.cn/art/2022/3/30/art_1229051920_58928020.html，最后访问时间：2022 年 4 月 12 日。

制度建设，并且重视动态地学习和调整，一般会对新的购买形式进行试点并进行完善，积累了较为丰富的经验。2017 年以后，宁波市设立专项资金用于政府购买服务，共计安排资金 7 362 万元，购买了 405 个项目，不仅实现了公共服务供给方式的变革，也支持了社会组织的发展。[1]

宁波市政府购买的推进与政府治理理念的变革、制度建设的强化、改革的协同以及重视品牌建设是分不开的。从理念上，宁波市在公共服务供给中从"养人"变为"办事"，政府供给方式变革是政府职能转变的组成部分，也是社会治理创新的需求，宁波市将改革置于更宏观的背景下去考虑，进行了系统的制度设计，逐步完成了政府购买的制度建设。此外，政府购买还牵扯到多个部门，由财政部门牵头，广泛地进行政府购买的政策宣传，解读政府改革政策。购买方式的选择也很接地气，根据"方式灵活、程序简便、竞争有序、结果评价"的原则展开，这完全符合"放管服"改革的精神。宁波市政府购买发展成果还体现在一些具有地域影响力的品牌的形成，如市"三江缘"公益红娘联盟。

3. 深圳政府购买服务的发展。深圳市地处改革开放前沿，市场经济发育早，重视社会领域的建设，为政府购买服务奠定了良好的经济、社会基础。2012 年，《中共深圳市委、深圳市人民政府关于进一步推进社会组织改革发展的意见》公布，提出社会组织改革的基本原则、目标以及主要内容。为了推进政府购买的规范发展，深圳市在 2014 年出台了政府购买的实施意见

---

[1] "聚焦民生开新局　购买服务增活力——宁波市向社会组织购买服务改革成效明显"，载中华人民共和国财政部网站，http：//zhs.mof.gov.cn/jingyanjiaoliu/202203/t20220324_3797628.htm，最后访问时间：2022 年 4 月 12 日。

与正负面清单,包括《关于政府购买服务的实施意见》《深圳市政府购买服务目录(试行)》《深圳市政府购买服务负面清单(试行)》,为政府购买提供基本的指导。2016年8月,市民政局制定了《深圳市承接政府职能转移和购买服务社会组织推荐目录编制管理办法》,列明了入编的社会组织应该具备的条件以及申请入编的程序。2021年12月,深圳市社会组织管理局发布《深圳市民政事业发展"十四五"规划》,总结"十三五"期间的发展成果,并对新形势下的包括社会组织发展在内的民政事业发展作出规划。

据深圳市社会组织管理局统计,截至2022年3月31日,深圳市共登记有社会组织10 524家。其中,市级社会组织4 245家,区级社会组织6 279家。[1]截至"十三五"末期,每万名常住人口拥有的社会组织数量为10.12个,位于全国前列。社会组织的发展为政府购买提供了合作对象,即承接主体。在深圳市政府购买相关政策措施的推动之下,深圳市政府购买已经涉及公共教育、劳动就业、医疗卫生、养老服务、社会救助、社会福利、残疾人服务、住房保障、文化体育、公共交通、城市管理、水务保障、环境保护、食品药品安全、社区事务、科技服务、其他公益服务等领域。[2]

(二) 典型政府购买服务案例

1. 政府与非政府组织(NGO)合作实施村级扶贫规划项

---

[1] "深圳市社会组织统计数据(2022年3月)",载深圳市社会组织管理局网站,http://www.sz.gov.cn/szshzzgl/gkmlpt/content/9/9674/post_9674428.html#19202,最后访问时间:2022年4月13日。

[2] "深圳市民政局关于印发《深圳市承接政府职能转移和购买服务社会组织推荐目录编制管理办法》的通知",载广东省人民政府网站,http://www.gd.gov.cn/zwgk/wjk/zcfgk/content/post_2726361.html,最后访问时间:2022年4月13日。

第二章 政府向社会组织购买公共服务的公共性问题及成因

目。2005年12月19日,国务院扶贫办、亚洲开发银行、江西省扶贫办和中国扶贫基金共同启动了"政府和非政府组织(NGO)合作实施村级扶贫规划项目",该项目是我国扶贫领域首次引入非政府组织,具有标志性的意义。该项目的背景是我国致力于减少农村贫困,需要更多主体参与其中,以提高效率,使农村扶贫更加精准,并创建非政府组织参与扶贫事业的模式、积累经验。

该项目共有财政扶贫资金1100万元人民币,由国务院扶贫办和江西省扶贫办提供,项目采取公开招标的方式进行,具体由中国扶贫基金会操作,向江西省的22个重点贫困村实施村级扶贫计划项目。在这个项目中,亚洲开发银行还提供了100万美元,用于支持项目的设计、管理等。该项目招标公布发布以后,有10家NGO或NGO联合体提交了11份投标文件。[1] 经过招标评选委员会的评选,国际小母牛项目组织、江西省山江湖可持续发展促进会等6家NGO胜出。这是第一阶段的投标。2006年还组织了第二次非政府组织招标活动,更多的NGO参与其中。

该项目在中国扶贫史、社会组织发展史以及政府购买历程中都具有一席之地,原因就在于该项目是中国扶贫资源首次向社会组织开放,同时也标志着我国的扶贫事业从原来的政府单一主体扶贫向政府与社会组织之间的合作扶贫转变。[2] 扶贫事业发展到一定阶段之后,需要从原来的方式过渡到更加精准的

---

〔1〕 孙东辉:"六家NGO首批中标",载《中国经济时报》2006年2月23日,第A01版。

〔2〕 何忠洲、左林:"中国NGO:与政府携手扶贫",载《中国新闻周刊》2006年第1期。

模式，社会组织因其公益性在扶贫事业中与政府有更多的合作意愿、资源等。由此项目拉开帷幕，我国的扶贫事业中有了更多的社会组织的参与。

2. 南京市鼓楼区为100位独居老人和部分空巢老人购买生活照料服务项目。居家养老服务是政府购买的重要领域，不少地方都有相关的购买项目。该项目开启了南京市鼓楼区，同时也是南京市政府购买的帷幕，政府与社会组织在居家养老服务领域后续开展了诸多的合作。该项目的背景是老龄化社会的到来，独居老人已经不是个例，越来越多的老人特别是高龄老人独居，他们没有办法完全照料自己的生活，尤其是在发生突发情况时，呼救难度都很大。为了照料这部分老年人的生活，鼓楼区在2003年12月率先出资15万元，为100位独居老人和部分空巢老人购买生活照料服务，目前政府购买居家养老服务已在全国推广。[1]

项目实施前，鼓楼区开展了充分的调研，设计了"居家养老服务网"工程，为独居老人免费提供基本的生活照料服务。项目实施中，在2003年15万资金基础上，后续2004年增至35万元，2005年为100万元，2006年为120万元，服务的人数也在增加。"居家养老服务网"是以委托方式运营的，受托方是心贴心服务中心，该中心是非营利组织，负责服务队伍组织、人员培训、服务流程优化等具体工作内容。这一举措使南京市居家养老服务供给走在了全国前列，开创了"居家养老、政府买单"的新模式。一直到今天，鼓楼区的居家养老服务供给在全国都具有标杆意义，尤其是在老龄化问题日益严重，且各地具

---

〔1〕 范炜烽等：《政府购买公民社会组织居家养老服务研究——以南京市鼓楼区为例》，载《科学决策》2010年第4期。

第二章　政府向社会组织购买公共服务的公共性问题及成因

备承接主体资质的社会组织逐步发展起来的背景之下。

南京市边尝试，边进行经验总结，并做好了制度化的工作。南京市在2019年通过了《南京市养老服务条例》，并于2020年7月1日起施行。此外，南京市还印发了《南京市政府购买居家养老服务实施办法》，该办法规定了服务对象、服务类别、服务主体、收费标准、经费渠道和结算办法以及服务监管等内容，还以附件的形式详细规定了《南京市紧急呼叫服务标准》《南京市政府购买照护服务标准及指导价格》。

3. 浙江省德清县社区矫正服务项目。该项目入选《政府购买服务案例汇编（财政部综合司）》，同时也是全市唯一入选浙江省司法厅2021年度"省级社区矫正社会化精品项目"的项目。该项目的基本背景是社区矫正任务重与专业力量不足并存的困境。该项目的实施主体是德清县司法局，县司法局早在2013年就基于工作需要主动对接了晨曦社会工作服务中心，在全省政府购买社区矫正服务方面走在前列。服务对象是全县在册的社区矫正人员，县司法局采取"以人定费购买服务"方式，2017年服务价格为1 000元/人/年。2017年，德清县采取竞争性磋商方式，确定了县晨曦社会工作服务中心、县彩虹桥社会工作服务中心、阳光里程社会工作服务中心、县乾元镇蒲公英社会工作服务社为2017年度的服务提供者。在实施政府购买之前，县司法局的社区矫正工作面临的基本情况是人手严重不足，而且懂得社区矫正知识的专业力量也不够，这造成了社区矫正工作整体质量不高的困境。但社区矫正对于这些人的再社会化又非常关键。因此，县司法局就确定了购买服务的方式。承接主体选择也充分地考虑了社区矫正服务的特点以及社会组织的特点。在确立了服务供应商之后，县司法局与承接主体签订了《购买服务协议书》，详细规定了购买涉及到的相关事项；由第三方中介机构实施绩效评估,作为购买主体为承接主体拨付资金的依据;购买主体重视动态监管,对各个环节的工作进行监督;政府购买相关事项都实行信息公开,以接受服务对象和社会公众的监督。德清县司法局的购买活动较为系统、规范,也切实提高了矫正服务质量。政府购买涉及到的评价体系待完善、购买方式选择难度大等问题,有待在进一步的实践中解决。

第三节 政府向社会组织购买公共服务的公共性问题

如何有效地维护和保障公共性是政府购买的现实性命题。基于公共性整体分析框架,我们认为公共性首先应是指公共服务本身的公共性,它是公共服务的内在属性;其次是三元主体的公共品格,最后落脚于过程的理性制度建构。对于问题的解析,本研究正是沿着这样的逻辑体系渐进逐次展开。政府购买形式化、社会组织承接力不足以及社会公众的主观与客观排斥应属主体公共品格不足范畴,而三元主体互动过程的信任缺失显然应归于理性不足层面。虽然不同的解析视角所呈现出的问题表述形式可能有所差异,但本质都是相通的,即政府向社会组织购买公共服务的公共性问题。为了更加清晰地呈现出问题所在,本研究按照从主体到过程的顺序来归纳和描述公共性问题的表征,并在此过程中对既定问题做深层次的剖析,以找出其中的症结所在。但无论是从主体还是过程视角,本研究并未对此作进一步的细化,即把三元主体和互动过程分别视为两个整体性的概念。换言之,政府、社会组织和社会公众的概念在分析过程中并不做具体细分,而互动过程也只是将其视为三元

第二章 政府向社会组织购买公共服务的公共性问题及成因

主体间的交流,其目的在于更加直观、清晰、完整地呈现出公共性问题所在。

一、政府购买服务的形式化

政府自己来生产公共服务还是采用购买方式要进行理性的成本——收益分析,政府直接生产还是购买取决于二者的相对效率。[1] 当采用购买方式更为"经济"时,政府会选择购买服务。社会组织的优势在于运作灵活,不受严苛的官僚制约束,并且通常可以获得免费的志愿劳动力,[2] 当然,被经济学家列为一项服务是否适合外包基本条件之一的竞争性的市场结构也不可或缺。政府购买中竞争性的市场指的就是存在社会组织和社会组织之间竞争的市场,有多个供给主体,政府可以通过一定的标准择优录用,达到提高效率的目的,获得由政府来提供的比较优势。我国政府购买还不成熟,政府购买以依赖关系购买为主缺乏竞争性,承接者非独立法人导致购买内部化,政府管理公共服务购买的能力也有待提升。

(一)购买缺乏竞争性:依赖关系购买为主

政府购买可以采用多种方式,选出承接主体后,政府与承接主体签订合同,明确购买的诸项事宜,以此约束买卖双方行为、保障双方权益。在规范的合作中,购买主体和承接主体之间是平等的契约关系,二者互相依赖,政府提出要求,作为承接主体的社会组织按照要求来提供。在政府购买实践中,根据

---

[1] 敬乂嘉、胡业飞:"政府购买服务的比较效率:基于公共性的理论框架与实证检验",载《公共行政评论》2018 年第 3 期。

[2] 郑苏晋:"政府购买公共服务:以公益性非营利组织为重要合作伙伴",载《中国行政管理》2009 年第 6 期。

政府购买公共服务的方式，可以将购买区分为不同的模式。比如，德霍格将购买模式分为竞争模式、谈判模式、合作模式。竞争模式优点在于择优录取，谈判模式适用于供应商较少的领域，能包容不确定性和复杂性，合作模式则是一种基于相互信任，以竞争或谈判形成的购买关系为基础的模式，有利于双方长远合作。[1]"竞争"是对政府购买的基本要求，在公共服务本身特性要求或者供应商数量少等情况下可以采取谈判或者合作模式。我国政府购买因为政府对熟悉的社会组织更为放心、社会组织数量少难以形成竞争局面等，所以购买缺乏竞争性。

王名、乐园根据社会组织是否具有独立性、购买程序是否具有竞争性两个维度，将购买分为非竞争性购买模式、依赖关系竞争性购买模式、独立关系非竞争性购买模式、独立关系竞争性购买模式，去掉现实中没有发现的依赖关系竞争性购买模式，形成三种主要模式。[2]我国政府购买实践中，购买的方式和程序不够规范，竞争性不足，定向购买比例大。[3]这意味着公开透明原则、竞争择优原则目前还主要停留在政策性文件的规定中，独立关系竞争性购买尚不是占主导地位的购买模式。政府在选择承接主体时更倾向于信任那些对自身有"依赖关系"的社会组织，与这些社会组织合作政府更有把握控制合作的"节奏"，且以非竞争性方式来选择承接主体政府会在购买合作

---

[1] Ruth Hoogland Dehoog, "Competition, Negotiation or Cooperation: Three Models for Service Contracting", *Administration and Society*, 1990, Vol. 22, No. 3, pp. 317~340.

[2] 王名、乐园："中国民间组织参与公共服务购买的模式分析"，载《中共浙江省委党校学报》2008年第4期。

[3] 马庆钰、廖鸿主编：《中国社会组织发展战略》，社会科学文献出版社2015年版，第242页。

第二章 政府向社会组织购买公共服务的公共性问题及成因

中占据更"优势"的地位。政府购买的预期是通过竞争来激发公共服务供给机制的活力,但当前政府购买缺乏竞争性。在依赖关系下,政府担任着家长角色和拥有绝对权威,[1] 效率难以保障。

(二) 购买内部化:承接者为非独立法人

政府购买还存在着"内部化"的问题,即表面上采用的是政府购买的方式,但承接主体因为和政府之间有着千丝万缕的联系而几乎等同于政府自己的部门。[2] 政府购买的基本预设是购买主体和承接主体之间是平等、独立的关系,作为交易的双方,签订合同,各自履行职责。我国社会建设相对滞后,社会组织发展无论是在数量上还是在质量上都有很大的改进空间,政府与社会组织之间的关系仍呈现强弱分明之势,社会组织对政府非对称性依赖问题严重。因此,社会组织对政府部门依赖性强,甚至在政府购买的早期有的地方是在政府决定购买后再专门成立社会组织来承接这些服务。[3] 一般来说,这些社会组织相对于政府没有独立性,甚至这些组织本身就不是独立法人,没有法人资格。这些社会组织为了迎合政府的需要,除了完成合同规定的任务之外,还要帮助政府完成各项不在合同范围内的工作。在这一过程中,政府充分利用自身的优势地位,对社会组织以购买之名尽可能地"压榨"。

随着购买的推进,公开竞争成为基本的要求,政府购买也

---

[1] 陈少晖、陈冠南:"公共价值理论视角下公共服务供给的结构性短板与矫正路径",载《东南学术》2018年第1期。

[2] 王浦劬、[美] 莱斯特·M. 萨拉蒙等:《政府向社会组织购买公共服务研究:中国与全球经验分析》,北京大学出版社2010年版,第27页。

[3] 王浦劬、[美] 莱斯特·M. 萨拉蒙等:《政府向社会组织购买公共服务研究:中国与全球经验分析》,北京大学出版社2010年版,第27页。

要在形式上满足"竞争"要求。为保证"自己人"能够在"竞争"中胜出,政府部门也是煞费苦心,通过设立隐性进入门槛、形式化的竞标与评标来达到目的。[1] 隐性进入门槛的设立是政府部门应对购买竞争性要求的策略性行为,具体做法是根据自己中意的社会组织的业务领域来量体裁衣、提出项目基本需求,在购买实施初期即将部分社会组织排除在外。竞标和评标基本上是走过场,为避免竞标的社会组织数量达不到要求而流标,政府部门中意的社会组织还会主动邀请其他社会组织"陪标"。政府购买所要求的公开透明、择优录用等原则在购买实践中则异化为一系列策略性行为下的政府购买内部化的事实。这不仅影响到政府购买社会组织服务的实际效果,还会进一步强化政府与社会组织之间的非对称性依赖关系,社会组织会偏向于认为靠着与政府的关系获得政府购买,也可以依靠关系通过验收,社会组织专业能力和公信力都会受到影响。[2]

(三)政府管理公共服务购买能力有待提升:在新领域中尚需积累经验

政府购买是一项制度创新,涉及政府内部横向不同部门、纵向不同层级之间关系的调整,也关系到政府与社会关系的变化。在这一复杂的系统工程中,政府面临着多项挑战,政府从生产者角色抽身,但要扮演好购买者、监管者、制度供给者角色。尽管政府无需事必躬亲,但政府需要转变工作方式,提升政府购买管理能力。公共服务特征决定了政府难以明确界定所

---

[1] 吴月:"社会服务内卷化及其发生逻辑:一项经验研究",载《江汉论坛》2015年第6期。

[2] 王达梅、张文礼:"政府购买社会组织服务的'三层次条件合作共强关系理论'",载《兰州学刊》2021年第12期。

第二章 政府向社会组织购买公共服务的公共性问题及成因

购买服务的品质和数量,政府和公众之间、政府和社会组织之间的信息不对称又增加了政府监管的难度。我国政府购买正处于上升期,政府购买之后,却没有同步构建健全的监管机构、提升监管能力,政府在职能转变中出现目标置换问题,[1] 偏离制度设计的初衷。

政府购买不是具体某项服务供给主体的变化,而是整个供给机制的改革,以及与供给机制改革相伴随的行政体制改革,因此,政府购买是一项系统工程,需要协调推进。我国的政府购买出现了区域失衡、层级失衡等问题,政府购买顶层设计力度不够,购买缺乏系统的规划和具有可操作性的措施和办法。我国政府购买本身就发端于东部发达地区,在发展过程中上海、北京、浙江、广东等发达地区表现活跃,同样需要转变政府职能及加强社会建设的中部和西部地区在购买中则表现被动。从层级上来看,基层政府对购买的参与度待加强,省市级政府表现积极,街道办也主动参与,但街道办购买服务独立性不强,因为没有独立财政缺乏"埋单"能力,难以真正担当起"买家"角色。[2] 政府购买涉及财政、民政、工商等多部门,各部门改革需协调推进。当前的改革各自为战,政府对购买整体的把控能力有待提升。

我国与西方发达国家政府购买一个很大的不同点在于西方国家是与发达的公民社会、成熟的社会组织打交道,而我国政府购买还肩负培养社会组织的任务。公民社会发展不成熟,在

---

[1] 张海:"基层政府购买社会组织服务中的目标置换问题及其治理",载《学习与实践》2021年第4期。

[2] 田加刚:"政府购买公共服务广州试水——政府出资 社工出力 公众消费",载《民主与法制时报》2011年5月9日,第A04版。

社会公众对服务需求骤增背景下，政府自上而下发起了购买服务的改革政策，其改革初衷能否实现仍有待观察，但实践中出现的问题部分地强化了政府对社会、社会组织的掌控能力。当宏观的改革政策遭遇具体的部门利益、具体的个人利益的影响，阻挠改革、变相改革、在改革中采取策略性行为等都是潜在的部门、个人选择项。在政府购买缺乏健全制度规范情况下，政府购买异化发生几率大增，改革初衷在形形色色的异化行为中被扭曲。

二、社会组织承接力不足

在我国政府购买中，政府处于绝对优势地位，控制着购买的节奏。相比之下，社会组织更像是一个"配角"，受邀出席，被动配合主办方的节奏。政府购买政策执行异化，执行过程与政策预期有偏差。政府购买是政府与社会组织之间的契约化合作，双方是平等的合作关系，要通过合作达到双赢的效果，在提升政府公共服务供给能力的同时，拓展社会组织的生存空间。我国政府购买的基本背景之一是强政府、弱社会的政社关系，而且这种局面短时间之内难以改变，社会组织数量少、专业能力不足，形不成竞争性市场格局；社会组织独立性弱，依赖政府的资源供给；社会组织有营利性冲动，弱化其公信力。长期垄断公共服务供给并对社会实施强有力控制的政府本就不愿放弃对社会服务事务的实际领导，[1] 处于弱势地位、实力不济的社会组织处境更为尴尬，一边配合政府营造公开竞标的表象，一边其独立性被政府的强势控制或自身主动投怀送抱行为侵蚀。

---

〔1〕 吴月："吸纳与控制：政府购买社会服务背后的逻辑"，载《学术界》2015年第6期。

第二章 政府向社会组织购买公共服务的公共性问题及成因

(一) 社会组织能力不足：难以形成竞争性格局

社会组织发育程度影响政府购买的进程。社会组织发育充分，则能承接政府转移的职能，与政府共同完成公共服务供给机制的改革；社会组织发育不充分，则会给政府和社会组织的策略性行为提供机会，导致政府购买的"形同质异"。[1] 社会组织发育不充分是当前我国政府购买的背景，也是政府购买要解决的问题之一。从纵向历史角度上看，我国社会组织发展成绩令人振奋，在2020年底社会组织数量达到了89.4万个，比2019年增加3.2%。[2] 但横向来看，我国社会组织发展与发达国家甚至与印度、巴西等发展中国家相比差距都很大。无论是从数量上看，即以每万人拥有的社会组织数量做对比；还是从就业人口比重以及社会组织支出占GDP的平均比重上看，我国社会组织发展都有较大差距。

社会组织不仅在数量上与发达国家差距巨大，其内部治理结构、服务能力也有待改善或提升。国务院2013年《指导意见》就带有扶持社会组织发展的政策目的，经过几年的实践，民政部2016年发布了《关于通过政府购买服务支持社会组织培育发展的指导意见》，主要目标是通过完善制度来打造运作规范、公信力强、服务优质的社会组织。[3] 社会组织内部治理结构方面，仅在会计科目设置上，不少社会组织出现会计制度运

---

[1] 吴月："吸纳与控制：政府购买社会服务背后的逻辑"，载《学术界》2015年第6期。

[2] "2020年民政事业发展统计公报"，载中华人民共和国民政部网站，http://www.mca.gov.cn/article/sj/tjgb/，最后访问时间：2022年4月6日。

[3] "民政部发布《关于通过政府购买服务支持社会组织培育发展的指导意见》"，载中华人民共和国民政部网站，http://www.gov.cn/xinwen/2016-12/30/content_5154719.htm，最后访问时间：2022年4月6日。

用错误的问题；内部控制也不够健全，存在着违规现金结算的问题；专职人员数量少，各方面对政府依赖严重。这些问题在经济相对不发达的地区和相对发达的广东、浙江等地都存在。整体上，社会组织还处于粗放型发展的阶段，内部治理机制并不完善，引发了"内部治理危机"。[1] 相较于政府单独供给，政府购买的优势要通过竞争性的市场结构来实现，而具备承接能力的社会组织数量有限，竞争性市场格局难以形成，这也在客观上助长了非竞争性购买模式的发展。能够参与政府购买的社会组织数量少、力量弱、服务水平较低，在制约竞争性市场结构形成的同时，也制约了政府购买的深入发展。

（二）社会组织地位尴尬：被动配合政府

我国政府与社会组织关系随着政治体制改革、社会发展处于不断的调整和变革之中，社会组织从改革开放前几乎没有发展空间到改革开放之后获得巨大发展机会，并在近几年取得突飞猛进的发展。政府对社会组织也从管控、管理逐步向服务过渡，政府购买也可以从政府与社会组织关系变革角度作出解释，社会组织从原来政府的管制对象、管理对象向政府的平等合作伙伴转变。政府购买基本的预设是二者之间是独立、平等的关系，但我国政府购买实践呈现社会组织对政府非对称性依赖的特征，即社会组织对政府的依赖要远远大于政府对社会组织的依赖。政府的主动"吸纳"和社会组织为生存的主动靠拢共同形成了社会组织的尴尬地位，社会组织博弈能力弱，其作用更多的是被动配合政府完成购买流程。

我国政府对社会组织的态度非常复杂，政府购买的改革举

---

[1] 王锡忠、顾建龙："社会组织内部治理的危机与出路"，载《中国社会组织》2016年第11期。

措表明政府尝试将其纳入到多元治理主体中，但政府对社会组织的不信任是长期形成的。即使是改革开放后的很长一段时间内，政府对社会组织仍然是限制甚至是排斥的态度，这主要是出于风险考虑。[1] 实施政府购买后，政府对社会组织宏观鼓励、微观限制的状况并未完全改变，表现在对社会组织培育发展和规范控制并存的态度上，并具体化为国家对社会组织的各项具体制度。[2] 政府购买摒弃了购买之前对社会组织的直接控制手段，转而采用更加柔性化和隐性化的手段，将社会组织吸纳进政府可控的行政轨道之中，并在表面上仍然采用契约化的形式。[3] 除了政府的隐性措施之外，有的社会组织也会主动出击，通过向政府靠拢来获取资源，其组织特征却在一步一步被蚕食。社会组织越是向政府靠拢，自身的独立性会越差，社会组织的专业宗旨让位于现实的生存，社会组织对政府的行政性依赖、经济性依赖最终会导致政府购买的失败，公共服务最终又回到事实上的政府一元供给初态。

（三）社会组织运作不规范：行政化倾向

社会组织在与政府合作过程中出现背离其宗旨的行为，如行政化倾向、营利性冲动。社会组织本应有相对于政府的独立性，但目前我国的社会组织在组织目标、行为方式、组织运作、治理结构等方面都有准政府组织的相关特征。[4] 政府购买本是

---

[1] 王达梅、张文礼："政府购买社会组织服务的'三层次条件合作共强关系理论'"，载《兰州学刊》2021年第12期。

[2] 王名、孙伟林："社会组织管理体制：内在逻辑与发展趋势"，载《中国行政管理》2011年第7期。

[3] 吴月："吸纳与控制：政府购买社会服务背后的逻辑"，载《学术界》2015年第6期。

[4] 马全中："社会组织的行政化：表征、生成机理及治理路径——基于C基金会的经验分析"，载《中共天津市委党校学报》2018年第4期。

要构建政府和社会组织之间平等关系，但在实践运作中因为非对称性的资源依赖关系、政府采取策略性行为等，社会组织对政府的依赖反而得到强化，社会组织行政化倾向抬头。政府购买需要遵循基本的制度设计，各级政府确实也制定了诸多的限制性措施和办法，但是作为策略执行者的基层政府在行为惯性驱使下，会抓住制度漏洞并充分利用自身优势，牢牢掌握选择合作伙伴中的主动权。社会组织为了能够在政府购买竞标中胜出，会主动模仿政府的组织结构和行为方式，造成组织"外形化"。社会组织在竞争胜出后，社会组织会从政府那里获取一笔资金来维持组织运转，一般除了经费之外还有工作场地等，社会组织的自主性弱化，与政府更加趋同。[1]

社会组织参与政府购买，与其他社会力量竞争机会，还有抹杀社会组织相对于政府、企业独特性的风险。相对于政府，社会组织机制灵活，更贴近社会公众，也更易把握社会公众的服务需求。政府购买的项目多来源于民政、卫生等部门，这些项目本身重视技术化的操作，社会组织需要通过向政府学习的方式来完成这些项目。这里出现的问题就在于社会组织通过模仿政府部门的行为模式来完成项目任务可能削减其原本对社区事务的敏感度，弱化其作为社区公共事务讨论平台的功能。[2]相对于企业，社会组织受非分配约束，能够动员大量的志愿人员，依靠志愿机制发挥作用。政府购买则使社会组织之间、社会组织与市场主体之间进行竞争，再与政府进行艰苦卓绝的谈

---

[1] 汪锦军："浙江政府与民间组织的互动机制：资源依赖理论的分析"，载《浙江社会科学》2008年第9期。

[2] 张东苏："重视社会组织发展的微观制度环境——以上海城市社区为例"，载《探索与争鸣》2012年第7期。

判，争取到资源，然后按照合同提供服务，社会组织的运转越来越市场化了。

社会组织是政府购买的承接主体，独立、成熟的社会组织是防止政府购买政策执行异化的重要力量。我国社会组织在取得绝对量迅猛增长的同时，内部治理能力、外部服务能力都还有待提升。尚未发育成熟的社会组织在政府购买中与政府进行博弈，处于明显的弱势地位，社会组织缺乏博弈的资源和基础，在合作中更多的是被动服从政府的各项安排。政府购买的一个前提是有竞争性的市场结构，但我国目前社会组织的数量和能力还不能形成竞争性的市场结构，致使通过竞争来激活公共服务供给机制活力、推动社会组织发展的政策初衷的实现障碍重重。此外，在公共服务供给合作中，社会组织向政府的靠拢抹杀了社会组织的个性，社会组织可能不能发展成为独立的治理主体，反而可能成为政府能够更加得心应手加以支配的资源。社会组织存在的问题是政府购买存在问题的一个缩影，除了这些还有一些问题，比如社会组织管理体制改革步伐也需要加快。

三、社会公众的主观与客观排斥

社会公众是政府购买的重要参与者。一方面，作为最终的消费者，社会公众无疑是最有资格对公共服务作出评价的主体，所以他们在某种意义上又扮演着公共服务绩效评价者的角色；另一方面，作为公权力的授予者，社会公众当然有权利参与整个购买的监督与管理，例如公共服务的定价与评估机制的构建等，所以他们又是购买的监管主体之一。因此，社会公众的态度在很大程度上影响着三元主体间互动机制的构建。政府购买实践显示，社会公众对这一新举措存在着主观和客观排斥。其中，主观排斥表现为社会公众拒绝或不愿意参与到政府购买中，认为个体的参与不会影响整体结果的实现。客观排斥则体现在社会公众因其他参与主体的抵制或不合作而被排除在购买过程之外。无论是主观排斥还是客观排斥，最终都会导致社会公众参与的边缘化，继而丧失在政府购买过程中的话语权。

社会公众的主观与客观排斥不利于三元主体间的有效互动。事实上，社会公众参与涵盖了事前的需求调查、事中的过程监督和事后的评估反馈。参与的主要途径包括问卷调查、信访、听证以及营造公共舆论等。社会公众的参与从主观角度来看主要取决于能力和意愿这两个基本要素。长期以来，学者们习惯于以参与能力欠缺为理由来诠释当代中国公民参与不足问题。当然，这个问题的剖析需要立足于整个经济、政治和社会改革框架。为了避免泛泛而谈，在此有必要对其作一定的预设和铺垫。改革开放四十余年来，我国市场机制日趋开放，经济力量愈发多元，政治体制层面的改革逐步推进，权力结构体系逐步合理化和科学化，公民社会获得了一定的成长。在这样一个多元开放的社会背景下，如果再把公民参与性不足仅仅归咎于能力问题，显然缺少说服力。与以往的能力欠缺不同的是，参与意愿不足越来越成为社会公众主动排斥的主要诱因之一。社会公众表现出对政府购买的漠视。在其看来，政府的强势主导使得整个购买过程充满了诸多未知因素，而自身的参与不足以对政府购买产生影响。

与主观排斥不同的是，客观排斥则是社会公众有参与的能力和意愿，但却因客观原因而被拒之于门外。尽管目前我国公民参与权有了一定的制度保障，但在实践中屡屡出现权利虚化和程序空转的问题。以行政听证为例，作为社会公众与政府、社会组织最直接的互动平台，听证为政府决策机构和公众代表之间的交流与互动搭建了桥梁，公众不仅能够借此机会表达自己的愿望和诉求，而且政府也可以在此过程中采纳和吸收公众的意愿，进而实现相互理解、信任与合作。面对这样一个理性的制度建构，社会公众的质疑声主要集中在代表人选、听证效果等关键问题上。他们认为，现实中的公民参会代表的内部指定和不公开性剥夺了其参与权，使其更加不信任政府。在地方层面，部分政府购买项目因为成本、效益和影响等因素被列入重大行政决策范畴。为了确保决策过程的公开性和决策结果的科学性、合理性，公众参与是必不可少的环节之一。鉴于此，未来必须全面考虑如何切实保障社会公众参与权的运行和避免权利虚化。这是三元主体在政府购买过程中实现良性互动无法回避的现实问题。

四、三元主体互动过程中的低度信任

互信是政府与社会组织合作的基础，[1] 也是合作的润滑剂，能够减少合作中的摩擦，使合作更加顺畅。从我国目前的情况来看，信任方面的问题较为突出。政府与社会组织有一些基本的理念是相同的，正因为如此，二者在公共服务领域才能够合作。但政府与社会组织在运作机制方面是不同的，这形成了二者互补的可能性，但也可能造成二者之间的误会和摩擦。我国政府对社会组织的不信任较为明显，政府对社会组织保持高度警惕，正因为如此社会组织双重管理体制才得以维持，虽经过改革但政府对社会组织管控的痕迹仍很明显。政府购买中依赖关系模式受到青睐也在一个侧面反映了政府的不信任。于是，政府更愿意选择那些自己熟悉或者比较"听话"的社会组

---

[1] 双艳珍："推动政府与社会组织形成合作养老服务合力——基于构建政府与社会组织互信关系的视角"，载《新视野》2021年第6期。

织，人际信任等主观因素成为影响政府购买合作伙伴选择的关键因素。[1]

在西方国家，社会组织是自下而上生成的，能够更好地反映和满足社会公众的需求，因此，这些组织易于获得社会公众认可，而且因为其长期在服务领域的贡献也易于获得政府的认可。当公共服务供给方式变革时，社会组织和政府的合作顺理成章，不需要社会公众重新建立对社会组织供给服务的信任。我国情况则有差别，社会公众对政府信赖度高，而对社会组织则表示出不信任，这种不信任感在政府购买中也在延续，并表现在对社会组织动机的质疑，以及拒绝接受其提供的服务。比如，在政府刚开始购买养老服务时，服务对象往往并不配合，甚至会拒绝接受服务；再比如，一些下乡宣传医疗卫生知识的志愿者也被村民误解。这种质疑和抵触都是不信任的表现，社会公众的不信任实际上增加了社会组织供给的难度、提高了其供给的成本。[2]

政府与社会组织合作需要诸多条件，范斯莱克（Van Slyke）认为，信任是促进政府与社会组织合作的诸多因素中最关键的一个。[3] 缺乏信任资源成为我国政府购买的羁绊，但政府对社会组织的不信任是长期形成的，社会公众对社会组织的信任也是有特定背景的，信任资源的积累需要一个过程。强政府、弱

---

[1] 王志华：“论政府向社会组织购买公共服务的体制嵌入”，载《求索》2012 年第 2 期。

[2] 王浦劬、[美] 莱斯特·M. 萨拉蒙等：《政府向社会组织购买公共服务研究：中国与全球经验分析》，北京大学出版社 2010 年版，第 31 页。

[3] Van Slyke D M, "Agents or stewards: Using Theory to Understand the Government-Nonprofit Social Service Contracting Relationship", *Journal of Public Administration*, 2007, Vol. 17, No. 2.

第二章　政府向社会组织购买公共服务的公共性问题及成因

社会是我国政府与社会关系的特征,政府处于强势、主导地位,对社会组织高度警惕,政府对社会组织长期不信任不会因为政府购买而旋即发生根本转变,社会组织管理体制改革、政府制度完善、社会组织功能发挥等是信任资源积累的突破口。在政府购买中,我国社会公众对社会组织的不信任也不是特例,布林克霍夫(Brinkerhoff, Derick W.)就认为这是大多数发展中国家的通病,这些国家的人们更信任政府,而对公民社会则持排斥态度。[1] 客观上,政府单一供给主体地位维持多年,再加上宣传不力,社会公众对这项改革了解得不多。因此,社会组织只能在参与中不断地获得认同,不断地积累信任资源。

第四节　政府向社会组织购买公共服务的公共性问题成因

政府购买本质上是三元主体之间的互动过程。主体公共品格和过程理性的缺失是导致上述问题的根本原因。对于政府而言,其职能定位和角色转换明显落后于实践要求。具体而言,各级政府对于有限型政府和服务型政府的理解仍然十分狭隘,甚至少数地方政府仍然沉浸在全能型政府的传统理念思维中而无法自拔。对于社会组织而言,其内部治理结构和治理能力的缺陷是其承接力不足的直接原因。对于社会公众而言,公共精神的缺失是无法回避的现实问题,例如公众参与、责任意识的

---

[1] Brinkerhoff, Derick W., "Exploring State–Civil Society Collaboration: Policy Partnerships in Developing Countries", *Nonprofit and Voluntary Sector Quarterly*, 1999, Vol. 28, No. 4, pp. 59~87.

淡漠以及参与权的虚化问题等。过程角度的成因分析又可以分别从价值、制度和行动层面加以阐述。从价值层面来看，政府自利性扩张与寻租行为侵蚀着公平正义，进而导致政府公共性的弱化；从制度层面来看，信息公开、监管与绩效评估体系的碎片化造成了政府购买的低效，这明显有悖于公共性的价值追求；从行动层面来看，政府强势主导使主体间平等协商流于形式。虽然政府强势主导在短期内还是一个无法改变的事实，但却可以尝试通过权力机关和司法机关的制度供给来限制政府的过度干预和越权行为，使其过渡至"政府主导"。政府主导与主体间平等协商并不互斥，前者凸显政府在社会治理实践中的主体地位；后者则强调主体间的互动方式。两者在理论和实践中都是相互兼容的。

一、三元主体公共品格待提升

（一）政府职能定位偏差与角色转换滞后

公共服务是政府的基本职能之一，同时也是其合法性存在的重要基础。在公共服务供给问题上，政府目前处于"大包大揽"与"卸包袱"这两个极化的中间区域。所谓"大包大揽"，是指政府倾向于运用行政命令等强制手段通过内部机构或与政府有着密切联系的准官方机构来完成供给。它是全能型政府在公共服务供给领域的具体表现。从新中国成立至上世纪80年代中期，政府基本上是公共服务的单一供给主体，市场和社会的力量被排除在供给主体范围之外。"卸包袱"是指政府基于成本、效率或其他自利性动机将很多本应由自己提供的项目转交给社会机构，以最大限度地减少其供给内容。"大包大揽"和"卸包袱"的形象表述折射出政府在公共服务供给职能定位上的偏差，它集中体现在供给主体、内容、方式和途径等方面。上

第二章 政府向社会组织购买公共服务的公共性问题及成因

世纪70年代中后期，随着全能型政府的没落，有限型政府学说开始崭露头角。它主张政府充分释放市场和社会的力量，逐步减少政府的干预范围，强调制度理性前提下的民主与平等，这也是政府购买的主要理论依据。也正是在这一学术思潮的指引下，我国各级政府陆续开启了公共服务供给模式的改革。政府与社会组织的合作恰是这一阶段性改革的产物。在此过程中，政府强势主导地位并未发生实质性改变，多元主体之间的力量也没有实现真正意义上的均衡，政府直接提供的公共服务的范围被以市场化、社会化的方式大大限缩了。过度市场化、社会化的结果导致真正意义上的公平缺失。很多情况下，过高的成本可能是以税收的形式最终转嫁给社会公众。从"大包大揽"到"卸包袱"的转变凸显出政府的职能定位偏差。

政府角色转换滞后是其职能定位偏差的直接表现。从理论上看，在政府购买过程中，政府集公共服务购买者、监管者、制度供给者等角色于一身。这几种角色应是在公平、公正、公开和透明的场域中发挥作用，即购买公平、制度供给公正、过程监管公开、绩效评估透明。政府购买绝不是政府唱"独角戏"，而应是政府与社会组织、社会公众之间的良性互动。然而，从实践层面来看，政府的这种角色转换滞后表现在两个方面：一是生产者思维基础上的购买行为内部化；二是重购买，轻监管和评估。政府购买内部化问题的本质在于政府仍然沉浸于生产者思维。受全能型政府大包大揽观念的影响，各级政府部门在购买过程中依然倾向于选择那些具有准官方性质的社会组织来承担公共服务生产功能，购买只是一种形式化的规避措施。从表面上来看，政府似乎通过市场购买的方式转移了公共服务的生产环节，借助社会组织的力量实现了供给主体的多元化。然而，从深层来看，政府的生产者角色并没有因购买行为的发生而改变，政府购买将这些准官方组织重新内部化了。政府重购买而轻监管与绩效评估则暴露出其对角色认知的片面性。毫无疑问，政府是购买的主要参与者和推动者。这种参与和推动体现在政府的主导地位上。由于社会组织的相对孱弱和社会公众公共精神的欠缺，政府主导的意义更加凸显。发起购买行为仅仅是政府购买的开端，而过程监管和绩效评估则是覆盖整个过程与结果的动态性反馈。从某种意义上而言，这种反馈既是偏差纠正的过程，也是绩效持续改进的过程。政府向社会组织购买公共服务的公共性维护离不开政府多重角色的有力保障。在政府主导的现实条件下，基于整体过程的监管和结果导向的绩效评估无疑是公共性维护与保障的关键着力点。

（二）社会组织内部治理体系和治理能力的缺陷

社会组织在政府购买中的存在主要表现在其发挥的职能以及所扮演的角色上，而这些又取决于其内部治理体系和治理能力建设。与欧美国家社会组织经历自然演化而逐步走向成熟的发展路径不同，我国社会组织自诞生伊始就面临着先天发育不足的问题。新中国成立后的一段时间内，政府对社会组织严格管制，取缔或将其纳入体制内，从而使其成为全能型政府的组成单元。严格的管制措施极大地压缩了社会组织的成长空间。严格来说，这一期间内并不存在真正意义上的社会组织。因为它们当中的绝大多数都被改造成政府下设的职能单位，只是单位之间的隶属关系有所不同而已。20世纪80年代中后期，政府开始逐渐放松了对社会组织的管制，并对其提供了诸多的政策支持。于是，很多体制内的政府职能单元纷纷与原单位脱离，成为独立或半独立的社会组织。尽管摆脱了体制内的束缚，但是这些刚刚获得新身份的社会组织却带有强烈的行政化倾向。由于转型的不彻底性，部分社会组织在脱离母体后依然与其保

第二章 政府向社会组织购买公共服务的公共性问题及成因

持着千丝万缕的联系。与此同时，管制的放松也给原本处于体制外的草根组织创造了发展空间。

无论是原体制内的社会组织还是体制外的民间组织都面临着治理体系和治理能力现代化的现实性问题。社会组织的公益性和承接力不足表面上是因为其缺乏信息公开，透明化运作程度较低，宗旨模糊，以及资源汲取、财务管理和项目运作能力较弱，但其本质上依然是由内部治理体系不完善和治理能力欠缺所致。从实践来看，当前社会组织内部治理体系的不完善主要集中在三个方面：一是组织宗旨问题，它涉及到基本的价值理念层面；二是权力配置结构，主要关系到决策权、执行权和监督权之间的平衡与制约；三是具体管理制度，例如人员激励、绩效评估、信息公开和责任追究机制等。2011年的郭美美微博炫富事件之所以能够给中国红十字会造成如此巨大的损失，很大程度上还是由于其具体管理制度层面的缺失和存在漏洞。当然，这个案例的另一个特殊之处在于其当事主体是一个准官方的社会慈善组织，呈现出典型的行政化倾向。也正因为如此，社会公众对其公信力和运作效率产生了诸多质疑，最直接的表现就是中国红十字会在此事件后收到的善款数额大幅下降。对于社会组织而言，提升其公信力不仅需要在理性处理与政府关系过程中坚守组织特性，更要在信息公开中赢得信任，充分利用政府购买的机会提升其服务能力。

社会组织的服务能力决定了其在政府购买中所扮演的角色。按照萨拉蒙"第三方治理"[1]提出的合作伙伴关系观点，在政

---

[1] Third-party government，也有译作"第三方管理"、"第三方政府"的，本研究根据田凯2008年对萨拉蒙教授"Partners in Public Service: Government- Nonprofit Relations in the Modern Welfare State"的翻译，统一译作"第三方治理"。

府购买中，政府和社会组织应当是一种平等契约关系。双方的协同是建立在合作共赢基础之上的理性选择。然而在实践中，我国社会组织天然劣势的存在使得政府又不得不承担起培育和扶持的职能。从中央和各级政府出台的一系列关于政府购买的政策文本中，我们可以清晰地发现，内部治理结构和治理能力已成为其选择合作伙伴的重要标准。因此，社会组织要想最大程度地摆脱与政府之间的非对称性依赖关系，构建新型的主体互动模式，必须将优化组织内部治理结构和提升治理能力作为第一要务。

（三）社会公众责任、参与意识淡漠和参与权的虚化。社会公众既是政府购买的合法性权力授予者，同时又是公共服务的使用者。既然政府购买的合法性权力源自社会公众，那么后者理当有权以监督者的角色介入政府购买全过程，防止公权力的非公共运行。作为公共服务的使用者，社会公众亦可以根据自身偏好对其进行绩效评估。由此可见，社会公众在政府购买中扮演着权力授予者、过程监督者、服务使用者和绩效评估者等多重角色。它们共同诠释着社会公众的公共精神。

公共精神是公民社会的应有之义，从亚里士多德研究城邦政治时提出的"人类自然是趋向于城邦生活的动物（人类在本性上，也正是一个政治动物）"[1]到托克维尔所说的"恰当理解的自我利益"[2]，再到迈克尔·沃尔泽"对公共事务的关注

---

[1] [古希腊] 亚里士多德：《政治学》，吴寿彭译，商务印书馆1997年版，第7页。

[2] Alexis de Tocqueville, Democracy in America, ed. J. P. Mayer, trans. George Lawrence (Garden City, N.Y. Anchor Books, 1969), pp. 525~528. 转引自 [美] 罗伯特·D. 帕特南：《使民主运转起来：现代意大利的公民传统》，王列、赖海榕译，中国人民大学出版社2015年版，第102页。

第二章 政府向社会组织购买公共服务的公共性问题及成因

和对公共事业的投入是公民美德的关键标志"[1] 以及关于公民意识林林总总的阐释中无不闪烁着公共精神的光辉。公共精神在公共生活中存在,并支撑着公共生活的健康发展,但公共精神本身是难以用语言来精确表达的。自城邦政治开始,人们对公共精神的探求从未停止,尽管对公共精神的界定不一而足,西方社会公共精神沿着自下而上的路径充分发育,并体现到社会组织的充分发展上,这也为西方国家公共服务市场化、社会化提供了充分的潜在合作伙伴。

我国社会公众公共精神的发育路径与西方国家不同,西方国家沿着自下而上的路径自然演进,而我国公共精神的发育如同公民意识的演进路径一样带有自上而下的色彩,受到传统社会儒家伦理观念、家国同构社会格局的影响,社会公共空间匮乏、公共生活缺失。在我国传统社会,儒家伦理强调个人的道德修养,强调推己及人,没有具有独立自主人格的个体,只有依附于以血缘、家庭、宗族为纽带联系起来的人际圈子的个体,民间结社被压制,公共精神发育不足,公民社会发育不充分。公民社会发育不足集中表现在公民独立人格的缺失、公共空间的匮乏以及公共生活不足方面,甚至有研究者将公民独立人格的缺失作为我国百余年现代化摸索困境的原因所在[2],可见独立公民人格缺失对社会发展的阻滞作用。在公民缺乏独立人格的情形下,其对公共生活的参与热情、对公共利益的责任意识,以及参与公共生活的能力、维护公共利益的能力都会受到影响,

---

[1] 转引自[美]罗伯特·D. 帕特南:《使民主运转起来:现代意大利的公民传统》,王列、赖海榕译,中国人民大学出版社2015年版,第102页。
[2] 刘鑫淼、林春逸:"培育公共精神 构建和谐社会",载《毛泽东邓小平理论研究》2005年第8期。

公共精神发育堪忧。

如果说社会公众参与意识和责任意识淡漠是其主观排斥的诱因，那么参与权的虚化则是其客观排斥的直接导火索。参与权是实现民主政治、社会自治的关键，同时也是监督国家的必需。从行政法领域来看，听证的权利是参与权的重要表现。对于政府购买而言，听证环节也是社会公众参与权体现最为集中的环节。从纯粹的制度设计角度来说，听证是公民参与公共管理的理性选择。但在实践中，听证却又是遭受公众质疑声最多的程序环节，尤其是听证会参会人选问题。尽管社会公众的参与权有明确宪法和法律依据，但在具体操作和运行过程中参与权虚化现象时有发生。解决这个问题的根本出路在于保障程序的正当性和过程的开放性。

二、三元主体互动过程理性不足

（一）价值层面：政府自利性扩张与寻租侵蚀着公平正义

随着国家与社会二元化的推进，政府自利性与公共性的对立统一越来越受到学界的关注。毫无疑问，公共性是现代政府的第一属性。这不仅是因为政府是因公共目标而成立，更是由于其权力来源、执政理念和职能面向均是以广义概念上的社会公众为最终对象。尽管不同的历史时期对政府公共性的显性特征有着不同的要求，但是追求公平正义的价值理念却从未改变，而这恰是现代政府公共性的基本内容。与公共性的显性存在不同，政府的自利性却总是隐性地存在。实际上，政府在公共目的的背后隐藏着自身利益的追求。[1] 从微观层面而言，政府自

---

[1] 祝灵君、聂进："公共性与自利性：一种政府分析视角的再思考"，载《社会科学研究》2002年第2期。

第二章 政府向社会组织购买公共服务的公共性问题及成因

利性首先来自政府官员及其工作人员对个人利益的追求。作为公权力的执行者,他们显然有更多机会来表达自利性诉求。与西蒙理性决策模型对自利性的含蓄表达不同,公共选择理论明确否认了政府官员在作出公共决策过程中的完全利他性。在其看来,政府官员首先是一个趋利避害的经济人。从中观层面来看,政府自利性来源于机构或部门的意志。与规模化的机构和部门相比,微观个体所拥有的权力毕竟是有限的,其覆盖面亦受到诸多制约。此时,政府自利性就需要借助更强有力的团体意志加以展现。从宏观层面而言,政府自利性同样可能来源于某一特定阶级的利益诉求。马克思认为,政府在这个层面的自利性是因为它是统治阶级利益的忠实代表。如果将其放置于特定的场域之中,我们会发现此时的自利性与公共性几乎是一个对等概念。因此,本研究对政府自利性的关注主要面向微观和中观层面。政府自利性的存在是其寻租行为产生的根本原因。寻租是在既定财富量下,借助于政府的强制性干预所进行的非生产性的分配与再分配活动。在这个过程中寻租没有创造任何新增财富,寻租的结果是使整个社会的福利水平下降。寻租是不完全竞争条件下的负和博弈,具有负的外部效应。[1] 从理论上看,政府自利性的存在使其有绝对的动机通过主动设租和积极创租的方式来实现其个体或部门利益。因为现实中的政府也是制度的供给者,他们完全可以通过增加或减少制度供给人为干预原本正常运行的生产活动,以此实现其自利性追求。政府的公共性却受到侵蚀,其公平正义价值追求被自利性和寻租行为摧毁。

---

〔1〕 卢现祥:《寻租经济学导论》,中国财政经济出版社 2000 年版,第 1~2 页。

政府购买的本质是通过引入市场竞争来提高供给效率，降低成本，提升整个社会的公共福祉。然而，政府自利性和寻租的介入打破了这一美好愿景。从目前来看，购买内容选择、参与主体范围、购买合同管理、程序设计及过程信息公开等是政府寻租的主要环节。在政府购买中，这些重大问题的决策常常演变成为官员个人意志和部门利益之间的博弈。以广受社会各界诟病的"暗箱操作"问题为例，拥有较多话语权的政府部门及其工作人员通过制度供给的方式以较为隐蔽的手段缩小和确定潜在合作伙伴范围。这里的制度供给既可以是制度的过度供给，也可以是制度供给的短缺。但无论哪一种形式，其最终的目标就是主动设租，寻求制度外收益。但是如果仅从法律角度而言，有时很难确定这种寻租究竟是否违法。因为体制内寻租是在既定规则和程序基础上进行的，它和腐败是两个截然不同的概念。但不可否认的是，政府自利性诱发的个体或集体寻租导致政府购买变得低效和无序，程序的规范性和过程的开放性被搁置。所以，从这个意义上来说，过程的开放性和科学性、程序的正当性都为公共性保障所必需。

（二）制度层面：信息公开、监管与绩效评估体系的碎片化

与制度供给过度相比，制度有效供给不足显然更为严峻。十八届三中全会以来，政府开始进一步简政放权，深化行政审批制度改革。近年来，"放管服"改革持续推进。在此大背景下，各级政府期望通过制度过度供给干预购买过程的操作空间已经越来越小。故此，公共性流失问题的诱因分析应聚焦于过程理性缺失中的制度有效供给不足这一侧。从动态的过程视角来看，信息公开、全程监管和绩效评估的综合制度体系应是三元主体互动的基石。信息公开的目的在于确保政府、社会组织和社会公众的信息均衡（或者相对均衡），为后续的理性决策夯

第二章 政府向社会组织购买公共服务的公共性问题及成因

实基础。可以说，信息公开不仅是公共权力阳光运行的基本保障，同时也是社会组织公共责任全面履行的必然要求，更是社会公众公共精神诠释的最佳平台。信息的公开有助于充分发现潜在的合作伙伴，并在其中间形成有力的竞争，更重要的是它打破了长期以来政府垄断公共服务供给的格局。监管与绩效评估是保证政府购买规范、高效运行的重要环节。但两者是难以做到完全分开的，因为绩效评估本身就是一种监管举措。多数情况下政府购买的绩效评估往往是事后的总结性评估，而监管是立足于整个过程的动态性的控制和反馈。对于三元主体的互动而言，它们是不可或缺的制度保障，其最终的指向都是公共性保障问题。

中央和各级地方政府陆续出台了一系列关于政府购买的法律法规，在一定程度上解决了无法可依的问题，但依旧面临有效性制度供给不足的顽疾。例如在监管与绩效评估制度建设方面，国务院 2013 年《指导意见》提到了绩效评估和严格监管工作，但属于原则性规定条款。2018 年财政部发布的《关于推进政府购买服务第三方绩效评价工作的指导意见》确立了第三方评估在购买绩效评估中的地位，理论上这种合作治理有助于推动购买服务的优化。[1] 此外，有关政府购买绩效评估、监管的规范性政策，在中央层面还有《社会组织评估管理办法》《政府购买服务管理办法》，在地方层面北京、上海等地陆续出台相关办法。但从目前的评估监管规范和实践来看，绩效评估监管规定原则性强，操作性弱；评估监管文件出台多，实践落实少；仅关注对社会组织的评估监管，忽视对购买主体政府的评估监

---

[1] 陈晓蓉、张汝立：“手段偏差与目标替代：制度逻辑视角下政府购买服务绩效评估困境”，载《求实》2021 年第 5 期。

管;重结果评估监管,忽视过程性评估监管;评估监管方式单一、低效;第三方评估监管作用发挥不足;评估监管内容偏颇等。评估监管指标方面,指标建构需要来自统计、财务、审计、公共管理学等跨学科的知识融合,目前尚在探索之中。[1]评估监管办法多、但落实得少也是一个客观存在的问题。再则,绩效评估监管包括两个方面:效率评价、效果评价。[2]效率评价是针对政府的,内容是评价政府对财政资金的使用是否高效。效果评价是针对社会组织的,内容是评价社会组织提供的服务是否达到预期,使公众满意。目前的评估监管办法基本都是针对社会组织的,缺乏对公共服务购买主体即政府的评估监管。评估监管重结果、轻过程,将结果评估作为核心,而忽视了事前的需求评估和事中的过程评估。在评估方式监管方面,听取汇报、检查等能够接收到的信息客观性差,存在评估监管形式化、走过场问题。第三方评估因为其客观性、权威性而备受推崇,但我国第三方机构的独立性、权威性等都有待提升,有部分评估机构出现与政府"共谋"现象。[3]

(三)行动层面:政府强势主导致使主体间平等协商匮乏

政府强势主导是一个相对性描述,政府是较之于社会组织和社会公众的强势力量主体。相对于作为生产者的社会组织和使用者的社会公众,政府在购买过程中无疑拥有绝对的话语权和决策权。在这种主体力量对比格局下,政府与社会组织和社

---

[1] 左敏、周梅华:"动态绩效管理视域下政府购买服务的评估困境及路径优化",载《重庆社会科学》2020年第10期。

[2] 王浦劬、[美]莱斯特·M.萨拉蒙等:《政府向社会组织购买公共服务研究:中国与全球经验分析》,北京大学出版社2010年版,第30页。

[3] 左敏、周梅华:"动态绩效管理视域下政府购买服务的评估困境及路径优化",载《重庆社会科学》2020年第10期。

第二章 政府向社会组织购买公共服务的公共性问题及成因

会公众之间很难实现真正意义上的平等理性协商。这与当前理论界和实务界积极倡导的协商民主、多中心治理、共同参与、协同创新等显然是背道而驰的。如前所述，政府的强势主导反衬出社会组织和公众的孱弱存在。事实上，强势政府一直是当代中国社会变迁的主旋律。从1978年中国自上而下的渐进式改革启动以来，政府强势主导程度尽管在个别领域呈现出一定的递减趋势，总体上政府仍处于支配地位。与之相对应的是，社会组织开始逐步获得了一定的生存和成长空间，公民权利意识日渐增强，并开始尝试参与到部分公共管理和公共服务的供给活动中来。出现上述变化的原因主要源自两个方面：其一是中国由总体性社会向后总体性社会过渡进程中的多元价值驱动和主体空间扩张，其二是政府对社会组织由管制向解制转变，并向后者提供一定的支持。尽管如此，一些学者认为目前断言社会组织和公民社会的崛起仍为时尚早。在他们看来，正是由于政府强势主导导致社会组织弱不禁风，且显现出清晰的行政化倾向。例如，麻宝斌认为政府主导塑造并强化了社会组织的依赖性，甚至使社会组织失去了独立性和民间性。前者使社会组织无法独立承担政府剥离出来的职能，后者则使社会组织具有"官民二重性"，对社会事务管理亦体现出行政化特征。[1] 社会组织参与程度的弱化也极大地束缚了公民参与社会管理的积极性。

政府的强势主导并不代表其治理体系和治理能力的现代化。很多时候，这种强势主导的背后折射出政府治理能力的不足。但作为制度和规则的合法性供给方，政府的权威性是不容置疑

---

[1] 麻宝斌等：《公共治理理论与实践》，社会科学文献出版社2013年版，第49页。

的。随着中国经济新常态的到来,中央和各级政府将在公共服务供给质量和数量上面临前所未有的压力。这不仅是由财政收入增长减缓而引发的支付能力不足导致,更是社会价值诉求和利益主体多元而诱发的公共服务供给危机的结果。因此,政府与其他多元主体形成良性互动已成为必然。而且,这种良性互动应当是建立在主体间平等理性协商基础之上的,以实现公共性为价值追求的协同治理。正如哈贝马斯所言,平等的主体在公开公平等原则下,就共同关切的公共事务进行协商并达成共识。[1] 在当前中国现实的社会语境下,政府的主导地位仍将继续下去,但这并不妨碍政府与社会组织、社会公众之间的平等协商。换言之,政府主导与多元主体之间的平等协商完全可以在发展与包容性的框架内实现融合。问题的关键就在于如何才能在政府购买中实现主体公共品格的升华。

---

[1] [德] 尤根·哈贝马斯:"公域的结构性变化",童世骏译,载邓正来、[英] J. C. 亚历山大编:《国家与市民社会:一种社会理论的研究路径》,中央编译出版社 2002 年版,第 121~122 页。

第三章 政府向社会组织购买公共服务公共性的基础性保障

公共服务因其与权利、正义等特定公共价值相关并影响到一个国家最大多数人的福利而成为政府的基本职能[1]，早在18世纪亚当·斯密（Adam Smith）就将国防、基础设施、行政与司法等定义为政府的主要职能。[2] 在历史发展进程中，政府的统治职能弱化与社会管理职能强化同时发生，公共服务成为现代政府的核心职能之一，且政府公共服务职能的范围、公共服务责任实现方式等不断因应理论发展和现实需要而调整和变化。但政府的职能和公共服务的内在属性决定了，无论是在传统的公共服务供给模式下，还是在新的公共管理理论催生的新型公共服务供给模式下，政府"在场"的重要性。在传统供给模式下，政府以其直接的生产行为保障公共服务的供给，但因单一主体供给导致效率低下而遭致公众质疑，且我国公共服务供需之间张力巨大，公共服务供给由单中心提供模式向多中心、多

---

〔1〕 陈振明等：《公共服务导论》，北京大学出版社2011年版，第13页。
〔2〕 [英]亚当·斯密：《国富论》，郭大力、王亚南译，商务印书馆2014年版，第263~293页。

层次、协同合作的提供模式转变。[1] 在新的供给模式下，公共服务供给的最终责任仍然要由政府来承担。因此，政府向社会组织购买公共服务公共性的保障，政府要发挥基础性的作用，这是由政府在公共服务供给中的基础性角色决定的。政府在公共服务方面的履责情况则与政府公共性高度正相关，政府公共性的基础性地位凸显出来。在政府购买中，政府角色发生变化，由原来的直接生产者变为购买方、监管者、制度供给者等，厘清政府的新角色是政府公共性的基础性保障作用发挥的前提。政府公共性维护过程同时也是政府公共性基础性保障作用发挥的过程，且以政府以公共利益为旨向持续不断的理念转变和制度供给形式呈现出来，即政府通过理念转变、法律体系完善和具体制度供给等来充分地实现其公共性，并以公共性为社会组织发展、社会公众公共精神提升创造条件。从理念上看，政府须完成从管控思维到服务意识的转变，并表现在政府对向社会组织购买公共服务的认识、政府对社会组织的态度以及政府整体管理理念上。从法律体系完善来看，政府须在推进法治政府建设进程中不断地完善社会组织发展和政府购买的法律法规体系。从制度来看，在以制度建设推进国家治理体系和治理能力现代化过程中健全和完善社会组织发展制度和政府购买制度。

---

[1] 陈振明等：《公共服务导论》，北京大学出版社2011年版，第2页。

第三章　政府向社会组织购买公共服务公共性的基础性保障

第一节　公共服务是政府的核心职能：
基础性保障地位的缘由

有学者曾以"牛市"一词来形容传统模式中的政府地位[1]，在公共服务供给中政府处于绝对的主导地位。民营化大师萨瓦斯曾以1969年美国纽约罕见大雪灾害发生时市政当局的反应来说明政府对由自身以外的其他主体来完成大雪清理工作的排斥态度。[2] 我们无意于讨论政府的傲慢，但当时条件下政府在公共服务供给中的角色则是一目了然的。我国情况也不例外，政府在很长一段时间内也是扮演着"家长"的角色，公共服务由政府单一供给，这就在客观上促使我们思索问题的成因。因此，理性反思传统公共服务供给模式，在看到这种模式带来的供给低效、对公共服务需求回应性弱、供需之间张力巨大等问题的同时，也要对政府在传统模式中角色和地位的成因有一个基本的认识。如此，方能对当前的改革予以警示。政府购买意味着公共服务的合作供给，但在这一过程中存在着"政府责

---

[1]　转引自周志忍："认识市场化改革的新视角"，载《中国行政管理》2009年第3期。

[2]　[美] E. S. 萨瓦斯：《民营化与公私部门的伙伴关系》，周志忍等译，中国人民大学出版社2002年版，第18~19页。

任"的市场化和"提供机制"市场化的分野[1]，前者是政府公共性不足的表现，后者则是采用一种技术手段，但根本方向没有改变。采用购买方式来供给公共服务只是"提供机制"的变革，而不是政府对自身责任的逃离，这是由政府本身的职责范围和公共服务的内在属性共同决定的。因此，公共服务是政府的核心职能，这决定了政府在公共服务供给中的特殊重要性，同时，政府履行公共服务职责情况又与其公共性程度直接相关。因此，在政府、社会组织、社会公众各自以其公共品格对政府向社会组织购买公共服务公共性加以保障时，政府公共性的地位是基础性的，打好这一根基，社会组织和社会公众的保障才更加扎实和有效。

一、理论上政府是公共服务的天然供给主体

在政府购买中，政府公共性之所以发挥基础性保障作用，其根源在于政府职能与公共服务的契合之上，即政府天然就是公共服务的供给主体[2]，政府本就具有提供公共服务的义务。这一点，自然法思想、社会契约论等均有充分的论证。公民和政府之间是一种委托——代理关系，公民将治理权让渡给政府，

---

〔1〕 周志忍："认识市场化改革的新视角"，载《中国行政管理》2009年第3期。尽管描述的具体情境不同，但针对的都是公共服务供给方式的变革，与社会组织合作也面临着同样的问题。实际上，还是要对政府的角色和地位有一个客观、理性的认识和判断，供给机制可以市场化，引入竞争方式，由其他主体提供来提高效率、降低成本，但供给责任仍然是政府的，即使是社会组织与政府分担一些具体的责任，但最后的兜底责任仍然是政府的。

〔2〕 石国亮等：《国外公共服务理论与实践》，中国言实出版社2011年版，第36页。

第三章 政府向社会组织购买公共服务公共性的基础性保障

而政府则需要履行公共服务供给的义务。[1] 政府可以通过多种途径和方式来满足公民的利益,即政府的职能涵盖范围是很广的,比如经济职能、社会职能等,每种职能的实施都或多或少包含着对公民利益的满足。公共服务之所以被单独提出来,并被置于日益重要的位置,这与其内在的特征及社会发展对其日益增加的需求等相关。公共服务供给因为"搭便车"问题而使追求利润的市场主体缺乏足够动力,若由市场主体提供则会出现供给不足局面,政府出面提供成为当然的选择,这也是夯实政府合法性基础的重要举措。政府公共服务职能范围又因内外部诸种因素影响,如政府财力、政府管理理念和管理效率[2]、社会公共服务需求、社会公众与政府博弈能力等而不断调整,但一个基本的趋势是社会越是发展越需要政府以健全的公共服务体系为支撑,需要政府提供量更多质更优的公共服务。我国正处于一个公共服务需求井喷的阶段,一方面社会发展确实需要更多的公共服务作支撑,另一方面社会公众利益需求表达途径的多元化使利益需求显性化,这在客观上要求政府强化公共服务职能,相应地,政府在公共服务供给中的角色会更加突出。

政府职能与公共服务的契合从公共行政公共性的理论演进中亦可窥见。从传统公共行政、新公共行政、新公共管理、新公共服务的发展轨迹看,尽管演进的主线是管理主义和宪政主义之争,即公共行政应奉行价值中立、效率至上还是对公平、正义等价值的追求,但有关"公共服务"提供的争论都是交锋

---

[1] [澳] 欧文·E. 休斯:《公共管理导论》,张成福、马子博等译,中国人民大学出版社2015年版,第143页。

[2] 马海涛等:《中国基本公共服务均等化问题研究》,经济科学出版社2011年版,第20~21页。

的重要内容,公共行政理论越是发展,这一趋势就越是明显。20世纪70、80年代开始的公共服务民营化的浪潮提高了管理效率,但是因为将公平、正义等公共行政更为重要的价值让位于效率而受到攻击,这场改革是以新公共管理理论为基础的。其最具标签性的话语便是将政府作为掌舵者而不是划桨者,细究起来,"掌舵"包含着对"公共服务"的决策,而"划桨"就是直接提供服务。针对新公共管理的理论及改革实践,登哈特夫妇提出了针锋相对的观点,旨在将民主、公民权和公共利益等价值观重新肯定为公共行政的价值观,并以此来恢复公共服务的尊严和价值。[1] 对比发现,二者都围绕着"公共服务"展开,只是政府提供公共服务的方式和机制不同而已。

二、实践中政府在公共服务提供中始终"在场"

公共服务是政府的基本职能,这就在客观上决定了政府的独特角色和责任,从而决定了政府公共性的特别重要性。政府的产生和存在都与公共利益相关,若政府无法有效履行公共服务供给职责,则政府的合法性基础会受到侵蚀。政府公共性实际上为政府履行这一职能提供了支撑。一般来说,政府为维护社会稳定、夯实政府合法性基础,都要承担一定的公共服务职能。但公共服务职能的范围不是一成不变的,且政府实现公共服务职能的方式也不是一成不变的。从纵向的角度来看,国外、国内的政府公共服务职能变化都有相对清晰的路径,从这些路径中我们都可以观察到公共服务供给中政府的身影。西方国家政府大体上经历了较为被动的守夜人式政府、能动的福利国家

---

〔1〕[美]珍妮特·V. 登哈特、罗伯特·B. 登哈特:《新公共服务:服务,而不是掌舵》,丁煌译,中国人民大学出版社2016年版,第三版前言。

第三章 政府向社会组织购买公共服务公共性的基础性保障

式政府、理性的多元合作政府三个阶段[1]，在公共服务职能方面，守夜人式政府承担的职能非常有限，到福利国家式政府时代该项职能急剧扩张，至理性多元合作政府时代开创了多元合作的格局，政府不再是单一提供主体。不同的阶段只是反映政府提供范围的宽窄，但公共服务提供中政府始终"在场"。

我国政府公共服务职能从纵向来看，以新中国成立为起点进行考察，分为改革开放之前和改革开放之后两个分界点显著的阶段。改革开放之前，政府是公共服务唯一提供主体，城乡之间福利体系二元分割，且城镇居民福利"单位化"。[2]这一时期，受资源及公共服务供给方式限制，公共服务处于严重短缺状态。改革开放以来，情况开始发生变化，政府公共服务责任下移。到了20世纪90年代初期至2002年，社会保障制度成为改革的重点内容，这一时期改革的基本理念是"效率优先、兼顾公平"，试图以公共服务市场化来解决公共服务短缺问题。[3]但这种指导思想导致了严重的偏差，以中共十六大"初次分配注重效率，再分配注重公平"提法为标志，我国公共服务职能进入重构时期。国家"十二五"规划提出了"建立健全基本公共服务体系"的目标，中共十八大报告又进一步阐释了服务型政府的内涵。2012年7月，《国家基本公共服务体系"十二五"规划》出台。2021年，《国家基本公共服务标准（2021年版）》发布，《"十四五"公共服务规划》发布。并且，与英

---

〔1〕 万方："西方政府公共服务职能变迁的理论考察：三个阶段的划分"，载《湖南科技大学学报（社会科学版）》2012年第1期。

〔2〕 叶响裙：《公共服务多元主体供给：理论与实践》，社会科学文献出版社2014年版，第58~59页。

〔3〕 叶响裙：《公共服务多元主体供给：理论与实践》，社会科学文献出版社2014年版，第63页。

美等国政府履行公共服务职能的路径相似的是我国也开始公共服务供给方式变革，并在实践中不断地规范化。

无论是理论上的推演，还是实践中的变革，政府与公共服务提供之间都有着密切的关系。政府是目标多元且为公共利益服务的公权组织[1]，而政府对公共利益的代表和追求恰是我们理解政府公共性的一个关键性的切入点。尽管从理论上分析，政府为取得合法性，必须获得社会公众认同，而其中高效履行公共服务职能是有效途径，但在实践操作中，政府的自利性和公共性之间形成一对矛盾，而且这对矛盾始终存在着。当政府的自利性占上风时，政府就成了只顾及自身的坏政府[2]，其对公共利益的代表和追求被置于对私利追求之后。在这一过程中，政府的合法性受到侵蚀，公共服务职能弱化。政府公共服务职能履行与政府对公共利益的追求之间有着密切的关联，前者是后者的表现形式之一，后者则是前者的价值指向。因此，政府公共性的维护对公共服务具有特别重要的意义，政府公共性对政府向社会组织购买公共服务公共性起着基础性的保障作用。

三、公共服务职能新要求使政府公共性之基础性地位更加凸显

政府公共服务职能实现方式之所以要转变是因为原有的方式存在严重的缺陷或者说存在着改进的空间。在新中国成立后很长一段时间内，我国都是由政府[3]作为单一主体来提供公共

---

〔1〕 欧纯智、贾康："公共服务供给方式及其优化选择的框架式分析——兼论PPP是优化公共产品与服务供给的善治选项"，载《学术论坛》2018年第4期。

〔2〕 [英]罗素：《西方哲学史及其与从古代到现代的政治社会情况的联系（上卷）》，何兆武等译，商务印书馆1963年版，第245页。

〔3〕 事实上也包括事业单位、国有企业等。

第三章　政府向社会组织购买公共服务公共性的基础性保障

服务，政府运用公共资源，集提供者和生产者于一身。政府的垄断地位使其缺乏降低成本、提高质量的动力，也缺乏构建公共服务需求表达渠道的动机，相关决策处于一个相对封闭的状态，提供者（同时也是生产者）和消费者之间信息沟通不畅，出现了公共服务供给效率低下、结构失衡等问题[1]，公共服务公共性不足。公共服务供给方式变革具有了客观必然性，政府购买即变革方式。这种方式在一定程度上反映了"管理主义"的理念，而且目前这种方式在我国受到了特别的欢迎。比如，我国官方对PPP的重视，实践中公私合作也发展迅猛，截至2020年1月末，全国PPP综合信息平台项目库中共有14.4万亿元的投资额。[2] 政府购买与PPP模式不同，但其基本的理念是一致的，即在原本政府独立作业的领域引入其他资本，形成竞争的态势，提升效率、降低成本、更好地满足需要是改革的初衷。管理主义本身对效率的追求无可厚非，效率对于公共服务供给的重要性也是不言而喻的。但我们不能从一个极端走向另一个极端，在关注效率的同时，更要关注公平、正义等价值观，追求以公平、正义为基础的效率。

政府购买出现的公共性问题已经给我们以警示，但我们并

---

[1] 叶响裙：《公共服务多元主体供给：理论与实践》，社会科学文献出版社2014年版，第74~75页。

[2] PPP，即公私合作模式（Public-Private-Partnership），财政部在2014年末下发《政府和社会资本合作项目政府采购管理办法》掀起了PPP热潮，关于PPP的学术讨论如火如荼。资料显示，2014年以来，累计入库（财政部的全国PPP综合信息平台项目管理库）项目9 459个、投资额14.4万亿元；累计落地项目6 410个、投资额10.0万亿元，落地率67.8%；累计开工项目3 760个、投资额5.7万亿元，开工率58.7%。载中华人民共和国财政部网站，http://jrs.mof.gov.cn/zhuanti2019/ppp/gzdtppp/202003/t20200330_3490442.htm，最后访问时间：2022年4月8日。

不是要改变改革的基本方向，而是要规范化改革的进程。[1] 在公共服务供给机制改革中，政府公共服务职能要在公平、正义等价值理念与供给效率之间取得平衡，引入竞争机制是为了提升效率，而公平、正义等价值理念则需要政府来守护。改革政府公共服务职能实现方式，要在恪守公共服务公共性前提下，通过一些技术性的处理来达到供给效率提升的目的。保障公共服务公共性这是公共服务供给领域任何改革措施都要坚守的基本底线，在这一底线基础上的改革才能够实现改革初衷。当然，保障公共服务公共性这一价值底线并不排除通过技术性、工具性手段和策略来达到这一目的，比如，由政府垄断提供到引入其他主体与政府合作提供。但无论改革具体措施是什么、改革如何推进，维护公共性这一底线是不能触碰的，而政府作为改革的发起者，其负责的都是一些集体选择行为[2]，有了这些集体选择行为才会有后续的合作活动的开展。这对政府提出了更高的要求，与社会组织合作供给比政府自身供给情况复杂得多，政府要扮演好精明买者角色，否则不断增加的竞争也就毫无意义[3]，甚至效率越高越不公平。公平、正义、公共利益等价值难以通过市场竞争来实现，萨缪尔森曾指出有效率的市场制度

---

[1] 周志忍在分析我国公共服务市场化改革时提出过类似的观点，他认为西方国家可能出现改革回潮或反复的问题，我国在一些项目中也存在这个问题，但即使国外改革终结了也不影响我国的继续推行。这里关键是要搞清楚市场化是提供机制的市场化而非政府责任的市场化。参见周志忍："认识市场化改革的新视角"，载《中国行政管理》2009年第3期。同样道理适用于政府与社会组织的合作。

[2] [美] 罗纳德·J. 奥克森：《治理地方公共经济》，万鹏飞译，北京大学出版社2005年版，第9页。

[3] [美] 唐纳德·凯特尔：《权力共享：公共治理与私人市场》，孙迎春译，北京大学出版社2009年版，第163页。

第三章 政府向社会组织购买公共服务公共性的基础性保障

可能带来极大的不平等,这在政治上或道德上都是不可接受的。[1] 我们既要享受竞争带来的供给效率提升,又不能忽略公平、正义、公共利益等更为重要的价值,而后者由政府公共性来加以保障是最有力度的。于是,在实现公共服务供给效率性与公平、正义、公共利益等价值之间的平衡中,政府公共性不可缺席。

第二节 政府在公共服务供给方式变革中的新角色:基础性保障作用的立足点

政府在购买过程中的角色是政府公共性的基础性保障作用的立足点。梳理清楚政府从单中心供给到多中心供给中的角色转变,能够为政府公共性维护、政府公共性基础性保障作用发挥找准切入点。转型期公共服务需求骤增和传统公共服务供给模式供给能力有限之间的矛盾客观上要求公共服务供给方式的变革,而这一变革是在公共服务公共性维护和公共服务供给效率提升之间保持平衡的变革,即以公共服务公共性维护为底线,在此基础上提升公共服务供给效率。公共服务供给主体多元化成为一个基本的趋势,市场组织、社会组织等其他主体进入公共服务供给领域,各个主体扮演不同的角色,履行不同的职能。其中,政府因为其以公权力为基础且对公共服务供给承担着最后的兜底责任而在公共服务购买过程中扮演着较为特殊的角色。从形式上看,政府在购买中与社会组织是平等的契约关系,二

---

[1] [美]保罗·A.萨缪尔森、威廉·D.诺德豪斯等:《经济学》,高鸿业等译,中国发展出版社1992年版,第83~84页。

者互相依赖,政府提出要求,作为承接主体的社会组织按照要求来供给。事实上,在此过程中政府更多扮演着宏观的、与权力行使和权利实现相关的角色。比如,获取需求信息、征税为公共服务供给提供财政支撑、确定公共服务的数量和类型、与生产者建立关系等。综合来看,在政府购买时,政府的角色由原来具体的生产者变为购买方,要履行资金提供的责任;购买方不再是具体的生产者,但是最终的担保责任并未转移,政府要扮演好监管者的角色;政府还要承担起制度供给者的角色,通过制度的构建和完善来实现公共服务供给的顺利推进。[1]

一、公共服务的购买方

政府通过购买来履行其公共服务职能,其角色随即变为购买方。这一角色转变意味着政府的工作重心发生变化,政府的行为方式也要进行相应的调整。提供者和生产者关注的重点是不同的,提供者更多关注的是提供什么样的产品和服务、需要筹措的收入数量及方式、服务的数量和质量标准、将供应和生产连接在一起等,这些事项都主要是一些集体选择行为[2],多数情况下这一角色的扮演者需要以公权力为基础。而生产者则不同,关注的是技术过程,即如何使有限的资源变为更多的产

---

[1] 购买方、监督者、制度供给者是从不同角度对政府的角色定位,购买方是相对于作为卖方的社会组织而言的,监督者强调的是政府由生产者变为购买方之后的责任重点发生变化,制度供给者则是站在全局角度,政府以公权力为基础,同时又是改革的发起者,自然要承担起制度供给的责任。因此,严格来讲三种角色并不是并列的关系,而是有着内在的密切关联。三种角色实际上分别从不同角度强调了政府在向社会组织购买公共服务时的责任。

[2] [美]罗纳德·J.奥克森:《治理地方公共经济》,万鹏飞译,北京大学出版社2005年版,第9页。

第三章　政府向社会组织购买公共服务公共性的基础性保障

出，如何更好地提供某种服务。[1] 当政府集提供者和生产者于一身时，政府既要关注公共服务需求信息的收集，即提供制度化的利益需求表达渠道，将社会公众从下而上反映的公共服务需求信息汇总起来，这些信息进入政策议程，经过复杂的过程形成提供什么产品和服务的结果，再在政府财力等各种因素约束下形成提供公共服务数量和质量的决定，最后，还是由同时作为生产者的政府来完成具体的生产过程，并接受消费者的问责。政府购买则将服务提供者和服务生产者区分开来，政府扮演的是提供者角色，即负责的是涉及集体选择的事项。社会组织扮演的是生产者角色，其工作开展主要是技术化的过程，即将政府筹集的资源通过自身行为转化为政府希望的产出的过程。

政府作为购买方，在其位谋其职。"购买方"的称呼是相对于公共服务的具体生产者而言的，是在公共服务具体生产主体发生变革的基础上出现的。因此，买方和卖方相对，政府和社会组织之间通过购买合同发生关系。政府作为"购买方"尽管克服了官僚制成本，即维持和管理层级系统的成本[2]，但也会产生新的成本，比如交易成本。政府作为购买方主要是扮演好"精明的购买者"[3]角色，尽可能地克服无法独立明确定义其所购买服务的品质和数量、与供应商的信息不对称、政府内部

---

〔1〕 [美] 罗纳德·J. 奥克森：《治理地方公共经济》，万鹏飞译，北京大学出版社2005年版，第10页。

〔2〕 Oliver E. Williamson, "Transaction-Cost Economics: The Governance of Contractual Relations", Journal of Law and Economics, 1979, No. 2, pp. 233~261.

〔3〕 [美] 唐纳德·凯特尔：《权力共享：公共治理与私人市场》，孙迎春译，北京大学出版社2009年版，第145页。

的官僚政治转移政府管理外包合同的精力等问题。[1] 但购买方也仅仅是在相对于作为卖方的社会组织时政府的身份和角色，政府相对于消费者（特定公民）的公共服务供给责任不会发生变化，"购买方"也不是相对于消费者的称呼，社会公众的公共服务需求最终还是要由政府来提供的，政府的提供责任没有变化，变化的只是实现责任的方式。政府以购买方式来履行公共服务职能时，仍然要通过签订购买合同、与社会组织保持沟通、构建消费者参与渠道等多种途径来对购买全过程进行监管，确保公共服务供给方式发生变化时公共服务的质和量都能得到保障。政府亦有义务构建其与社会组织、社会公众之间互动的平台，实现三方的信息共享，达至更好的合作。

二、公共服务购买过程的监管者

萨拉蒙的第三方治理理论认为，美国联邦政府在合作过程中主要扮演着资金提供者和监管者的角色。[2] 世界银行 2004 年报告提出的公共服务责任框架也将政府定位为核心责任人。[3] 政府的职能范围和公共服务的特殊性质也决定了政府在整个购买过程中的核心地位和作用，政府要扮演好监管者的角色，确保购买之前要有公告、招标程序要公开、采购标准要明

---

[1] [美] 唐纳德·凯特尔：《权力共享：公共治理与私人市场》，孙迎春译，北京大学出版社 2009 年版，第 25~28 页。

[2] [美] 莱斯特·M. 萨拉蒙：《公共服务中的伙伴》，田凯译，商务印书馆 2008 年版，译者序。

[3] 邵鹏峰："政府购买公共服务的监管成效、困境与反思——基于内地公共服务现状的实证研究"，载《辽宁大学学报（哲学社会科学版）》2013 年第 1 期。

第三章 政府向社会组织购买公共服务公共性的基础性保障

确、要有专家评审程序、结果要向社会公开。[1] 政府对公共服务购买过程监管的基本目的在于确保公共服务能够保质保量地提供,即既能维护公共服务的公共性,又能保证供给的效率。这就要求政府摆正监管立场,既不能监管缺位,将公共服务外包给社会组织之后不管不问,只等着要结果,监管缺位会使公共服务外包风险加大,公共性维护缺乏保障;又不能将政府与社会组织对立起来,要注重激励相容的制度设计。[2] 作为具体的生产者,社会组织掌握着大量的信息,作为购买方的政府获取这些信息难度很大。激励相容的制度设计基本目的就在于通过制度设计将作为公共服务具体生产者的社会组织也纳入到提供优质服务这一目标指引下的轨道上来,化解提供者和生产者之间信息不对称造成的潜在风险。

政府采用购买方式时,政府脱离了生产者角色,提供者和生产者的角色剥离为政府客观评价公共服务质量创造了机会。政府作为最为主要的监管主体,在合作伙伴选择、公共服务价格制定、公共服务质量评价以及退出等方面进行监管。政府除了加强政府监管制度建设、提升自身监管能力之外,还要尽可能地实现监管主体的多元化、监管的全程化。监管主体的多元化强调政府、消费者、大众媒介、独立第三方等的监管,还要特别强调社会组织的自律以及行业自律等。参与主体的多元化旨在消解公共服务本身评价的难度,获得尽可能客观和全面的信息。政府负责调动其他主体的监管意识,并为其监管提供渠

---

[1] 竺乾威等:《社会组织视角下的政府购买公共服务》,中国社会科学出版社2016年版,第176页。

[2] 石国亮等:《国外公共服务理论与实践》,中国言实出版社2011年版,第27页。

道等。监管的全程化包括进入环节的监管、生产环节的监管和生产结果的监管等几个步骤。进入环节的监管旨在通过明确的合作伙伴选择标准、科学的选择方式等实现择优的效果，选择优秀的合作伙伴，从合作者资质方面为公共服务供给提供保障。生产环节的监管主要是通过关注社会组织动态、生产进度等实现，公共服务的特殊重要性决定了过程监管的重要性，我们不能仅从结果入手，过程监管是质量保障的重要方面。结果监管实际上是一种质量评估，监管的基本依据是政府与社会组织之间签订的购买合同。这就要求双方在签订购买合同时要尽可能地细化，比如关于要生产的公共服务的数量、质量、期限、双方违约责任等。[1] 这方面我国香港地区的经验可供借鉴，为加强对公共服务采购的全程监管，香港先后成立了社会福利署、社会福利专业人员注册局、社会工作者注册局等，并出台《服务质素标准》，构建了完善的公共服务采购监管体系。[2] 我们在制度建设方面，可以打开眼界，借鉴类似有益经验。

三、公共服务购买制度的供给者

政府相对于社会组织以购买者的身份出现，但其作为提供者的角色不会因为公共服务供给方式变革而变化。提供者的身份赋予了政府很宽泛的义务，其中就包括购买制度的供给，因此，政府还要担当起购买制度供给者的角色。政府购买不是具体某项公共服务供给主体的变化，而是整个供给机制的改革，

---

[1] 石国亮等：《国外公共服务理论与实践》，中国言实出版社2011年版，第27页。

[2] 李德、黄颖："经验与借鉴：香港政府公共服务改革对我国内地的启示"，载《探索》2011年第4期。

第三章 政府向社会组织购买公共服务公共性的基础性保障

以及与供给机制改革相伴随的行政体制改革,因此,政府购买需要整体推进和部门联动。[1] 同时,政府购买意味着要打破原来的利益格局,相关的资源要重新进行配置,宏观的改革政策会遭遇具体的部门利益、具体的个人利益,阻挠改革、变相改革、在改革中采取策略性行为等情况都可能发生。在政府购买缺乏健全制度规范情况下,政府购买异化的发生几率会大增,公共性维护缺乏支撑。再则,我国与西方发达国家实施政府购买一个很大的不同点在于西方国家与发达的公民社会、成熟的社会组织打交道,而我国政府购买还要肩负培养社会组织的任务。若缺乏制度保障,一些政府部门则会按照惯性行事,充分地"利用"与社会组织接触的机会,以加大对社会组织的控制为媒介实现对社会更多的控制,这一过程也伴随着部门利益的强化。[2] 这些与政府购买的初衷不符,甚至是相悖的。公共服务供给机制改革的复杂性和影响的全面性决定了改革需要以健全的制度为保障,而基本制度提供又属于政府的责任范围。从起点来看,公共服务购买也是由政府主动发起的,政府理应承担起公共服务购买制度供给者的角色。

政府购买涉及多方利益,政府内部横向各部门、纵向各层级利益交错,社会组织彼此之间的利益交错,以及政府与社会组织之间的复杂关系等,都要求以完善的制度来支撑。经济学家肖特认为制度主要是起源于协调问题、囚徒困境问题、保护

---

[1] 马庆钰、廖鸿主编:《中国社会组织发展战略》,社会科学文献出版社2015年版,第251页。

[2] 吴月:"嵌入式控制:对社团行政化现象的一种阐释——基于A机构的个案研究",载《公共行政评论》2013年第6期。

既得利益问题、合作博弈问题[1]，因此，制度的主要功能在于以最少的社会资源解决相关问题。[2] 在政府购买中制度的作用则是保证政府、社会组织、社会公众（特定公民）等的行为可预期，减少其机会主义行为，促进购买顺利推进。这里的制度供给是个很宽泛的概念，包括公共服务购买政策规划、公共服务质量标准制定等相关制度，也包括政府购买的具体制度安排，比如对购买范围的确定、购买方式的选择、承接方的资质、购买监督和评估、购买合同管理、购买信息公开、购买中的参与等各个方面的具体制度安排等。同时，因为我国政府购买还兼具培养社会组织的重任，社会组织管理制度的改革也包括在内。政府承担起公共服务购买制度供给者的角色，通过制度建设和完善，为购买活动的开展提供制度支撑，也为购买中各利益相关主体的博弈提供边界，使各相关方互动的最终方向是公共性的维护和增进。这就要求政府在购买过程中以理念转变和制度供给的方式，充分地发挥作为公共利益最大提供者和守护者角色的作用，保障政府购买朝着公共性增进和效率提升的方向发展。

第三节 政府理念转变与制度供给：以自身公共性维护发挥基础性保障作用

政府公共性实现要以民主和法治为条件，从消极的意义上

---

[1] [美] 肖特：《社会制度的经济理论》，陆铭、陈钊译，上海财经大学出版社 2003 年版，第 33~76 页。

[2] 罗必良等："制度的有效性评价：理论框架与实证检验——以家庭承包经营制度为例"，载《江海学刊》2014 年第 5 期。

第三章 政府向社会组织购买公共服务公共性的基础性保障

来看，要规制权力防止权力异化，要发挥公民参与的制约力量等。[1] 从积极的意义上来看，政府公共性要以其职能特别是公共服务职能的充分履行来实现，当然，公共服务职能的履行也是在一定的制度体系规范之下进行的。具体到政府购买这一新型的公共服务职能实现方式，政府作为购买方、监管者、制度供给者，朝着公共利益方向，按照公平、正义原则，接受社会公众监督来履行角色职责，则政府公共性得以维护，政府公共性的维护又为政府向社会组织购买公共服务的公共性提供基础性的保障。在政府购买中，政府公共性维护与政府公共性基础性保障作用的发挥是同一过程，公共性保障问题是在政府购买出现偏差时提出的。政府购买打破了公共服务供给的垄断局面，以合作主体之间的契约责任关系代替了原来的行政权力关系，通过公共服务供给机制的工具理性来达成公共服务的目标理性。[2] 最基本的改革预期是通过变革公共服务供给机制来达到提升公共服务供给效能的目的，但改革是一项新生事物，不可避免地对政府管理的诸多方面发生影响，比如对传统的行政模式和工作理念形成冲击[3]，使政府部门及工作人员产生不适反应，这种不适反应又会影响到购买进程的推进。事实上，现实已经表明改革进程并不如理论预期般顺利，实践的发展要远比理论上的推演生动，购买的公共性保障因为涉及多主体而变得复杂。作为公共服务供给机制变革的发起者，政府需要行动起

---

[1] 陈国权、徐露辉："论政府的公共性及其实现"，载《浙江社会科学》2004年第4期。

[2] 王浦劬："政府向社会力量购买公共服务的改革意蕴论析"，载《吉林大学社会科学学报》2015年第4期。

[3] 项显生："论政府购买公共服务的基本原则"，载《中共福建省委党校学报》2014年第2期。

来，通过理念转变和制度供给等来充分地维护其公共性。政府要立足其作为购买方、监管者、制度供给者的角色，同时，不管供给方式如何变化，政府作为提供者的身份不会改变，这赋予政府更多的义务，以更多的职责履行来维护自身公共性。从理念上看，政府须完成从管控到服务的转变，这一转变具体表现在政府对购买的认识、对社会组织的态度，而其根源则在于政府整体管理理念上。从法规体系完善来看，法治政府建设是大环境，要不断地完善社会组织发展法律法规和政府向包括社会组织在内的社会力量购买公共服务法律法规体系。从具体制度来看，要不断健全和完善社会组织发展制度和政府向社会组织购买公共服务制度。

一、政府理念转变：由"管控"到"服务"

理念是蕴藏在行为、制度等表象背后的深层次的思想、观念等，行为、制度与理念具有一致性，即作为外在表现的行为、制度是理念的反映，理念则指引着行为、制度等的走向。因此，要维护政府公共性，政府的理念变革要先行。政府的管理理念、对社会组织的态度、对购买的态度是逐步递进的关系，政府对社会组织的态度是特定政府管理理念在社会组织这一具体对象上的呈现和反映，若政府整体是管控理念则对社会组织也会持管控态度，在向社会组织购买公共服务时理念转变也会存在障碍，影响到政府购买公共服务的公共性保障。政府管理理念完成从"管控"到"服务"的转变，是政府以其公共性为购买公共服务的公共性提供基础性保障的第一步。在此，我们反向推演，从政府购买入手，一步一步分析为保障政府向社会组织购买公共服务的公共性，政府应对购买、对社会组织持什么样的态度，以及为实现这样的态度转变政府整体的管理理念应如何变革。当政府褪去对公共服务购买的功利性色彩而回归提升公共服务供给效能的基本轨道上来，则公共服务公共性获得保障，而政府能对公共服务购买持有此种态度则以对社会组织的服务态度为前提，并最终根源于政府整体的服务理念，归根于服务型政府的建设。

（一）祛除政府对购买公共服务态度的功利性色彩，回归购买提升公共服务供给效能的轨道

传统公共服务模式和新公共服务供给模式的优势劣势并不难厘清，对于政府来说，传统模式低效但能保证政府的垄断性控制，公共服务供给能保持在政府的"掌控"范围内；新模式效率高但部分政府部门和管理人员会认为多元主体之下自身的"控制力"越来越弱，这是典型的"管控"思维模式，是政府服务意识薄弱的表现，也是部门利益高于公共利益的表现，自然也是政府公共性不足的表现。长期的"管控"思维容易固化政府的行为模式，这也是一种路径依赖，理念的转变总是需要以时间做保障。但当前政府无论是出于职能转变的"内忧"，还是迫于公共服务供需张力造成公众质疑的"外患"，政府已经主动开启了公共服务供给方式变革，新的模式正在逐步形成中。但政府对待公共服务购买的纠结态度正是政府在部门利益和公共利益之间徘徊的表现，政府既需要通过购买而树立改革形象，欢迎购买带来的供给效率提升以及效率提升对公共服务供需张力的缓解，更期望以此来夯实政府的合法性基础，但又担心因此失去原本由自身控制的"领地"，不愿接纳由自身"说了算"向多主体"理性协商"的转变。这种纠结态度又是引致公共服务购买形式化、购买内部化等导致公共性流失问题的罪魁祸首。公共性是政府的本质属性，与这一本质属性相匹配的政府的政

策和行为都应以公共利益为核心[1]，这是政府之所以存在以及能够存在下去的根基所在。当公共利益成为衡量标准时，政府对购买应持什么样的态度明朗开来，公共服务供给主体多元化是趋势，公共服务购买不是变相增强政府对社会组织发展、公共服务供给控制的手段，而是通过公共服务供给机制改革来提升供给效能。如此，政府才会真正致力于公共服务购买制度的完善，以制度保障公共服务购买不偏离公共利益的轨道。

（二）政府对社会组织变"被动应付"为"主动服务"，变"敌对"为"合作"

尽管政府购买是由政府主动发起的，但基于部门利益、公共利益之间的较量，政府部门对待购买的态度是游移不定的。将公共利益作为衡量标准，政府逐步摆脱这种游移态度而实现公共服务购买的规范化、制度化是改革的基本方向。政府对购买的态度转变并不是凭空产生的，而是政府对社会组织态度的折射，是以政府对社会组织管控态度的扭转为前提的。若政府对社会组织仍以管控为主，那么，政府对购买的态度不会发生根本性转变。因此，我们期望政府通过理念转变、法规体系完善、具体制度构建来推进购买的发展就要扭转政府对社会组织的态度，促进政府与社会组织之间的互信，并促进二者之间良性互动关系的形成。我国缺乏政社合作的传统，在社会组织发展的过程中，政府对社会组织高度警惕，分类控制、行政吸纳等均是政府对社会组织警惕性的表现，也是政府试图控制社会组织的策略。当社会组织出现并发展起来后，政府基于警惕心理被动地采取措施来化解自己认为可能存在的问题，即将社

---

[1] 田海林："法治型公共政府的必然选择——政府公共性与自利性的视角"，载《社科纵横（新理论版）》2010年第4期。

第三章 政府向社会组织购买公共服务公共性的基础性保障

组织的发展维持在政府能够控制的范围之内。无论程度轻重,政府对社会组织的态度都带有敌对色彩,在这样的认识之下,政府购买也可能变为进一步控制社会组织的手段。若沿着这条路走下去,政府通过新的途径确实也进一步增强了对社会组织的控制,但从长远来看却侵害了公共利益,侵蚀了政府的合法性基础,且社会组织在购买中的作用也难以完全发挥。社会组织是有自身优势的,比如在利益表达、公共服务供给,特别是在满足社会公众多元化、个性化的公共服务需求方面,正是这些方面的功能奠定了政府与社会组织合作的基础,我国形成以协作为基础的包容性的联合服务供应格局是公共服务发展的基本方向。[1] 政府在看待社会组织时应顺应公共管理发展方向,变"被动应付"为"主动服务",通过改革现有的管控性社会组织管理制度和政策,主动扫清社会组织发展的障碍。按照这一逻辑发展下去,宽松的富有建设性的管理制度和政策拓宽了社会组织的生存空间,社会组织发展更为成熟,政府有了更多的符合资质的合作伙伴,当政府购买时,服务品质更有保障。

政府对社会组织持什么样的态度会影响甚至延续到政府对购买的态度上,而政府对待社会组织的态度则是政府整体管理理念的延续,即政府管理理念是最根本性的因素、最深层次的因素,其他都是这一理念的外化和表现。因此,从根本上看还是要更新政府管理理念,坚持以人为本,推进我国服务型政府建设深入进行。[2] 公共行政历经统治行政——管理行政——服

---

[1] 敬乂嘉:"政府与社会组织公共服务合作机制研究——以上海市的实践为例",载《江西社会科学》2013 年第 4 期。

[2] 当然,这一点是从宽泛的意义上来讲的,放在此处是为了说清楚理念转变的根源。

务行政的变革，统治行政重视政府的统治功能，以统治者的意志为出发点；管理行政模仿私人部门管理方法，以效率为导向；服务行政则以人为本，重视服务功能。[1]沿着公共行政的发展路径，政府管理理念日益变革，构建服务型政府成为基本的改革目标。我国政府自2004年首次正式提出构建"服务型政府"以来，依法行政、政府职能调整、公共服务供给机制创新等各项改革措施有条不紊地推进，而这些都是在以人为本理念指引下进行的，公共服务供给成为政府的核心职能。在服务行政模式之下，政府致力于更高效地满足社会公众的需求，一切能够帮助政府更好地实现这一职能的因素都会被调动起来。政府会主动调适与社会之间的关系，政府与社会并不是二元对立的，也并非对抗性关系，政府所追求的公共价值本身就是政府与社会共同协商的结果，公共价值是社会的需要[2]，因此，充分地利用社会自身的力量能够帮助政府更好地实现其公共服务供给职能。政府与社会关系的改观表现到政府与社会组织的关系调适方面就是，政府出台鼓励社会组织发展的制度和政策，积极培育公共服务供给中潜在的合作伙伴，并通过公共服务购买这一形式充分地利用社会组织在公共服务供给中的优势，在政府与社会组织双赢中提供优质的公共服务。

二、相关法规体系完善：从"缺位"变"到位"

公共服务购买涉及政府公共服务职能的履行、公权力的行使、公共财政支出以及政府与社会组织关系的调整等，牵一发

---

[1] 沈荣华："论服务行政的法治架构"，载《中国行政管理》2004年第1期。
[2] 张敏："从面向政府到面向社会：西方公共行政学发展的一个基本分期——兼论公共行政公共性的发现"，载《江海学刊》2019年第6期。

第三章 政府向社会组织购买公共服务公共性的基础性保障

而动全身，需要完善的法律法规体系做支撑，充分发挥法律法规体系的引领和保障作用。[1] 法律法规体系的重要性既是英美日等发达国家发展实践的经验，也是我国政府购买的现实需要。美国有《联邦政府采购条例》《公共合同法》等，英国有《英国公共服务合约法规》《地方政府法》等，日本有《合同式商业交易法规》《关于导入竞争机制改革公共服务的法律》等。当然，政府购买法律法规体系构建程度和水平既是一个国家法治化水平的体现，也受这个国家法治化水平的影响。从当前来看，我国法治化形势良好，法治建设处于不断推进、不断上升的时期，从根本上保障了社会建设等的开展。法治中国的提出指明了发展愿景，法治国家建设、法治政府建设、法治社会建设又指明了具体的内容和方向[2]。但从政府购买方面来看不容乐观，已有法律法规存在着立法层次低、体系不完善、法规之间彼此冲突、法规滞后于现实、管控色彩明显等问题，这些问题导致现有法律法规束缚了公共服务购买的手脚。进一步的工作开展要站在促进政府购买健康发展、保障政府向社会组织购买公共服务的公共性的角度，不断地完善法律法规体系。对照我国政府购买出现的问题、借鉴他国发展经验，我国还需要在法治政府——社会组织发展——公共服务购买三个层面上做好法律法规体系建设工作，法律法规体系建设要步步推进、环环相扣，创设保障政府向社会组织购买公共服务公共性的优质法律法规环境。

---

[1] 这里法律法规体系的完善，有些是从政府自身角度能完成的，一些则需要发挥政府对立法过程的影响，并完成相应的配套工作等，在此统一论述。特此说明，以免引起歧义。

[2] 姜明安："论法治中国的全方位建设"，载《行政法学研究》2013年第4期。

从宏观角度来看，法治政府是现代政府的本质属性和核心表征[1]，法治政府建设是政治发展的核心议题，也是影响我国政府购买以及保障公共性的最为关键性的因素之一。法治的精髓在于限制权力，保障权利[2]，当然，政府也并不是"天使"，规范公权力行使的法律法规建设就成为必要的保障，如《行政诉讼法》《行政处罚法》《行政许可法》《物权法》《行政强制法》《立法法》等的出台和更新，以及 2004 年《全面推进依法行政实施纲要》、2014 年十八届四中全会的《中共中央关于全面推进依法治国若干重大问题的决定》、2021 年《法治政府建设实施纲要（2021-2025）》等的颁布。已有的法律法规提供了规范公权力行使的"笼子"，但这一"笼子"需要进一步的加固，比如我国要在湖南、山东等地探索行政程序规定制定的基础上出台统一的《行政程序法》，为公权力行使提供程序保障。已有的法律法规、酝酿中的法律法规以及尚未纳入立法程序但却是规范公权力行使非常重要的法律法规看似与政府购买、保障公共性关系并不密切，事实上却是推进政府购买健康发展、有效保障公共服务公共性的最基础性的条件，人们不能期望公共性在一个法律法规朝令夕改、政府任意妄为、公权力被滥用、政府置公共利益于不顾的环境中能够得到保障，政府购买领域亦然。

---

[1] 唐皇凤："中国法治政府建设的历程、困境与路径选择"，载《中共福建省委党校学报》2015 年第 2 期。

[2] 潘小娟："以深化'放管服'改革为抓手 推进法治政府建设"，载《中国行政管理》2021 年第 10 期。

第三章 政府向社会组织购买公共服务公共性的基础性保障

（一）从培育政府购买潜在合作伙伴的角度来看，须完善社会组织发展法律法规体系

政府向社会组织购买公共服务的公共性保障是政府、社会组织、社会公众等多元主体公共品格维护及彼此良性互动的结果，不是单一主体能够独自承担的职责，但又离不开任何一个主体的支撑。这就要求各个主体都能够健康的发展。社会组织的发展离不开相关的法律法规体系，完善的法律法规体系能够促进社会组织的健康发展，为政府购买提供优秀的潜在合作伙伴。一套兼具系统性、科学性与可操作性的法规政策体系对于社会组织发展来说不可或缺。[1] 我国历史上形成的强政府、弱社会格局在短时间之内难以消除，社会组织处于既为社会发展所必需但权利和地位又不太明确的尴尬境地。在法治中国的大背景下，完善社会组织法律法规小则关乎社会组织的发展，大则关乎社会建设、法治社会、法治中国的发展。针对目前我国社会组织相关法律法规立法层次低、内容抵触、规定滞后、管控色彩严重等问题，进一步的立法工作要围绕着明确社会组织权利和地位、规范社会组织发展展开，清理已有管理规范、补充空白规范、修订和完善部分规范以及提升立法层次，为社会组织发展提供法律层面的保障。首先，推进已有管理条例的修订，清理并规范已有的管理规范等。我国已有的社会组织管理直接依据为三个条例，在为各类型社会组织发展提供基本保障的同时，却存在着严重滞后于社会组织发展实践的问题，但条例修订却迟迟未完成，仅《社会团体登记管理条例》在2016年2月修订。民政部2018年8月发布了《社会组织登记管理条例

---

[1] 许光建、吴岩："政府购买公共服务的实践探索及发展导向——以北京市为例"，载《中国行政管理》2015年第9期。

（草案征求意见稿）》，但目前为止条例并未公布。从短期来看更容易见成效的办法还是推进三部条例的修订工作，将有关社会组织发展的新规定和办法等融入新条例中。此外，在三个条例之下，民政部及其他部委也陆续出台相关的规定，地方政府也出台了一些意见、办法、措施等，如各地出台的关于促进社会组织发展的或者培育社会组织的意见或办法等，一时之间遍地开花但缺乏轴心、规范性不强。要在三个条例修订的基础上，依据修订的结果清理已有的规范，确保规范统一。其次，填补立法空白，提升立法层次。社会组织发展遭遇的尴尬境地最根本的是目前尚未有一部专门的《社会组织法》，出台《社会组织法》是在法律层面对社会组织地位、权利等的确认，而非仅仅停留在行政法规层面。三部条例的重要性不言而喻，也曾在社会组织发展历史中扮演着重要角色，直至今天三部条例仍发挥着重要作用。但社会组织越是发展就越需要在更高层次上明确其地位、保障其权益，从根本上保障社会组织的发展。另外，还要根据社会组织发展的现实需要不断地补充完善法律、法规层面的内容，形成一个围绕着社会组织发展展开的各层次法律法规互相保障、内容相互衔接的体系。

（二）从推进政府购买健康发展来看，要构建公共服务购买法规体系

公共服务购买是多元主体互动的过程，明确各主体之间的权责关系是合作机制顺利运行的前提条件[1]，这要通过一部专门的法律才能实现。目前我国政府购买在中央政府层面最直接的依据是2013年国务院通过的《指导意见》和2020年财政部

---

〔1〕 魏娜、刘昌乾："政府购买公共服务的边界及实现机制研究"，载《中国行政管理》2015年第1期。

第三章 政府向社会组织购买公共服务公共性的基础性保障

等发布的《政府购买服务管理办法》等，尚未有专门的关于购买的成型法律[1]，这也是我国政府购买中诸多问题的成因之一。政府购买规范发展才能保障公共性，为此，要梳理已有的政府购买规范性文件，制定专门的购买法律，并构建一个法律、行政法规、地方性法规、部门规章、地方政府规章等协调一致的体系为政府购买提供规范性支撑。首先，明确构建政府购买法规体系的基本目的。构建法律法规体系基本目的在于厘清公共服务购买相关主体的权责，即明确各相关主体的地位和关系、责任和权利等。政府与社会组织是买卖双方，法律体系的完善有助于二者平等合作伙伴关系的确立，社会组织并不是要被动地配合政府，而是通过平等的磋商来解决问题、实现合作。各主体关系的明确实际上是划定了各自的行为边界，划定了彼此互动的规则，在权利得到保障且行为受到必要约束的情况下，各方的理性行为有助于公共利益的实现、有助于公共性的保障。其次，要有专门的公共服务购买法律，提升保障层次，逐步变以"红头文"为主到形成法律法规体系。为促进公共服务的健康发展，日本颁布《关于导入竞争机制改革公共服务的法律》（2006年），该法律通过制定改革方针、规范程序、规定措施等来规范包括政府购买公共服务在内的政府公共服务供给活动。[2] 借鉴日本经验和做法，我国也需要制定专门的公共服务购买法律，结合我国现实情况，实现这一目的的途径有二。其一，修订已经在实施中的《政府采购法》，拓展其中的"服务"

---

[1] 李一宁等："推进政府购买公共服务的路径选择"，载《中国行政管理》2015年第2期。

[2] 韩丽荣等："日本政府购买公共服务制度评析"，载《现代日本经济》2013年第2期。

范围,将政府购买中的"公共服务"也纳入其中,再确立《政府采购法》作为政府购买基本法的地位。[1] 其二,则是制定政府向社会力量购买公共服务的一部专门法律。但不管是哪种形式,其主体内容是一致的,都要对政府购买的基本内容做出规定。从易操作的角度来看,前者更为可行。最后,在政府购买基本法律以及各地出台的规范性文件基础上构建一个层次分明的法律法规体系。一部专门的公共服务购买法律规定了购买的基本方面,是购买的法律依据,除此之外,要以该法律为依据清理地方政府出台的相关意见、办法等,保留符合法律要求的,取消不符合法律要求的,补充进一步促进法律落实的,最终形成一个不同法律法规、规范性文件协同一致的体系。

三、具体制度建构:变"碎片化"为"系统化"

制度供给是政府的职责所在,制度在各个领域的重要性理论上多有论证,实践中也日益凸显。治理现代化需要制度建构作为支撑,而制度建构又是一个规则、程序不断出现并被人们接受的过程。健全的制度体系之下,遵守制度会保证人们行为的可预期性,僭越制度则会受到必要的惩戒。依靠制度的威慑作用,包括政府部门工作人员在内的人们的行为都被限定在一定的范围之内,从而保证人们的行为是可预期的、理性的。相对来讲,受人治传统影响,我们的规则意识弱,做事有热情、有行动力,但因为缺乏制度保障而后劲不足、规范性差。已有的改革在证明制度重要性的同时,也为当前及未来的改革指明了出路,即以优良制度实现善治,但在我国各项制度建构任重

---

[1] 李海平:"政府购买公共服务法律规制的问题与对策——以深圳市政府购买社工服务为例",载《国家行政学院学报》2011年第5期。

而道远。政府购买领域也不例外，要保障公共性、维护公共利益，就要改变原来制度建设严重滞后的局面，打破制度建设的"打补丁"模式，变制度的"碎片化"为"系统化"。同时，与之密切相关的则是社会组织管理制度的匮乏，这在限制社会组织发展的同时，牵绊着政府购买的步伐。因此，政府要不断增加社会组织管理制度供给、政府购买的制度供给，以此来维护公共利益，为公共性保障奠定制度基础。

（一）社会组织管理制度供给[1]

政府向社会组织购买公共服务的公共性保障离不开社会组织的健康发展，而制度缺失又是制约社会组织发展的关键性因素之一，摆脱这一困局的出路在于政府增加制度资源的供给。当前有限的制度主要目的在于控制社会组织，将社会组织发展保持在政府认为可控的范围之内。已有的制度是进一步制度建设的基础，但已有的制度是在计划经济体制下形成的，其基本理念是通过制度嵌入来严格控制社会组织发展，控制取向显著。[2] 这种控制取向是为了便利政府的管理，这与公共性所主张的公共利益、公开、参与等价值理念不符。因此，政府进一步的制度建设其根本目标在于更好地服务于社会组织发展。从严格控制社会组织到更好地服务于社会组织，这是一个根本性的转变。严格控制思路下的管理制度处处设置障碍，从源头上限制社会组织的发展，即通过双重管理制度阻碍社会组织合法身份的获得；服务社会组织思路下的管理制度旨在创设更好的

---

[1] 此处旨在说明社会组织管理制度应当包括哪些内容，具体的社会组织分类及双重管理体制改革等内容见第六章"社会组织管理制度科学化"部分内容。

[2] 崔月琴："转型期中国社会组织发展的契机及其限制"，载《吉林大学社会科学学报》2009年第3期。

成立、发展条件，既重视源头管理又重视过程管理，通过制度规范为社会组织创设优质发展环境。

社会组织管理制度供给与社会组织法律法规体系的构建是一个同步的过程，要在服务理念和过程管理思想指引下展开。社会组织的管理制度涉及的内容也较为庞杂，在制度供给中关键的是要抓住要害，起到提纲挈领的效果，同时，要保证制度供给的系统性。这里首先要解决的就是社会组织的科学分类问题，科学分类才能科学管理。社会组织作为若干具有同质性特征的组织集合体的概念，包含着同质性基础上的异质性，即社会组织有不同的类别，分类管理是基本的要求。我国目前的分类方法较为混乱，这一问题亟需解决。解决好了这一问题，才能为社会组织登记管理制度改革做好铺垫。目前的社会组织登记管理制度是最直接限制社会组织发展的制度，基于服务理念和过程管理思想，并借鉴发达国家社会组织管理的经验[1]，社会组织登记管理制度改革的基本要求是变方便民政等部门的管理为便利社会组织的成立，将管理重点转移到对社会组织运作的监督和规范上。这一制度是最亟需改革的，但同时也是改革难度最大的。管理重点转移之后，还需要陆续完善社会组织的监督制度、评估制度、信息公开制度等。

（二）公共服务购买制度供给

在传统的"打补丁"模式下，制度供给一般是发现问题针对这一问题来填补制度，问题不断出现，相关制度越来越多，但制度和制度之间关联性、逻辑性差，这种模式的特点在于改革之初政府并没有长远的系统的制度建设规划。早期是地方政府的探索，比如上海市的探索，上海市在零星实施政府购买约

---

[1] 如美国，人口宽松，社会组织的运作则由法律进行规制。

第三章 政府向社会组织购买公共服务公共性的基础性保障

十年后,浦东新区率先出台了关于政社合作的文件,陆续地静安区、闵行区等政府亦颁布相关文件,至2012年有了市级的相关管理办法和措施。[1] 广东、浙江、北京等较早探索政府购买的地区也呈现类似情况,各地都有关于购买的制度建设,但各项具体制度都是根据问题需要陆续制定,导致制度和制度之间的冲突或者不连贯等,而且政出多门,公共服务购买涉及民政、财政等多个部门,出现了制度上的"碎片化"。当国务院终于以2013年颁布《指导意见》、财政部等以《政府购买服务管理办法》的形式"出手"之后,在全国范围内适用的指导性意见"现身"。但我们仍要对现有的制度进行反思,特别是在地方购买热情高涨的背景下,理性审视已有的制度并做好进一步的制度供给工作是政府的职责所在。

借鉴发达国家政府购买的经验,结合当前购买存在的问题以及购买预期要实现的目标,政府首先要承担起公共服务购买政策规划、公共服务质量标准制定等职能,加强这些方面的制度建设。公共服务购买政策规划属于公共政策的一种类型,理应由政府来承担,主要是关于政府购买的一个系统性的规划。政府购买并不是一个孤立的过程,要结合着政府职能转变、国家基本公共服务体系规划以及基本公共服务均等化等来确定政府购买的发展规划,梳理清楚目前我国政府购买已经有了哪些法律法规、制度和政策等,还缺少哪些法律法规、制度和政策等,进一步的政策制定和制度出台都要以此为基础。关于公共服务质量标准的制定,可以借鉴英国的《资助与采购良好行为规范》(2000年)、美国《联邦政府绩效与结果法案》(1993

---

[1] 张静远:"上海购买公共服务时间轴",载中国政府采购新闻网,http://www.cgpnews.cn/articles/19738,最后访问时间:2022年4月9日。

年)和《联邦收购条例》(1997年)等确立的关于所购买公共服务的评估标准。[1] 我国《政府购买服务管理办法》规定,政府购买的基本公共服务标准应当符合国家基本公共服务标准。但我国缺乏如英美等国有关公共服务质量的规定。我国在《国家基本公共服务体系"十二五"规划》中有关于劳动就业服务、社会保险、基本社会服务、基本医疗卫生等各大类公共服务在"十二五"时期的国家基本标准。可借鉴国外经验及国内基本公共服务的国家基本标准制定政府购买的质量标准。只有质量明确,政府、社会组织、社会公众才能围绕着这一中心展开博弈。

在此基础上,实现政府购买制度体系化,政府制度供给的重点集中于购买范围、购买方式、合同签订、监督和评估、风险管理等几个领域。购买范围确定是划定哪些公共服务适合购买以及哪些适合向社会组织购买的一个过程,并不是所有的服务都适宜以购买的方式提供。特别需要注意的是,尽管购买范围确定可以借鉴他国或者其他区域的做法,但是购买范围的具体确定更多的受到政府层级、地域、事权范围、工作重点等因素的影响[2],要按照实际情况确定,防止将不适宜于购买的服务纳入到购买范围而出现公共性流失问题。这方面可以借鉴深圳的做法,为明确购买范围,深圳市不仅出台了购买服务的目录,还出台了购买服务的负面清单,明确指出不能购买的事

---

[1] 冯华艳:《政府购买公共服务研究》,中国政法大学出版社2015年版,第124~125页。

[2] 冯华艳:《政府购买公共服务研究》,中国政法大学出版社2015年版,第142页。

第三章 政府向社会组织购买公共服务公共性的基础性保障

项。[1] 2020年出台的《政府购买服务管理办法》第十条也列出了不得纳入政府购买的事项。此外，购买方式的选择亦关系到"竞争择优"原则的贯彻，不同的服务适用不同的购买方式。合同签订则关系到买卖双方的权责，并最终关系到社会公众能否享受到一定标准的公共服务，政府要重视合同签订工作，并逐步细化这一工作，实现合同签订的制度化。购买监督和评估也是保障公共性的重要制度支撑，还有购买的风险评估等。[2]

---

〔1〕 深圳市政府2014年12月5日出台的《深圳市政府购买服务负面清单（试行）》将三类公共服务明确排除在购买范围之外，第一类是不属于政府职责范围的服务事项，第二类是涉及国家安全、保密事项以及司法审判等应当由政府直接提供的履职服务事项，第三类是政府提供服务效益明显高于市场提供的服务事项。

〔2〕 关于政府购买范围、合作伙伴选择方式、合同签订、监督和评估以及风险评估等内容见第六章"政府向社会组织购买公共服务流程的科学性"相关内容。

第四章　政府向社会组织购买公共服务公共性的关键性保障

公共服务供给机制改革由政府主动发起，政府是"出招"的一方，社会组织则是"接招"的一方，社会组织能否有效"接招"还有待观察。政府向社会组织购买公共服务的公共性问题，社会组织要承担一定责任，这是由社会组织的组织特征和具体生产者角色决定的。公共服务供给方式变革属于技术方面的变革，价值层面的东西不能随之丢掉，比如政府仍要对公共服务供给承担兜底责任、公共服务的品质也不应因供给方式的变化而降低。走在前列的英美等西方国家在改革中都致力于实现经济成本和服务质量之间的平衡[1]，更是给我们以警示。在这一过程中，社会组织的承接力至关重要。作为承接方的社会组织理应是一个内部治理规范、对外独立自主、能够高效履行社会责任的社会组织，是其公益性通过其公共服务供给行为而外显的组织，并要以其公益性而对公共性形成保障。目前来看，社会组织在参与中所表现出来的行政化倾向、运作不规范、能

---

[1] 张汝立等：《外国政府购买社会公共服务研究》，社会科学文献出版社2014年版，第8页。

第四章 政府向社会组织购买公共服务公共性的关键性保障

力低下等问题都阻碍着其功能发挥,同时也影响到所提供的公共服务的品质,并最终表现为公共服务的公共性流失问题。理性审视我国有限的政府购买实践,社会组织因承接力不足而难以有效发挥对公共性的保障作用,加强社会组织建设、提升社会组织能力成为客观趋势。

我国社会组织发展的历史轨迹是非常特殊的,在其发展的每个阶段都深受政治形势、政府政策的影响。从大的国家形势来看,十八届三中全会明确提出创新社会治理、激发社会活力后,社会组织发展受到空前重视。推进社会组织发展政府义不容辞,在当前形势下,特别是在当前我国科学的社会组织管理体制尚未建立起来、政府与社会组织关系尚未完全理顺、社会组织在社会建设中的意义被认识但具体落实路径仍有待进一步探索的背景下,政府的理念转变、宏观制度建构以及具体的公益创投等扶持政策都起着重要的作用。但仅有政府的努力是不够的,社会组织发展还需要相应的文化、社会环境支撑,社会组织自身也要努力提升专业性、公共性、公信力、竞争力和生命力,不断扩大社会影响。[1] 在政府购买中,社会组织是政府的平等伙伴,为承担起这一角色,社会组织要善于抓住外部环境特别是政府扶持政策带来的机会,强化社会组织党建工作,走一条内涵式发展道路,通过完善内部治理结构、发挥章程作用、构建激励机制等全面提升内部治理水平,同时,不断地提升其组织能力,并以此为政府向社会组织购买公共服务的公共性发挥关键性保障作用。

---

〔1〕 郝君超:"'政府购买社会组织公共服务'国际学术研讨会综述",载《社团管理研究》2012年第2期。

第一节　社会组织的组织特征和生产者身份：
　　　　关键性保障地位的缘由

在政府购买中，政府、社会组织、社会公众之间形成了夹杂着利益博弈的利益共同体。三元主体各自扮演不同角色，并以自身公共品格对公共性形成保障。三方因角色不同而发挥不同的作用，如政府的责任是天然的，政府以理念转变和制度供给来完成自身公共性维护并对购买的公共性起着保障作用，而且这种保障作用是最为基础性的，凸显了政府作为提供者角色的重要性及政府公共性的基础性地位。但是，仅有政府单方面的行动是不够的，作为生产者的社会组织也要行动起来。政府制度供给相当于"搭台"，"唱戏"的是社会组织，"听戏"的则是社会公众。要保证"戏好"，不能仅有"搭台"者，社会组织的地位就凸显了出来。政府职能与公共服务的特征使二者天然捆绑在一起，而社会组织对公益的追求及其非营利性特征也使其与公共服务有着较为特殊的关系。社会组织是"基于价值的组织"（value-based organizations）[1]，其以志愿机制灵活地满足不同层次的服务需求，在参与到政府购买之前，原本与服务是联系在一起的，利益表达和服务供给是社会组织的重要功能，也是社会组织的价值所在。当社会组织参与到政府购买之后，社会组织以生产者身份出现，能否履行合同成为关键。

---

[1] Edwards, M. & Sen, G., "NGOs, Social Change and the Transformation of Human Relationships: A 21st-century Civic Agenda", *Third World Quarterly*, 2000, Vol. 21, No. 4, pp. 605~616.

第四章 政府向社会组织购买公共服务公共性的关键性保障

这就拉近了社会组织和公共服务之间的关系,为履行好自身职责,社会组织须以完善的内部治理、专业的服务能力等对其公益性追求、非营利性特征及组织宗旨形成支撑,进而对公共性起到关键性的保障作用。

一、社会组织的特征和宗旨使然

相对于政府和企业来说,社会组织是一个独特的存在,它既是社会发展的必然,也是社会发展的必需。关于社会组织的特征及其与公共服务之间的契合,可以从社会组织产生的根源入手,即社会组织缘何出现,就像政府的产生有其原因、企业的产生有其原因一样。美国是非营利活动较为活跃、非营利组织较为发达的国家,以美国为例可以更好地对这一问题做出解释。学界一般将初期抵达新大陆的人自愿签订《五月花号公约》并由此结成自治团体以自我管理作为研究美国非营利组织的开端,历经独立战争、南北战争,非营利组织进一步发展,直至与其他国家一道步入全球结社革命时代。在美国非营利组织被称为"政府前组织",即非营利组织产生的比政府还要早,其产生是基于人们共同需要的满足,是为了更好地实现自治。对此,托克维尔(Alexis-Charles-Henri Clérel de Tocqueville)也有过分析,他认为美国非营利组织发达与其"民情"有关,即一般情况下人们可以通过自由结社形成组织来满足自身的愿望。[1] 于是,人们建立了各种各样的社团,有关于反酗酒的,有为了促进社会治安或者工商业发展的,等等。人们碰到问题时第一反应是大家坐下来商量解决,而不是向政府求助。正是这样的文

---

[1] [法]托克维尔:《论美国的民主》(上卷),董果良译,商务印书馆1989年版,第214页。

化底蕴导致了美国非营利组织的兴盛,由此,我们也可以观察到非营利组织的特征,如组织性、非政府性、非营利性、自治性等,以及其存在的目的,即满足共同的需要。当然,不同国家的情况会有差别,不是每个国家都有类似于美国那种高度自治的传统。但这并不能完全杜绝社会组织的发展,我国传统社会也出现了现代社会组织的雏形,如行业协会、文化组织等,满足的也是一定范围内人们的共同需要。无论中外,作为非营利组织产生之目的的"共同需要"自然包含着后来我们称之为"公共服务"的内容,社会组织和公共服务有着自然的契合,这是我们梳理历史和观察现实得出的结论。

从理论上看,有关社会组织的研究进一步印证了其公益性特征及其与公共服务之间的契合。彼得·德鲁克(Peter F. Drucker)曾将社会部门作为第三部门,以区别于作为第一部门的公共部门和作为第二部门的私人部门。[1] 这种方式实际上是在与政府、企业的比较中突出了社会组织的特征,比如,政府以公权力为基础,其对包括公共服务在内的职能的履行是由法律规定的,是一种硬性的规定;企业以追求利润为基础,能否取得利润是其基本的行动原则。当然,现在的企业为了更好地生存也越来越多地考虑其社会责任。社会组织则不然,它不以公权力为基础,同时,也不以利润为目标。那么,社会组织能够存在和发展自然有其独特的地方。关于社会组织的界定有资源来源说、结构运作说等诸种观点,我们无意于讨论出孰是孰非,但我们关注社会组织的基本特征和基本功能,以此找到社会组织和公共服务之间的契合点。在诸种观点中,萨拉蒙关于

---

[1] [美]彼得·德鲁克:《大变革时代的管理》,赵干诚译,上海译文出版社1999年版,第201页。

第四章 政府向社会组织购买公共服务公共性的关键性保障

社会组织[1]特征的界定最具权威性，接受面也最广。萨拉蒙将非营利部门特征界定为组织性（organized）、私立性（private）[2]、非利润分配性（not profit-distributing）、自治性（self-governing）、志愿性（voluntary）等。[3] 不可否认的是，这些特征描述可能更符合美国非营利组织的状况。

在我国社会组织发展现实中，完全满足以上特征的几乎不存在。但是，这些特征的明确能使我们更好地把握社会组织与公共服务之间的关系。萨拉蒙关于非营利组织特征的界定，比如，"非利润分配性""志愿性"等，将非营利部门与"公共目的""公共利益"等联系起来。王名则将非营利组织的基本属性概括为非营利性、非政府性、志愿公益性或互益性。[4] 无论是萨拉蒙的界定，还是王名的界定，都明确了社会组织的宗旨，供给公共服务是实现社会组织宗旨的途径和桥梁。社会组织的供给和政府的供给并不形成矛盾，而是在运作中形成默契和互补。比如，政府要考虑更广泛范围的公共服务需求，需要先满足基本公共服务等，在资源有限的情况下，政府可能在一些公共服务之间做出取舍，排列出供给的先后顺序，非营利组织则可以弥补政府供给露出的缝隙。[5] 当然，这里也存在争论，即萨拉蒙所谓的"流行的志愿部门理论"和"新的志愿部门理

---

〔1〕 萨拉蒙界定的是"非营利部门"，本研究在使用中对"非营利部门""社会组织"等不作区分。

〔2〕 是在与政府相区分基础上的"私立"。

〔3〕 [美] 莱斯特·M. 萨拉蒙、S. 沃加斯·索可洛斯基等:《全球公民社会：非营利部门国际指数》，陈一梅等译，北京大学出版社2007年版，第12~13页。

〔4〕 王名编著:《非营利组织管理概论》，中国人民大学出版社2002年版，第2页。

〔5〕 萧新煌主编:《非营利部门：组织与运作》，巨流图书公司2001年版，第4页。

论"之争[1]，但二者之间形成互补是客观存在的，社会组织的特征和宗旨使其与公共服务之间具有高度的契合性。当然，正如政府并不一定是天使一样，社会组织也并非能一如既往地坚持宗旨，社会组织行为也可能失范。正因为如此，我们强调对社会组织公益性特征的维护、宗旨的维护，并以此来保障政府向社会组织购买公共服务的公共性。

二、社会组织的生产者身份使然

社会组织的公益性之所以起到关键性保障作用，除了社会组织在宗旨上与公共服务契合这一根源之外，直接原因在于社会组织在政府购买过程中所扮演的生产者角色上。社会组织能够获取此身份与其因公益性特征而产生的比较优势有关，而社会组织要履行好生产者职责也离不开对自身公益性的维护。政府在购买时选择与社会组织合作，既是学习发达国家经验的结果[2]，也具有理论上的依据。以美国为代表，发达国家有着与非营利组织在公共服务领域合作的传统，萨拉蒙正是基于对美国联邦政府和非营利组织在工作培训、残疾人就业和居家照顾等领域广泛合作的关注以及对传统理论的反思才提出了第三方治理理论。几经改革，发展到当下，美国政府与非营利组织的

---

[1] 萨拉蒙认为，传统的志愿部门理论的基本主张是志愿部门出现是因为市场失灵，以及继之出现的政府失灵与合约失灵导致的，而其主张的新的志愿部门理论则将观点颠倒过来，认为政府是非营利部门固有局限性导致"志愿失灵"而出现的派生性制度，因为利用政府处理集体物品不足问题比通过志愿行动来提供的"交易成本"要高。

[2] 发达国家政府购买公共服务将非营利组织作为重要合作伙伴，参见：张汝立、陈书洁："西方发达国家政府购买社会公共服务的经验和教训"，载《中国行政管理》2010年第11期。

第四章 政府向社会组织购买公共服务公共性的关键性保障

合作已经发展到更多种类的公共服务中。此外，社会组织的比较优势较为突出。一是在某些服务领域，社会组织有相较于政府的优势；二是社会组织有相较于营利性组织的优势。当政府做出购买决策时，社会组织获得生产者的身份几率较大。对此经济学、公共管理领域的诸多专家都有论证，如经济学家亨利·汉斯曼（Henry Hansmann）认为与营利性组织相比，非营利组织受非营利性的限制而出现欺诈行为的机会要小得多。[1]

当社会组织从竞争中脱颖而出时，其身份是生产者，相对于负责进行购买规划、质量标准制定、进行监督等的政府来说，社会组织负责的是资源转化过程，即产出符合合同要求的服务的过程。伴随着具体生产者角色由政府向社会组织的转移，事实上大量有关如何具体生产的决策权都被赋予社会组织，尽管我国社会组织目前的发展程度尚不至于出现发达国家所谓"卖方主义"[2]的担忧，但从政府角度做出明确的承接主体资质规定、从社会组织角度加强组织建设必不可少。政府购买相关文件一般都有关于承接主体资质的规定。而且，在政府购买中，具体的购买部门也会有更具针对性的要求。但是，服务具有特殊性，比如类似于居家养老这样的服务，不仅提供服务的过程和消费服务的过程是同一过程，而且服务效果还受到具体开展服务人员的情绪等多种因素影响。生产者在保障服务品质方面的重要性由此可见一斑。社会组织要按照其宗旨行事，充分地

---

[1] Hansmann H, *Economic theories of nonprofit organizations*, New Haven: Yale University Press, 1987, p. 29.

[2] 萨拉蒙在分析美国政府与非营利部门伙伴关系潜在风险时提出过"卖方主义"（vendorism），田凯在翻译时提到卖方利用掌握的资金控制了买方，参见：［美］莱斯特·M. 萨拉蒙：《公共服务中的伙伴》，田凯译，商务印书馆2008年版，第103页。

发挥志愿精神，严格履行合同要求，在与政府充分沟通、与社会公众密切配合的过程中履行职责。

第二节 政府与社会组织关系重构：关键性保障作用的基础

政府是公共服务供给所需资源的提供者，社会组织是具体的生产者，社会组织要为公共性提供关键性保障，即以其完善的内部治理结构和优质的服务能力来保证公共服务通过购买方式来供给后其品质不会降低。这里一个非常关键的问题就在于社会组织的定位问题，原来的非对称性依赖关系阻碍着社会组织作用的发挥，政府购买提供了二者关系重构的契机。从应然状态来看，政府和社会组织之间在购买中是平等的契约关系。政府是精明的购买者，社会组织则是优秀的生产者，具体来完成生产任务。合作伙伴关系是对政府与社会组织关系的理想定位，萨拉蒙所分析的美国福利国家中政府与非营利组织之间的关系更符合这种定位。我国社会组织有着特殊的成长环境和成长历程，与政府之间的关系也较为特殊，历史原因形成了社会组织对政府的非对称性依赖，这一点由新中国成立后我国社会组织的成长轨迹可见。非对称性依赖关系是由二者所掌握资源的不对等性造成的，至少在当前条件下社会组织对政府的依赖要多于政府对社会组织的依赖，社会组织独立性相对不足。当二者开展合作时，社会组织能否坚守宗旨面临着极大的内外部压力，而这也会影响到其所提供的服务品质，影响到公共服务供给机制改革进程的推进。要充分地发挥社会组织的功能，须以政府与社会组织之间平等合作伙伴关系构建为目标不断地调

第四章 政府向社会组织购买公共服务公共性的关键性保障

整二者之间的关系,通过社会组织内部治理结构完善和能力提升来保障其宗旨实现、增强社会组织的博弈能力和保障功能。

一、政府与社会组织关系现状:非对称性依赖

政府与社会组织的关系直接影响到社会组织在政府购买中的角色扮演和功能发挥,即社会组织是否能真正充当起生产者的角色、发挥服务生产的功能。社会组织与政府之间的紧密关系以及部分社会组织在政府购买中所表现出来的行政化倾向与我国社会组织的成长历程相关,社会组织本身发育程度不足、政府购买还肩负着促进社会组织发展的目的,这是我国政府购买与英美等国政府购买的重要区别,这也使我国的公共性保障问题变得更为复杂。西方非营利组织、非政府组织的发展经历了古希腊罗马时期、中世纪时期、文艺复兴时期的萌芽,以及资本主义时期的发展,现已成为西方社会的重要力量,与政府组织、营利组织形成三足鼎立之势。非营利部门在吸纳就业方面成绩显著,吸纳就业人员数量要多于其他经济部门,在国家支出中占有一定的比例,已经成为一股不可忽视的经济力量。[1] 整体上看,西方有着自治的传统,非营利组织在西方源远流长,相对于政府也处于更加独立的状态。在当下,非营利组织也在社会自治中发挥重要作用,且与政府开展较为广泛的合作。也只有在具有高度自治传统的美国,萨拉蒙的新的志愿部门理论才能产生。因此,西方国家社会组织发展成熟,也有与政府合作的传统和经验,政府购买的推进就相对平稳。

我国则是另外一番景象。社会组织,在历史上有人民团体、

---

[1] [美] 莱斯特·M. 萨拉蒙:《全球公民社会——非营利部门视界》,贾西津、魏玉等译,社会科学文献出版社2007年版,第8~26页。

社会团体、非营利组织、草根组织等多种称谓,后来在党和政府的文件中被统一界定为"社会组织"。据考证,我国突破血缘、家庭或氏族的结社活动兴起于春秋以后。[1]之后,民间组织生生不息地发展着,构成了一个与封建一统思想迥异的民间社会。当然,我国传统社会是一个王权至上的社会,整个社会由以王权为中心的权力系统、与这种权力系统适应的社会结构和观念体系所主宰。[2]我国传统社会给民间组织发展提供的空间是非常有限的。因此,与西方对自由、平等等的追求不同,我国传统社会并不具备这样的空间。民间的结社活动多是基于血缘关系、基于"皇权不下县"而留出的空间,这与西方是不同的。只有到了近代,因为历史变迁,原来的一统格局逐渐被打破,社会组织才逐步发展起来。民国时期我国社会组织曾经历一段大发展,但终被战争打断。新中国成立初期,我国社会组织也获得了发展,不过这一时期发展的多是与政府关系密切的组织,比如我们称之为人民团体等类型的组织。从1978年开始,我国社会组织才开始逐渐活跃,并进入蓬勃发展阶段。

影响社会组织发展的因素很多,包括政治体制改革、经济体制改革、法律法规完善、全球化、经济市场化和社会多元化、社会分层等[3],其中,政府无疑扮演着最为重要的角色。政府与社会组织之间是一个相互影响的关系,按照经济学里的资源依赖理论,生存是组织的第一需要,但组织并不具备维持自身生存所需的全部资源,有些资源必须从外界环境中获取,因此,

---

[1] 王世刚主编:《中国社团史》,安徽人民出版社1994年版,第12~13页。

[2] 刘泽华:《中国的王权主义:传统社会与思想特点考察》,上海人民出版社2000年版,第2页。

[3] 王名:"走向公民社会——我国社会组织发展的历史及趋势",载《吉林大学社会科学学报》2009年第3期。

第四章　政府向社会组织购买公共服务公共性的关键性保障

与其他组织之间的关系以及自身在这种关系中的位置决定了一个组织的生存。[1] 这一理论适用于社会组织，也适用于政府组织。社会组织掌握着一些政府没有但又是政府所需要的资源，比如志愿资源，而政府也掌握着一些社会组织没有但又是社会组织所需要的资源，比如通过登记注册获得合法性、享受税收优惠等。但我国长期强政府、弱社会格局之下，政府掌握着更多的资源，这一点毋庸置疑。尽管在改革开放之后，原来的局面开始被打破，政府不再垄断性地占有几乎所有的资源，但政府依然处于强势地位，社会组织在很多方面仍需仰仗政府而生存。这一点在到政府购买中，则表现为明显的"买方市场"，即政府掌握着主动权。[2] 当二者处于严重非对称性依赖状态时，社会组织能否保持其宗旨、工作人员能否坚持职业操守都成为问题，若社会组织同政府完全保持一致，那么，购买就成为"政治秀"，而用于购买的公共服务则成为道具，服务供给从形式上看是社会组织在生产而实际上还是退回到了原来的状态。因此，政府与社会组织关系必须重构。

二、政府与社会组织关系重构走向：合作共强

政府与社会组织之间的关系不是一成不变的，而是因应各种因素的变化处于不断的调整和变革之中。尤其是在改革开放之后，我国社会组织迎来了发展的春天，与改革开放之前国家对社会高度垂直整合之下人人都是"纵式社会"的一员相比，

---

〔1〕［美］杰弗里·菲佛、杰勒尔德·R. 萨兰基克：《组织的外部控制——对组织资源依赖的分析》，闫蕊译，东方出版社2006年版，第48~52页。

〔2〕 事实上，在购买活动中政府原本也就掌握着主动权，因为"买什么""买多少""怎么买"等关键因素都由政府来确定，"向谁买"也由政府来甄选。但这里的"主动权"更强调我国政府的强势地位，契约观念还有待进一步强化。

政府的绝对控制开始松动，社会组织拥有了更多的发展空间，并出现井喷式的发展。相应地，政府也在出台、完善社会组织发展的相关规范，目前我国社会组织主要的管理依据为三大条例。此外，中共中央办公厅、国务院办公厅印发的《关于改革社会组织管理制度促进社会组织健康有序发展的意见》以及民政部印发的《"十四五"社会组织发展规划》等也是重要依据。各地方政府也出台了促进社会组织发展的措施和办法，仅广东省就有省委省政府下发的《关于进一步培育发展和规范管理社会组织的方案》、民政厅出台的《关于进一步促进公益服务类社会组织发展的若干规定》等，此外，还将尽快出台《广东省社会组织条例》。纵向比较看，我国社会组织发展形势良好。截至2020年底，社会组织吸纳1 061.9万人就业。[1] 尽管我国社会组织仍有很大的发展空间，如每万人拥有的社会组织数量远不如发达国家、内部治理结构有待改善、服务能力有待提高，还时而爆发公信力危机等，但社会组织在养老、社会救助、教育等领域的作用已然凸显出来，并且在社会的自我管理和自我服务中正成为中坚力量。政府的强势地位和社会组织的弱势地位尚未发生根本性扭转，但社会组织发展不断积蓄的力量以及由此带来的社会根基的不断扎实都为政府与社会组织的合作做了基本的准备。

一方面是社会领域社会组织的蓬勃发展，另一方面对党和政府来说社会治理创新已成当务之急，二者共同促成了政府与社会组织的合作。我国自1978年始的改革重点在经济领域和政

---

[1] "2020年民政事业发展统计公报"，载中华人民共和国民政部网站，https://images3.mca.gov.cn/www2017/file/202109/1631265147970.pdf，最后访问时间：2022年4月9日。

第四章 政府向社会组织购买公共服务公共性的关键性保障

治领域,社会领域相对滞后。与经济领域改革的丰硕成果相比,社会领域缺乏生机和活力。在新时期,社会领域改革滞后的负面效应凸显,社会冲突时有发生,非直接利益冲突事件即典型。党的十八届三中全会起,中央文件中"社会治理"的表述取代了"社会管理",党的十九届四中全会《决定》提出,"必须加强和创新社会治理,完善党委领导、政府负责、民主协商、社会协同、公众参与、法治保障、科技支撑的社会治理体系,建设人人有责、人人尽责、人人享有的社会治理共同体,确保人民安居乐业、社会安定有序,建设更高水平的平安中国"。从宏观政策层面来看,推进社会治理创新、加大社会建设力度已达成一致,并且社会治理创新的基本格局也已确定。从社会治理创新的落实来看,政府自上而下的建设很重要,来自社会的力量也很重要,这就需要政府和社会之间的密切配合和合作,仅靠政府的力量是不够的,作为公民自治、结社产物的社会组织的作用凸显出来,社会组织原本就是政府和社会成员之间连接的一个纽带。

在社会治理日益复杂的背景下,公共部门和私人部门均不能凭一己之力解决不断出现的、越来越多样化的问题,不具备解决这些问题所需要的全部信息和能力[1],多主体之间的合作成为一个趋势,社会组织成为政府购买的潜在合作对象。必须意识到的是,我国社会组织相对于"强势"的政府仍然处于弱势和尴尬的地位。打破这一困境的关键点在于扶持社会组织的发展,增强社会自我管理、自我服务的能力。政府实施购买表明各级政府已经意识到这一点,而这种认识的落实则要通过向

---

[1] Jan Kooiman, "Governance and Governability: Using Complexity Dynamics and Diversity", In Modern Governance, Edited by J. Kooiman, London: Sage, 1993, P.4.

社会组织开放更多的公共空间、开拓社会组织参与社会治理的更多领域来实现。政府可以在退出社会治理部分领域让由社会组织来承接的同时，向社会组织购买服务，形成相互竞争、互通有无的合作伙伴关系。[1] 在我国的现实国情下，政府不是简单的退出，政府的退出要与社会组织的培育、孵化同时进行。政府购买实际上是一个政府与社会相互赋权的过程，政府在这一过程中采用了"治理式吸纳"策略，既能够提升管理的效率，又能够夯实其合法性基础，并在效率和合法性之间实现良性互动。[2] 合作共强的政府与社会组织关系已初现端倪[3]，并昭示着二者关系进一步发展的方向。

三、社会组织的角色定位：政府在公共服务领域的合作伙伴

当政府与社会组织之间由非对称性依赖关系逐步转向合作共强关系时，社会组织开始扮演政府在公共服务领域里的合作伙伴角色[4]，与政府之间进行优势互补。尽管政府和社会组织都关注公共服务领域，但社会组织能够提供多样化的服务，从而满足人们多元化的社会需求[5]，这是社会组织的相对优势，

---

[1] 王名、丁晶晶："社会组织参与社会管理创新的基本经验"，载《中国行政管理》2013年第4期。

[2] 杨宝："治理式吸纳：社会管理创新中政社互动研究"，载《经济社会体制比较》2014年第4期。

[3] 王达梅、张文礼："政府购买社会组织服务的'三层次条件合作共强关系理论'"，载《兰州学刊》2021年第12期。

[4] 这里的角色是指政府与社会组织之间的关系中社会组织扮演的角色，是完全依附于政府，还是能够保持组织特征的政府合作伙伴，而不是指政府向社会组织购买公共服务中社会组织扮演的"生产者"角色。

[5] Kingma B R, "Public Good Theories of the Non-Profit Sector: Weisbord Revisited", Voluntas, 1997, Vol. 8, No. 2.

第四章　政府向社会组织购买公共服务公共性的关键性保障

也是促成二者合作的重要基础之一。非政府组织等参与到公共服务提供中，能够促进整体供给效能的提升，如同萨拉蒙观察美国福利国家现实的发现，一方面美国政府自20世纪30年代经济危机以来职能显著扩张，这也是政府被一些学者称为"巨兽"的原因所在，另一方面美国联邦政府在预算和雇员数量方面却保持相对稳定[1]，这就形成了一种矛盾现象，而这一矛盾现象的解释则在于包括非营利组织在内的大量第三方机构对公共服务的广泛参与。双方建构起了平等的合作关系，第三方机构依赖联邦政府，联邦政府也依赖第三方机构。在联邦政府大量依靠非营利组织来提供由联邦政府出资的公共服务的同时，志愿机构等在与联邦政府的合作中保持了蓬勃发展的势头。

在政府与社会组织之间的非对称性依赖关系下，社会组织更多关注的是政府的需要，而非更好地生产公共服务。政府与社会组织关系的重构，从政府角度看意味着放松控制、划定行动边界，并提供更多的支持性资源；从社会组织角度看意味着能力的提升，具备捍卫组织特征和与政府博弈的能力。关系重构是一个过程，从我国目前的形势来看，这一过程与政府购买交叠起来。保障政府向社会组织购买公共服务的公共性需要扮演生产者角色的社会组织能够承担起自身职责，而履行自身职责的前提则是能够保持组织特征，如独立性、公益性等。实际上，我国政府与社会组织关系正处于转型中，完全的平等合作伙伴关系很难在短时间之内实现，而且社会组织宗旨决定了其需要持续不断地从外部获取资源。所以，社会组织一方面需要从政府获取资源来履行自身职责，另一方面又需要保持必要的

---

[1]［美］莱斯特·M. 萨拉蒙:《公共服务中的伙伴》，田凯译，商务印书馆2008年版，第19页。

独立性、自主性，这看似一对矛盾。实际上就连社会组织最为发达的美国其社会组织资金的主要来源也是政府[1]，因此，关键的是社会组织要保持组织特征，不能主动行政化。在政府购买中，社会组织不断增强自身能力、克服行政化倾向的过程也是其自身公共品格维护的过程，同时，也是以其公共品格保障公共性的过程。

第三节　社会组织自身建设的加强：以其公益性维护发挥关键性保障作用

社会组织作为区别于政府、企业而存在的一种组织类型，其独特性正在于其公益性及其为实现公益性而采取的行动上。政府购买本质上是生产环节的转移，生产环节原来由政府直接完成转变为由社会组织来完成。那么，社会组织须以其公益性对政府向社会组织购买公共服务的公共性形成保障。社会组织的公益性又建构在其内部治理、公信力、组织能力等基础之上，否则，公益性就成为空中楼阁。政府购买中出现的公共性问题给我们以警示，与政府购买的要求相比，社会组织的整体资质尚有差距。政府相应制度的完善、激励性政策的出台乃政府公共性的体现，站在社会组织的角度，加强自身建设，走内涵式发展道路是为其关键性保障作用发挥做的最好准备。优化内部治理、提升公信力、强化组织能力是基本的选择。首先，加强社会组织党建工作。社会组织党建并不是一项全新的工作，但

---

[1]　[美] 莱斯特·M. 萨拉蒙:《公共服务中的伙伴》，田凯译，商务印书馆2008年版，第35页。

第四章 政府向社会组织购买公共服务公共性的关键性保障

在 2015 年之后,中共中央要求在社会组织管理各个环节都要加强党建工作,以党建引领社会组织发展,为社会组织的发展指引正确政治方向。其次,社会组织要优化内部治理,尤其是要有宗旨意识、有完善的组织架构。提升社会组织内部治理水平的作用正在于实现社会组织内部的有效制衡与监督,保证社会组织行为与宗旨一致,实现其追求公益的目标。再次,社会组织要有良好的公信力。社会组织的根基在于人们的志愿精神,其作用发挥靠的是志愿机制,而其资源获取也来自于人们基于信任而无偿的资助,又或者因为其具有维护社会公正的一面而能够通过政府的税收优惠政策而受益。这些都以社会组织的公信力为基础,因此,公信力是社会组织的生存之本。社会组织应以其良好的公信力作为保证其所直接生产的公共服务品质的一个支撑。最后,社会组织还要具备资源汲取、财务管理、项目管理等能力,最终形成一个能够对政府向社会组织购买公共服务公共性发挥关键性保障作用的组织。

一、加强社会组织党建工作

随着社会组织数量的增加,社会组织已经成为社会治理的重要主体之一,在促进公共服务供给、改善民生方面发挥重要作用。[1] 1998 年,中组部与民政部联合发布了《关于在社会团体中建立党组织有关问题的通知》。2015 年 9 月,中共中央办公厅印发《关于加强社会组织党的建设工作的意见(试行)》,提出了加强社会组织党建工作的重要意义和总体要求,明确了社会组织党组织的功能定位,规定了健全社会组织党建工作的

---

[1] 陈亮:"社会组织党建嵌入式创制:一个初步的分析框架",载《求实》2022 年第 1 期。

管理体制和工作机制等，对社会组织党建工作进行了全面的安排。2016年，中共中央办公厅、国务院办公厅印发《关于改革社会组织管理制度促进社会组织健康有序发展的意见》中提出要发挥党组织的政治核心作用，加强社会组织党的建设，确保社会组织发展的正确政治方向，推动将党的建设写入社会组织章程。《"十四五"社会组织发展规划》指出尽管"十三五"期间社会组织党建工作取得了一定成效，但适应社会组织特点的党建工作模式有待进一步探索，党组织作用发挥机制有待进一步完善。[1] 社会组织的高质量发展需要在充分认识社会组织党建工作重要性的基础上，

（一）充分认识社会组织党建工作的重要性

我国社会组织党建政策经历了1994年至2003年之间的以建组织为主的原则框架搭建阶段、2004年至2014年之间的建组织与扩工作并重的探索创新阶段、2015年至今的明确党组织功能定位和组织保障的强力推进阶段。[2] 社会组织党建政策伴随着我国经济社会发展以及社会组织自身的发展政策逐步深入，从原来偏重框架性、原则性，到逐步细化、明确化，社会组织党建成为了社会组织发展的内容之一，甚至是最为关键的内容。近几年社会组织党建工作在各种制度、政策的推动以及社会组织谋求生存压力的共同作用下开展起来。社会组织的发展离不开党建工作，扎实开展党建工作，要充分地认识党建工作对于党的领导作用发挥、对于社会组织发展的意义所在。

---

[1] "民政部关于印发《'十四五'社会组织发展规划》的通知"，载中华人民共和国民政部网站，http://www.mca.gov.cn/article/xw/tzgg/202110/20211000037062.shtml，最后访问时间：2022年4月13日。

[2] 褚松燕："改革开放以来社会组织党建政策的演进及其逻辑"，载《探索》2020年第4期。

第四章　政府向社会组织购买公共服务公共性的关键性保障

社会组织党建工作可以帮助社会组织健康有序发展，确保社会组织发展正确的政治方向。[1] 从巩固党的执政基础、加强党的执政能力角度来看，党在不断加强对"两新"组织的领导，以确保党对新生领域的领导。我国的社会组织在经济社会发展的过程中，迎来巨大的发展空间，这一点从不断增长的社会组织数量可见。但社会组织异质性较大、成员来源多、组织结构松散[2]，这些特点决定了要通过特定的力量对社会组织的发展进行引领，以确保其发展方向正确，社会组织党建工作是最为有力的途径。基于组织间资源依赖的关系，社会组织发展离不开包括党组织在内的其他组织所拥有的资源。党在我国政治生活中具有特殊的重要性，社会组织党建工作可以帮助社会组织提升其合法性、公信力，提高其政治地位；有助于推进社会组织能力建设，提升其组织能力。[3] 因此，社会组织从谋求自身长远发展、更多地获取服务供给与需求表达功能的机会、更多地参与到社会治理的目的出发，有必要切实抓好社会组织党的建设工作。

（二）推进社会组织党建工作与业务工作的深度融合

党建工作与业务工作有效融合，社会组织党建工作才是有效的，党组织才在社会组织扎下了根。从已有的社会组织党建工作开展来看，党建工作因为受到诸多因素的影响，不少社会组织的党建工作与业务工作是分离的。造成二者分离的原因，

---

［1］　沈永东、虞志红："社会组织党建动力机制问题：制度契合与资源拓展"，载《北京行政学院学报》2019年第6期。

［2］　陈亮："社会组织党建嵌入式创制：一个初步的分析框架"，载《求实》2022年第1期。

［3］　胡辉华、张丹婷："国家治理体系中的社会组织党建及其面临的挑战"，载《新视野》2020年第3期。

既有社会组织党员偏少、成员流动性强等客观因素，也有社会组织的功利性观念的原因，即开展党建工作是为了更加接近自身所需要的资源，而不是在真正理解党建工作重要的基础上而开展党建工作。于是，在社会组织日常运转中就出现了党建工作脱离业务工作，不能给业务工作以指导，而业务工作进行中也与党建工作分开的现象。具体表现，党建工作纯党建化，只是开展集体学习、主题党日等传统"组织内党建"活动形式，并没有与社会组织这种特殊类型的组织的业务工作结合起来。[1] 而业务工作方面也是同样的问题，没有将党建元素融入进去，在参与到政府购买服务竞标等活动时，并没有认识到党建工作能够带来的强大指引作用。

社会组织业务工作的开展离不开党建工作的引领，促进二者之间的深度融合，一是坚持应建尽建原则，社会组织"有形覆盖"，二是根据社会组织特点，探索开展党员亮身份、亮职责、亮承诺等活动，从而促进融合，实现党的领导。[2] 党的社会组织建设本身就承载着团结凝聚群众、推动事业发展、建设先进文化等基本职责，具体来看，党建工作要能够将社会组织的从业人员团结起来，调动其工作积极性；要能够在激发工作人员热情的基础上，激励其干事创业，从而推动社会组织有序参与到包括政府购买在内的活动中，更多地发挥社会组织的效能；党建工作还要充分地发挥社会主义核心价值观的引领作用，形成优秀的组织文化。这几点功能的发挥都与社会组织业务工

---

〔1〕 陈家喜："我国新社会组织党建：模式、困境与方向"，载《中共中央党校学报》2012 年第 2 期。

〔2〕 寇爽："社会组织党建的发展沿革、经验探索和路向选择"，载《领导科学》2021 年第 8 期。

作的开展紧紧连在一起。党建工作团结的是社会组织中的从业人员，结合的是社会组织的业务内容。党建工作与业务工作解决了"两张皮"的问题，业务工作开展有党建工作做方向保障，才能更有底气地参与到政府购买服务等活动中。

（三）推动组织建设与活动开展并行发展

组织建设是基础，活动开展是主要内容，社会组织党建工作只有组织建设与活动开展并行才能够真正实现"全覆盖"。社会组织党建工作要动态地推进，不同的时间节点，要达成的目标是不同的。总体上看，我国社会组织党建工作经历了从无到有、从初期探索逐步走向规范化和制度化的发展，而且目标体现为嵌入社会、融入社会、服务社会三个梯次。[1] "嵌入社会"更多的是社会组织健全、组织覆盖等有形的覆盖，"融入社会"是党建工作与业务工作切实关联了起来，"服务社会"则表明党建工作起到了引领作用。《关于加强社会组织党的建设工作的意见（试行）》总体要求部分规定，"坚持问题导向，着力破解组织体系不够健全、组织覆盖不够全面、作用发挥不够充分等难题"，这表明当前社会组织党建工作的状况与目标之间还有差距。基础性的工作是做到有形覆盖，即党的组织的全覆盖，要区分具体情况来务实地推进工作，先实现"嵌入社会"。

在"嵌入社会"之后，通过社会组织党建活动的开展，来发挥党建的引领作用，实现"融入社会""服务社会"。"融入社会"才是社会组织党建工作的核心目标，组织体系全覆盖之后，党建工作并没有终止。相反，这只是党建工作的基础和开端。质量不高的社会组织党建工作表现为组织体系建好后，不

---

[1] 卢艳齐:"新时代社会组织党建的目标梯次、进阶阻碍与突破思路"，载《西南大学学报（社会科学版）》2020年第6期。

开展具体的党建活动，即党的工作没有全覆盖。这是水平偏低的社会组织党建，也不是实现党建的目标。"融入社会"目标的达成要求党组织与社会组织进行观念层面的交流，理解彼此的宗旨；党组织活动与社会组织活动有效结合，并参与到社会组织的人才培养当中。[1] 党组织与社会组织的不断磨合，对双方来说都是一个适应与学习的过程。"服务社会"则是党建目标的进一步提升，党建工作要服务于社会组织的成长与发展，服务于社会组织更好地为社会提供服务，也服务于社会组织作为社会共同体一部分功能的释放。社会组织党建工作要不断地发展与升级，必须要逐步地完成党组织的全覆盖、党的工作的全覆盖，通过体系完善和工作的有效开展，最终实现加强社会组织党建工作的初衷，既夯实党在基层的力量，又保障社会组织的健康发展。

（四）创新社会组织党建工作方式

《关于加强社会组织党的建设工作的意见（试行）》总体要求部分规定，"严格落实党建工作制度，积极探索符合社会组织实际的方式方法，防止行政化和形式主义"。由此可见，尽管我国社会组织党建工作已经开展了一段时间，并在2015年之后迈入一个新的阶段，但社会组织党建仍然存在着行政化、形式主义等问题。无论是行政化，还是形式主义，都没有尊重党建工作规律，也没有充分地考虑社会组织的组织特征，党建工作成效有限。这里既有对社会组织特征缺乏分析的问题，也有对社会组织党建工作本身缺乏深刻认识的问题。社会组织与国有企事业单位有区别，与市场主体有区别，一般来说社会组织规

---

[1] 卢艳齐："新时代社会组织党建的目标梯次、进阶阻碍与突破思路"，载《西南大学学报（社会科学版）》2020年第6期。

第四章 政府向社会组织购买公共服务公共性的关键性保障

模较小,党员数量也偏少。即使是在一些具备一定规模的社会组织中,党员数量也很少,严格来讲,还达不到建立党组织的条件。社会组织党建工作开展要正视这些问题,不能因此而放弃社会组织党建,也不能按照一成不变的原则来开展社会组织党建。相反,应该创造性地开展党建工作,为社会组织发展保驾护航。

创新工作方式,最关键的是要充分地考虑社会组织的特点,在遵循党建规律的基础上,创造性地开展党建工作。一是将党建工作贯穿于社会组织工作的全过程。社会组织登记、年检、评估工作中要同步推进社会组织党建工作[1],社会组织要成立就要登记,要正常运转需要年检,要参加到政府购买等活动需要接受评估。这些活动中推进党建工作,相关部门要严肃地对待,发现党建工作存在问题的要立即要求社会组织整改,通过一个一个环节的把关、一个一个小问题的解决来推进工作开展。二是贴近社会组织特点的方式开展活动,不能停留在传统的党建工作方式方法上,要研究社会组织的特点,研究社会组织业务的特点,将社会组织中的优秀工作人员加入到党组织中来,以党建促社建。[2] 三是适应大数据时代特征,探索"大数据+社会组织党建"模式,这种创新方式可以帮助那些年轻人多、业务相近的社会组织更好地开展党建活动。[3]

---

〔1〕 刘忠祥:"把握规律特点 创新方式方法 社会组织党建工作怎么抓",载《人民论坛》2017年第28期。

〔2〕 褚松燕:"改革开放以来社会组织党建政策的演进及其逻辑",载《探索》2020年第4期。

〔3〕 肖金明、杨伟伟:"从'嵌入'走向'嵌合':社会组织党建模式创新探析",载《中州学刊》2021年第4期。

二、优化社会组织内部治理

当社会组织能够作为一个内部治理规范、对外独立自主、高效履行社会责任的组织平等地与政府合作时，社会组织行为与公共利益的方向更为一致，社会组织才能够对公共性发挥关键性的保障作用。社会组织是非营利性的，但社会组织也存在着委托—代理关系，这意味着若无健全的制度来保障委托—代理关系不变异，社会组织的运作方向可能与公共利益背道而驰、与其公益性相斥。因此，对于公益性社会组织来说，组织内部确实存在着所有权、经营权与受益权的分离问题，且"三权分离"是其法人治理的基础[1]，社会组织长远发展须重视内部治理优化问题。社会组织出现的行政化倾向、运作不规范、能力不足等都直接或间接地与社会组织的内部治理水平相关，特别是内部治理结构和内部管理人员的水平相关。因此，社会组织治理的变革势在必行。但在我国特殊的政府和社会关系下，政府及其管理制度、公共政策等都对社会组织发展产生影响，政府理念转变和制度供给改善了社会组织发展的外部环境，这是政府的一个自我调适过程，即政府对社会组织主动由严格管控向服务的转变变革，这种转变表现在对社会组织的准入制度、扶持政策等各个方面。一个组织的发展单靠外部环境的改变是不够的，从组织内部来看也有一个自我资源供给的过程，即通过不断提升内部管理水平与政府资源供给增加形成合力，放大政府变革对社会组织发展的促进效应。内部治理水平提升，权力运行规范，章程作用发挥到位，激励机制健全，则社会组织才能保持其组织特征，获得服务对象和政府的信任。组织治理

---

[1] 马庆钰等:《社会组织能力建设》，中国社会出版社2011年版，第21页。

第四章 政府向社会组织购买公共服务公共性的关键性保障

有相通性,社会组织内部治理可以借鉴营利性组织的治理办法,而且组织治理确实是先从营利性企业那里发展起来的,且都是要解决组织内部的权力配置与制衡问题[1],其治理经验更为成熟。同时,社会组织因为其特殊的组织特性而在内部治理方面也有一定的特殊性。充分考虑社会组织内部治理的特殊性,并借鉴营利性组织内部治理经验,我国社会组织内部治理优化才能实现。

(一)社会组织内部治理的特殊性

作为生产者,社会组织需要以其完善的内部治理来为其供给的服务提供保障。服务的特殊性决定了具体生产者本身的资质是人们判断服务标准的重要指标。因此,社会组织内部治理水平具有特别的重要性。我们又必须认识到尽管社会组织的内部治理同营利性组织的内部治理在根本目的上有很大的相似性,社会组织可以借鉴营利性组织的成熟做法,但在内部治理过程中其特殊性也要被考虑进去。营利性组织的治理尽管也与外部环境有很大的关系,但其内部治理主要还是取决于内部的因素,诸如内部的人、财、物等条件。但社会组织属于外部资源依赖型组织,外部各种因素制约着其治理结构模式的选择。[2] 社会组织跟企业组织不同,其资源获取主要是来自外部,比如政府的资助、社会公众的捐赠等。社会组织从这些途径获取资源,相应地其内部治理也会受到来自各个方面力量的影响。不仅如此,进一步将社会组织内部治理重要性凸显出来的是现有规制下社会组织的垄断地位,社会组织不像市场组织那样处于竞争

---

[1] 周俊:《社会组织管理》,中国人民大学出版社2015年版,第142页。
[2] 程昔武、朱小平:"非营利组织治理结构:特征分析与框架构建",载《审计与经济研究》2008年第3期。

地位，产品优劣可以通过长期的市场竞争显现出来，社会组织必须以完善的内部管理来替代市场竞争机制而对其服务品质提供保证。[1] 这是由现有的社会组织管理制度造成的，制度正处于变革中，但制度变革是一个过程，在这一制度变革完成之前社会组织内部治理水平依然是衡量这一组织服务生产能力的重要指标。

另一个非常重要的因素则是服务具有无形的特征，消费者只有在实际感受之后才能对服务品质形成判断。以各地政府购买较为集中的居家养老服务领域为例，居家养老服务的最终质量是由具体的服务投递者的质量与水平决定的[2]，而作为购买方的政府在做出判断时只能将居家养老服务机构的管理水平、已有经验等作为参照。实际上，政府购买时，对服务质量判断较为困难是个普遍存在的问题，一是因为上述公共服务的特点，二是因为信息不对称，即购买者和消费者身份不统一的问题。政府是买方但却不是服务的最终消费者，二者之间存在着信息不对称、不同步的问题，再加上受制于竞争匮乏产生的外部压力缺失，社会组织内部治理重要性、艰巨性凸显。政府必须非常谨慎，一旦选择合作伙伴失误，则服务品质的降低会造成严重的社会影响。于是，社会组织的内部治理水平成为政府购买承接主体资质的重要方面。比如，国务院 2013 年《指导意见》和多部委联合下发的《政府购买服务管理办法（暂行）》都有关于内部治理结构、内部管理的要求。这实际上是在政府所购

---

[1] 程昔武、朱小平："非营利组织治理结构：特征分析与框架构建"，载《审计与经济研究》2008 年第 3 期。

[2] 冯华艳：《政府购买公共服务研究》，中国政法大学出版社 2015 年版，第 217 页。

买的公共服务标准并不明确、承接者提供的公共服务质量判断困难的情况下将公共服务品质外形化、有形化的一种做法，即以社会组织完善的内部治理对其所提供的服务做出某种保证。从社会组织自身的角度出发，在参与过程中为扮演好生产者的角色、提供有品质保障的产出，也应主动加强内部治理，提升内部管理水平。

（二）以章程建设强化宗旨意识

在优化社会组织内部治理时，首要的问题是组织章程的制定及效能发挥。社会组织管理的规范性文件规定组织申请登记时需提供"章程草案"，比如《社会团体登记管理条例》规定的章程事项包括名称、住所、宗旨、业务范围、活动地域、会员资格及其权利和义务、民主的组织管理制度、执行机构的产生程序、负责人的条件等。[1] 民政部还专门制定了《社会团体章程示范文本》供各团体在制定本组织章程时参考。章程是社会组织制定政策、开展活动的基本依据和准则，具有基础性地位[2]，规定了一个组织运行的基本制度，比如组织的决策权、执行权、监督权等重要内部权力的配置以及相应的权利保障等。章程理应在社会组织运作过程中发挥引领、控制、规范等作用，但实际上一些社会组织的章程成为一纸空文，在注册登记时为满足政府规定的要求而制定，在日常运作中又被束之高阁，内部机构形同虚设，社会组织内部治理不规范。在社会组织发展的初期，章程地位并未被立起来，组织运作超越章程规定也不

---

〔1〕 "社会团体登记管理条例"，载中华人民共和国民政部网站：https：//xxgk.mca.gov.cn：8445/gdnps/pc/content.jsp?mtype=1&id=13131，最后访问时间：2022年4月10日。

〔2〕 本刊编辑部、李海雁、闫薇："社会组织章程增加党的建设和社会主义核心价值观有关内容"，载《中国社会工作》2019年第1期。

会有明显的负面效果。但从长远来看，不遵照章程开展活动则可能在影响组织自身发展的同时，侵蚀相关群体的利益。[1]

当社会组织参与到政府购买时，章程的制定及章程在社会组织内部"根本大法"地位的确立成为首先要开展的工作。鉴于目前绝大多数社会组织对章程重视不够的现状，可行的路径是在前期工作经验基础上由民政部门牵头制定《社会组织治理准则》[2]《示范章程》等，规范和引导社会组织自治。[3] 主管部门在监督和考核社会组织时将章程作为依据之一，依此来判断社会组织的监事会、理事会等的设置及运作情况以及日常管理机构的运作情况，确保理事会发挥决策核心作用、监事会发挥监督制约作用、首席执行官等决策执行机构的执行力到位，在社会组织内部形成决策、执行、监督分工到位、制约到位、运作协调的格局。我国社会组织发展面临的困境很多，受到各种资源匮乏的约束，但是从根本上说还是因为社会组织缺乏明确的宗旨意识，不能获得来自于社会的支持。社会组织章程"根本大法"地位的确立根本上还是为了强化社会组织的宗旨意识，保障社会组织的公共品格。社会组织章程旨在以"根本大法"的形式为组织对内、对外的行为设立红线，防止社会组织出现行政化、营利性等偏离宗旨的行为。在政府购买时，社会组织在章程的约束之下以其宗旨维护来为公共性发挥关键性保

---

〔1〕 柳旭："破解社会组织章程束之高阁的问题"，载《中国社会报》2015年1月26日，第001版。

〔2〕 事实上，2016年的两会，以王名教授为代表的委员提出建议将社会组织法尽快纳入立法议程，适时出台《社会组织法》，若《社会组织法》出台则将会涉及有关章程的内容，章程的地位及其作用发挥也更有保障。

〔3〕 马庆钰、廖鸿主编：《中国社会组织发展战略》，社会科学文献出版社2015年版，第220页。

第四章 政府向社会组织购买公共服务公共性的关键性保障

障作用。

（三）以治理结构完善规范内部权力运行

要规范社会组织的内部运作、增强社会组织对外部需求的回应性，社会组织还要有健全的内部治理结构。内部治理结构是内部治理的静态化呈现，社会组织治理着重于各项权力之间的动态制衡过程，内部治理结构则偏向静态化[1]，即为达到权力制衡目的而对各项权力所作的安排。我国社会组织发展时间还不长，进入规范化发展的时间更短，再加上特殊的政社关系下社会组织将大部分精力放在与政府的周旋以获取发展所需资源上面，社会组织对内部治理结构重视程度不够。实际上，社会组织内部治理结构不完善导致了诸多造成负面影响的事件，如胡曼莉事件、郭美美事件等。内部治理结构涉及决策权、执行权、监督权的配置，通过合理的权力配置来保障委托者权益，实现决策者、执行者和监督者之间的关系平衡。[2] 当社会组织参与到政府购买时，健全的内部治理结构才能保证社会组织秉承组织宗旨，保持朝着公益性的方向运作。相对来讲，我国社会组织内部治理结构建设起步较晚，在1998年之前基本处于空白阶段，在1998年至2004年之间初步确立了理事会制度作为中国社会组织内部治理的基本框架，理事会成为内部治理的核心机制。[3] 2004年《基金会管理条例》颁布后，理事会的核心决策地位正式确立，理事会的决策权与执行层的执行权分离，

---

[1] 刘春湘：《非营利组织治理结构研究》，中南大学出版社2007年版，第53~60页。

[2] 毛佩瑾："社会组织的治理结构及其对政策参与的影响——基于WL行业协会的个案分析"，载《江西社会科学》2020年第9期。

[3] 田凯："中国非营利组织理事会制度的发展与运作"，载《经济社会体制比较》2009年第2期。

后者对前者负责。此外,还增加了监事会来防止理事会、执行层滥用权力。

从结构安排来看,决策权、执行权、监督权的合理配置及互相制约为社会组织内部权力运作铺好了架构,再加上其他的一些具体制度安排,如民主决策制度等,内部权力运作会更加流畅。我国的问题主要在于政府过度介入社会组织,导致社会组织内部决策的外部控制,这一点从社会组织理事会成员大体来源于业务主管单位委派和社会组织主动选择的能够为其带来关键资源的人物可见,而服务使用者、社区代表等被忽视,尽管这些人与组织公益性、组织宗旨实现更直接相关,但他们不能给组织带来资源。[1] 在监事会中,也会有此类情况,即服务使用者等重要的利益相关者并未参加到监事会中。正是因为制度虚设导致了社会组织内部委托——代理关系的变异,所有权、经营权和受益权之间关系的混乱,以及委托者、决策者、执行者和监督者之间缺乏制衡,最终导致社会组织偏离公共利益的风险以及社会组织的行为异化。政府购买中社会组织出现的行政化倾向、运作不规范等问题也就找到了根源。进一步的制度建设还是要以强化章程及其效能为载体,按照社会组织的不同类型切实处理好内部的权力配置问题,协调委托者、决策者、执行者和监督者之间的关系,规避潜在风险,确保社会组织的行动与其组织宗旨一致,避免社会组织陷入行政化倾向和营利性冲动的泥淖。以民办非企业组织为例,内部治理结构包括理事会或董事会、首席执行官、监事会来分别负责决策、执行、监督等,权力配置均衡、机制运转有效,对外的服务供给能力

---

[1] 田凯:"中国非营利组织理事会制度的发展与运作",载《经济社会体制比较》2009年第2期。

第四章　政府向社会组织购买公共服务公共性的关键性保障

才有了保障。

(四) 以具体管理制度完善规范内部管理

内部治理结构的完善为社会组织内部治理搭建了一个大的框架，这个大的框架还需要一些相对具体的管理制度做支撑，比如民主决策制度、人员激励机制、绩效评估机制、信息公开制度、责任追究制度等，由大的框架和这些具体的管理制度来共同形成完善的内部管理制度。社会组织对公共性保障发挥作用实际上是以社会组织的发展和成熟为条件的，即社会组织真正能够坚守其受非分配约束的组织特性，以其特有的公共品格来做保障。具体来看，一方面表现为其相对于政府独立性的增强，即找到合适的途径在依赖政府获取资源和保持组织独立自主之间取得平衡。从理论上看，社会组织和政府是有显著区别的，二者在各自领域发挥作用，理想状态下二者会进行良性的互动，达到互相增权的目的，共同促进公共事务的解决和公共服务的提供。从现实角度来看，没有哪个国家的社会组织发展能够与政府彻底划清界限。即使是美国那样的高度发达的国家，政府也是社会组织最大的资助来源。另一方面表现为社会组织与社会关系的紧密，即社会组织真正从社会获得合法性基础，将根基立于社会，这是我国社会组织一个朝下生长的过程。这两个方面都是社会组织利益表达和服务供给能力提升的结果，功能充分发挥可以增强其汲取资源的能力、拓展其获取资源的途径、夯实其社会根基，而功能的充分发挥又以完善的管理制度为支撑，特别是在民主决策、人员激励、绩效评估、信息公开、责任追究等几个方面。

民主决策机制强调决策过程中的参与以及决策遵循特定的程序，确保决策结果不偏离公共利益这一底线。从参与来看，决策机构一般是理事会人数和结构要合理，数量要在一定范围之内。来自经济领域的研究显示理事会规模和组织价值之间存在负相关关系,即规模小的理事会反而比规模大的理事会更有效。[1] 社会组织的决策也可以借鉴此经验,数量不宜过多,导致责任流于形式;数量也不宜过少,无法体现民主性的特征。此外,决策程序也要优化,冗长而无效的会议只能造成组织资源的无端消耗,要通过程序设计既能兼顾少数人的意见,又尊重多数决定原则,达至民主和效率的一致。在社会组织人员激励机制方面,社会组织发展面临着专业人才匮乏与对人才吸引力不足两面夹击的尴尬局面,在专业人才供给有限的同时行业吸引力又不足。克服这一困局,除了国家整体人才培养战略规划对社会组织相关专业人才培养的倾斜、统一职称评聘制度之外,从社会组织角度来看则要通过待遇改善、社会地位提升等来激励工作人员。在人员激励方面,最根本的一点是把握住行业的特殊性,我们既需要谨记彼得·德鲁克关于组织衰亡和组织对具备奉献精神员工的吸引力之间关系的警告[2],又需要把握社会组织工作体现的"情绪劳动"的特征。[3] 高层管理人员以专业素质要求为主,这一点从发达国家大量MBA毕业生进入到非营利行业可见,我们也要借鉴此经验,保持合理的薪酬是重要因素。"情绪劳动"的特征又离不开志愿精神的培养以及由此带来的对精神激励的强调,一些地方政府也不断地创新对社会组织人员的激励方式,比如走在改革前列的深圳市构建社会

---

[1] See David, Y. "Higher Market Valuation of Companies with a Small Board of Directors", *Journal of Financial Economics*, 1996, Vol. 40, No. 1, pp. 185~212.

[2] [美] 彼得·德鲁克:《非营利组织的管理》,吴振阳等译,机械工业出版社2009年版,第125页。

[3] Hochschild, Arlie Russell, *The Managed Heart: Commercialization of Human Feeling*, Berkeley: University of California Press, 1983, P. 7.

第四章 政府向社会组织购买公共服务公共性的关键性保障

组织人才参政议政平台、在政协设立社会组织功能界别以及在人大、政协等代表选举中对社会组织的关注等[1]，这些都是可行的激励机制。

绩效评估制度是社会组织内部制度建设的一个重点，也是难点。社会组织基于其公益性或互益性特征，人们对其绩效的关注远不如对其社会使命感的关注。这个问题已经开始逐步得到扭转，即使是做公益也要高效。在参与到政府购买之前，社会组织原本就存在"公益低效"问题，主要还是对内部管理，尤其是对绩效评估制度不重视的结果。重视绩效评估制度，在借鉴营利性组织评估方法时，一定要结合社会组织非营利性、社会使命感来对理事、监事以及普通工作人员等进行绩效评估，且要坚持短期和长期绩效相结合的原则。社会组织内部完善的绩效评估为其参与政府购买提供了基本的保障，社会组织在具体生产过程中会朝着公益与效率协调的方向迈进，高效合理地利用公共资源，保证公共服务的品质。信息公开制度也是社会组织内部管理制度的重要组成部分，对社会组织对外提供公共服务的品质也是一种重要支撑，公开就意味着社会组织有义务将相关的信息向利益相关者公布，社会组织的行动时刻处于利益相关者的监督目光之下，其背离组织宗旨的几率也会降低，公共服务品质就又获得了一份保障。信息公开制度在社会组织公信力建设部分再着重论述。问责机制也是支撑社会组织沿着维护公共利益方向发展的制度之一，在明晰的内部治理结构之下，社会组织理事、监事及其他管理人员责任明确，法律责任主体清晰。社会组织作为法律上的责任人与将理事、监事等作

---

[1] 马庆钰、廖鸿主编：《中国社会组织发展战略》，社会科学文献出版社2015年版，第220~221页。

为法律上的责任人会有质的区别，法律责任主体明确，责任倒追的压力更容易使理事、监事等增强责任意识[1]，在对内的管理和对外与政府等开展合作时能自觉以组织宗旨为行为规则而不会偏离公共利益方向。

三、重塑社会组织公信力

社会组织运作机制与政府、企业不同，政府有公权力为后盾，企业有财力做基础，相比之下，社会组织既无公权力可仰仗，又无庞大财力做支撑，社会组织靠的是社会志愿机制来运作。社会组织的力量来自于社会，获得社会公众认可、信任是影响社会组织发展的关键性因素，失去公信力，社会组织的发展就成为无源之水。政府购买对社会组织来说是一次发展机遇，但具备公信力是社会组织获得合作机会的基本条件，具有公信力的社会组织能坚守其志愿性、民间性、非营利性等组织特性，兑现对利益相关方的承诺，担当起公共服务供给的责任。[2] 不仅如此，具有公信力的社会组织的社会公众认可度高，在与政府合作中更容易被社会公众接受，降低社会组织供给成本。社会组织公信力的提升是一个过程，是社会组织不断提升管理水平、保持组织特性、更好地服务社会、更好地与政府沟通等的产物。从目前来看我国社会组织公信力还有很大的提升空间，这一点从社会公众对社会组织生产者身份的排斥可见。社会组织要把握住政府购买的机会来发展，公信力重建是绕不开的问

---

[1] 马庆钰、廖鸿主编:《中国社会组织发展战略》，社会科学文献出版社2015年版，第221页。

[2] 苗红培:"我国社会组织公信力的建设路径—基于政府购买公共服务的分析"，载《广州大学学报（社会科学版）》2015年第6期。

第四章 政府向社会组织购买公共服务公共性的关键性保障

题,但公信力建设非常复杂,既需要社会组织自身的努力,也需要政府的努力以及整个社会环境的改善。政府的监管和约束、第三方机构的评估[1]、社会整体信任程度等都对社会组织公信力产生影响。抛开这些因素,从社会组织自身角度来看,几乎社会组织运作的方方面面都会对其公信力产生影响,如内部治理结构、财务信息公开、与政府之间的关系、危机处理等,要强化社会组织的自律机制,通过他律与自律的结合来提升社会组织的公信力。

(一) 在理性处理与政府关系中坚守组织特性

理性地处理与政府之间的关系是社会组织公信力建构的第一步,此举旨在克服或者预防社会组织存在的行政化倾向,防止行政化倾向导致公共服务供给重回事实上的政府一元供给状态。我国社会组织在与政府"过招"时一直都是处于弱势地位,政府对社会组织戒备心理较强,表现在管理措施和管理制度上则为严格的管控举措。近几年风向有所改变,但宏观鼓励与微观约束并存、制度剩余与制度匮乏并存、制度空间小于实际空间等仍然存在。[2] 在这样的形势下,一些社会组织采取了策略性的行为,比如主动向政府靠拢以组织独立性换取发展所需资源,社会组织的行为方式、组织结构渐与政府趋同,组织特性渐被淹没。社会组织对政府依赖越大,组织未来发展的风险就越大,而且社会组织与社会公众的脱离消耗了其原本就有限的公信力,社会组织的路会越走越窄,进入到一个死胡同。从长

---

[1] 石国亮、苏媛媛:"通过第三方评估建设社会组织公信力的战略思考",载《中国社会组织》2019年第9期。

[2] 俞可平:"中国公民社会:概念、分类与制度环境",载《中国社会科学》2006年第1期。

远来看，社会组织的发展路径还是要逐步摆脱对政府的非对称性依赖，通过将重点转移到能力提升来获得更多的社会认可，从而夯实社会根基，获得长远发展的动力源。社会组织与政府之间关系处理、距离远近有一个度的问题，过于亲密易于形成依赖，过于疏远易于留下对抗性印象，因此，"与政府有距离的合作"成为理性选择[1]。既跟政府合作，尽可能地获取组织发展所需资源，又能够维持组织特征，将根基扎在社会。这个"度"的把握是在行动中完成的，即社会组织要行动起来，要与政府互动，要参与到政府购买中，在不断地经验总结中完成从政府获取必要资源和保持组织独立性之间的平衡，完成对其非营利性、志愿性等组织特征的坚守。社会组织是非营利性的、志愿性的，正因为如此，社会组织才能调动志愿性资源，获得低价甚至是免费的劳动力，从而获取在与市场主体提供公共服务相比较的低成本优势。若社会组织违背非营利性、志愿性特征，则其组织优势也将渐渐失效。当社会组织呈现行政化倾向、出现营利性冲动时，组织特性被侵蚀，其行为与公共利益也渐行渐远，服务供给能力也受到质疑。

(二) 在信息公开中赢得信任

阳光是最好的防腐剂，社会组织公信力构建的过程就是一个将社会组织运作全程置于政府、社会公众、媒体等各种形式的监督这道"阳光"之下的渐进过程，社会组织愈是透明其公信力增长愈是有根基。美国的一些公益组织，如指南星组织（Guide Star），借鉴上市公司盈余电话会议的做法通过举行"影

---

[1] 汪锦军、张长东："纵向横向网络中的社会组织与政府互动机制——基于行业协会行为策略的多案例比较研究"，载《公共行政评论》2014年第5期。

响力电话会议"向利益相关者"晒"运营情况。[1] 利益相关者对公益组织这种主动行为非常"买账",并以实际的捐赠行动来予以回馈。我国社会组织特别是公益组织在2011年前后因为几次较大丑闻的影响公信力持续走低,之后公益透明的呼声日渐提高。之后在清华大学公共管理学院邓国胜教授、程文浩教授共同研发的透明指标体系支撑下我国对民间组织透明度开始排行,并公布了《2014年度中国民间公益透明榜单》,这是一个行业透明行动的开端。社会组织要获得长远发展,获得利益相关者的信任、认可是最基本的条件,而打造透明组织则是一个基本的路径。在这个过程当中财务信息公开、危机处理公开等是基本的内容,财务信息向利益相关者公开,既使利益相关者放心,又对社会组织行为形成约束;危机事件公开,则避免更多的以讹传讹,帮助社会组织度过危机。当然,社会组织信息公开并不是事无巨细地什么都一股脑地公开,信息公开是有成本的,要按照政府、行业的相关规定依法、依规来公开。社会组织公信力提升夯实了社会组织的社会基础,社会组织有更多机会参与到政府购买中,也更容易获得作为最终消费者的社会公众的认可,社会组织获得了更多的发展机会。

(三)在与政府合作提供公共服务中提升公信力

社会组织公信力提升最根本的还是要以其健全的内部治理结构和卓越的公共服务提供能力为支撑来获得,动静结合,通过长期的公益性行为来获得更多的信任资源。但是,我国社会组织特殊的成长路径以及现有的社会组织管理制度和政策等决定了社会组织公信力不足不仅有社会组织自身的因素,外界的

---

[1] 高文兴:"透明化:全球NGO之选",载公益时报网,http://www.gongyishibao.com/html/guojianli/6217.html,最后访问时间:2015年4月2日。

因素也起了很大的作用，比如整体的社会氛围等，转型期社会诚信度下滑也会殃及人们对社会组织的信任。政府选择合作伙伴时公信力是一个重要因素，这就对社会组织公信力提升形成了一个强劲的推动力。实际上，政府购买和社会组织公信力提升是一个相辅相成的过程。站在社会组织的角度来看，政府购买是社会组织公信力提升的一个契机[1]，站在政府的角度来看，社会组织公信力提升为购买顺利推进提供支撑。有些社会组织在成长的初期阶段还认识不到公信力建设的重要性，有的社会组织是囿于日常业务工作开展，缺乏公信力建设的意识和动力。政府购买向潜在合作伙伴开出了一系列的条件，比如社会和商业信誉、保险缴纳的规定等都与公信力密切相关。即使没有政府购买，公信力也是社会组织的生命力，只是政府购买将公信力建设的重要性凸显出来。公信力良好的社会组织获得与政府合作机会更大，也会给其他社会组织起到示范作用。那些因为公信力问题没有获得合作机会的社会组织，也会进一步认识到公信力建设的重要性以及进一步行动的方向和目标。

四、提升社会组织能力

在夯实内部治理这一根基、抓住公信力建设这一关键的同时，社会组织能力提升不容忽视。社会组织能力是社会组织在发展过程中所体现出来的潜能和素质[2]，这些潜能和素质决定着其功能发挥的程度、角色胜任程度以及其被社会公众接纳程度等。提升社会组织能力为社会组织与政府合作、社会组织与

---

〔1〕 苗红培："我国社会组织公信力的建设路径—基于政府购买公共服务的分析"，载《广州大学学报（社会科学版）》2015年第6期。

〔2〕 马庆钰等：《社会组织能力建设》，中国社会出版社2011年版，第9页。

第四章 政府向社会组织购买公共服务公共性的关键性保障

政府关系的变革增加筹码,也是社会组织自主性、独立性不断增强的基础,更是其提供的公共服务品质的保证。事实上,社会组织能力是个很宽泛的概念,社会组织内部治理、社会组织公信力、资源汲取能力、财务管理能力、项目管理能力等都是社会组织能力的体现,都可以纳入到社会组织能力的范畴。社会组织的运作流程和政府组织、企业组织没有根本性差别,都是一个资源输入——组织加工——资源输出的过程,不同点体现在获取资源的方式、资源输出的呈现以及服务对象获取最终服务的形式等方面,这些不同的方面正是社会组织要努力强化的方面。社会组织汲取资源的能力、财务管理能力、项目管理能力等至关重要,这几种能力不是社会组织能力的全部,但却是社会组织能力建设的核心内容,直接关系到社会组织的服务供给能力以及行为走向是否与组织宗旨一致等。我国政府购买中出现的问题,比如符合招标要求的组织数量有限、提供的服务质量堪忧等都是社会组织能力有待提高的表现。政府购买中,供给主体须满足一定的资质要求。若社会组织不符合这些要求,按规定无法进入到合作者行列,不能从公共服务供给模式转变中受益。即使这些社会组织通过一些策略性的行为参与到与政府合作供给公共服务中,受组织能力限制,合作能否持续、所提供公共服务能否使公众满意都是问题,购买的公共性保障缺乏根基。

(一)社会组织的资源汲取能力

组织的生存和发展离不开资源的支持,汲取资源的能力对任何类型的组织都很重要,对于以非营利性、志愿性、非政府性等为特征的社会组织来说更为重要。社会组织是非营利的,但这不代表社会组织在供给公共服务时没有成本,这些资源从哪获取、如何获取都会影响到社会组织的运作。政府资助、销售和服务性收入、捐赠收入、投资收入等都是社会组织的经费来源[1]，社会组织获取资源的多少在很大程度上决定了其服务供给能力，巧妇难为无米之炊，社会组织在"炊"之前先要解决"米"的问题。每种资源来源在为社会组织供给资源的同时也对社会组织发展形成某种约束，比如，政府资助是中外社会组织获取资源的重要途径，但政府资助也使社会组织与政府之间关系暧昧不清、社会组织对政府资助依赖加剧等[2]，而这反过来会遭受公众质疑。对大多数社会组织来说，都会遭遇这一问题。

社会组织资源汲取改革方向是资源来源多元化，争取政府资助依然很重要，但要在组织独立性和争取政府资助之间取得平衡；销售和服务性收入对于民办非企业单位至关重要，但大部分民办非企业单位生存艰难，这方面有潜力可挖；捐赠收入，不同类型组织情况不同，但总体不理想，可借鉴国外邀请捐赠人在社会组织内担任荣誉性职务或者通过媒体对捐赠人进行宣传的做法给予捐赠人知名度、社会形象等方面的回馈，激发社会捐赠热情。实际上，捐赠情况主要还是社会整体公益热情、公益责任感等的反映，单靠社会组织只能解决"表"的问题，解决不了"里"的问题。投资收益因为存在风险而要谨慎选择，但基金会一般会选择此类方式。此外，伴随着企业社会责任感的增强，社会组织也可抓住企业在长远利益与社会公共利益方

---

[1] 周俊：《社会组织管理》，中国人民大学出版社2015年版，第155页。
[2] Kim, Junki and Junghun Shin, "A Study on the Internal Decision-Making Structure of NGOs: A Case Study of People's Solidarity for Participatory Democracy", *A paper presented at 2002 Autumn Academic Seminar of the Korean Association of Nonprofit Organization Research*, 2002.

第四章 政府向社会组织购买公共服务公共性的关键性保障

面的契合点,争取企业的资源支持。[1] 多元化的筹资渠道实际上是分散了社会组织筹资风险,预防单一来源可能导致的过度依赖某种方式的风险。此外,社会组织资源汲取能力提升增加了社会组织博弈筹码,使社会组织不会为获得一些资源而背离组织宗旨、偏离公共利益,更好地坚守组织特征。

(二)社会组织的财务管理能力

财务管理能力为一个快速发展的社会组织所必需,在政府与社会组织合作提供公共服务的时候更是一个必要的条件。社会组织的财务管理与营利性企业的财务管理区别明显,首先就是其资源来源与营利性企业不同,也正是因为资金来源不同以及由此造成的组织宗旨不同才形成了社会组织财务管理的独特性。社会组织的资金来源渠道复杂、不存在利润指标且所有权特殊,这形成了社会组织财务管理目标的优先顺序,即实现组织宗旨、实现社会责任。[2] 社会组织良好的财务管理能力能够为其宗旨实现提供财务保障,在政府购买时也能够为公共性维护提供保障。政府购买必然涉及到资源的转移,承接的社会组织必须按照购买合同要求将相应的资金、实物等应用到规定的用途,社会组织不能随意处置这些财产。但目前我国社会组织财务管理仍存在着不执行民间非营利组织会计制度、业务来往不能正确核算、票据使用不规范等问题[3],这些问题都带来很大隐患。为解决这些问题,有的地方政府不断地探索,比如上海市杨浦区民政局就尝试借鉴企业记账代理的经验,解决中小

---

[1] 龚志伟:"社会组织参与乡村公共服务:功能阻滞与策略创新",载《中共天津市委党校学报》2015 年第 6 期。

[2] 马庆钰等:《社会组织能力建设》,中国社会出版社 2011 年版,第 120 页。

[3] 赵兰:"社会组织财务管理的问题与对策——对部分全国性社会组织财务审计机构的调查与思考",载《中国民政》2013 年第 2 期。

型社会组织的财务管理问题。[1] 引入这一经验主要是针对那些规模相对较小的社会组织,大部分具备规模的社会组织还是要从加强自身财务处理能力入手,既为赢得与政府在公共服务领域合作机会增加筹码,又能够为自身提供的公共服务品质提供保障。

(三) 社会组织的项目管理能力

项目管理能力是社会组织综合管理能力的体现,承担项目也是提升社会组织能力的重要载体,不少社会组织的发展与政府购买的项目制有密切关系。[2] 社会组织项目管理是社会组织充分利用组织各种类型资源,通过计划、组织、领导、控制等管理过程,实现项目相关人的目标和需求的活动。[3] 整个管理过程历经项目设立、申请、管理、评价等,社会组织在每个环节的表现都最终影响到项目成果,即最终所提供的公共服务数量和质量,如果是在政府购买中所承担的项目则会影响到合作的成效及持续合作的可能。因此,社会组织应将项目管理能力提升作为能力培养的重要方面。专业人才匮乏、项目管理经验不足、社会组织项目管理特殊性把握不够等是社会组织项目管理能力弱化的原因,进一步的能力建设应围绕着这几个方面展开,引进专业人才,掌握项目管理的基本知识,积累项目管理经验,把握社会组织项目管理的公共性、服务性、非营利性和

---

[1] 杨明:"借专业力量解公益社会组织财务管理之困",载《中国社会报》2011年8月16日,第003版。

[2] 陈尧、马梦妤:"项目制政府购买的逻辑:诱致性社会组织的'内卷化'",载《上海交通大学学报(哲学社会科学版)》2019年第4期。

[3] 马庆钰等:《社会组织能力建设》,中国社会出版社2011年版,第225页。

第四章 政府向社会组织购买公共服务公共性的关键性保障

透明性等特点[1]，社会组织要在项目管理的过程中实现其宗旨。项目管理能力是总抓手，项目管理过程就是社会组织资源动员能力、人力资源管理能力、财务管理能力、时间管理能力、突发事件处理能力等各种能力展现和发挥作用的过程，那么，提升项目管理能力就是一个全方位能力提升的过程。社会组织能力提升是社会组织自我武装的过程，在政府购买中，社会组织能力提升有助于社会组织在博弈中更好地坚守其组织特性，按照组织宗旨来实现公共服务供给功能。

加强社会组织自身建设，在优化社会组织内部治理、加强社会组织公信力建设的同时，提升社会组织的资源汲取、财务管理、项目管理等能力，最终汇集的结果则是社会组织宗旨的维护和公共服务供给能力的提升。社会组织宗旨的维护是个复杂的事项，权力的均衡、管理的规范、人员的专业、志愿精神的维护、组织透明等都是基本的要求，而其中的每个方面都影响到社会组织的服务供给能力。社会组织自身建设推进的过程也是社会组织服务供给能力提升的过程，同时也是社会组织以自身公共品格来为政府向社会组织购买公共服务的公共性提供关键性保障的过程。因此，在持续推进政府购买的背景下，社会组织应以持续的主动建设来予以回应，以获得更广阔的发展空间，也以其公益性维护发挥更多的保障作用。

---

[1] 马庆钰等：《社会组织能力建设》，中国社会出版社2011年版，第219~220页。

第五章　政府向社会组织购买公共服务公共性的支撑性保障

　　在政府购买时，政府、社会组织、社会公众之间形成一个系统，公共服务是社会公众的利益需求表达的结果，社会组织生产的公共服务是政府规定的，而社会公众尽管作为消费者的身份未变，但其需要同时与政府、社会组织互动。正因为三元主体之间形成了一个互动的系统，且环环相扣，那么，政府向社会组织购买公共服务公共性的保障就既需要政府公共性的维护、社会组织公益性的维护，也需要社会公众公共精神的提升。公共服务与公共精神具有高度的关联性，而社会公众作为公共服务的实际受益者更应以其公共精神作为保障公共服务供给健康发展的动力源。公共精神的内涵犹如公共性的内涵，丰富且具有流动性。聚焦政府购买，社会公众的公共精神主要体现为参与意识与责任意识、规则意识与公共利益观念、权利意识与理性精神等。当然，社会公众的公共精神受到整个社会公共精神发育状况的影响。受到传统文化和当下诸种因素影响，我们社会整体的公共精神亟待提升。因此，社会公众公共精神的提升是作为社会整体公共精神提升的一部分而存在，要在不断地强化公共意识教育和拓展公共参与的过程中实现。

第五章　政府向社会组织购买公共服务公共性的支撑性保障

第一节　公共服务、公共生活与公共精神三位一体：支撑性保障地位的缘由

公共服务是公共生活的一部分，而公共生活是与公共精神紧密相联的，因此，公共服务天然与公共精神具有内在的勾连。公共精神给予公共服务的内在属性，即公共性的实现以公共精神为保障和支撑。政府单一供给时代的公共性保障更多体现在对政府的行为约束和对政府公共性的要求上，相对来讲涉及到的主体数量有限。在政府购买时，公共性保障的动力源更加多元，需要合作各方行为的调整和公共品格的维护。除却政府公共性、社会组织公益性的保障作用外，作为公共服务受益者的社会公众理应以其公共精神形成另一保障源，并通过社会公众与政府、社会组织良性互动实现公共性保障多股源流的汇合和力量的增强。

一、公共生活与公共服务

"公共生活"含义广泛，是由人们交互作用所形成的生活[1]，它与私人生活相对，是人的社会性的重要体现。[2] 阿伦特沿袭自古希腊城邦政治以来的传统，根据人的行为将其活动分为对应于家庭领域的私人生活领域和对应于政治生活领域

---

[1] 彭斌："公共生活的和谐之道——以共和理论为视角的研究"，吉林大学2008年博士学位论文，第1页。
[2] 李欣："良序公共生活何以可能：公共生活的重建与协商民主的发展"，载《中共浙江省委党校学报》2017年第6期。

的公共生活领域。[1] 同时,阿伦特极力反对晚近兴起的社会生活领域对原有的私人生活领域和公共生活领域的冲击,认为社会生活领域模糊了公私领域的界限,导致个体主体性的丧失。[2]

哈贝马斯发展了阿伦特的理论,在哈贝马斯的理论中"公共领域"是一个非常重要的概念,并利用这一概念对公共生活进行观察,分析了公共生活的概念、特征、历史沿革等。哈贝马斯在对"公共性"进行历史阶段分类的基础上,重点剖析了当代资本主义阶段的"公共性",即哈贝马斯的公共领域理论本身的解读对象是当代资本主义,他认为介乎国家和社会之间的公共领域主要起着理性批判的功能,这一领域对所有人开放,人们通过理性批判来形成公共意见。[3]

公共生活的产生首先在于国家与社会的二分形成公共领域,而后独立自主的个体由私人领域进入公共领域。在市民社会尚未形成、国家与社会尚未分离之前,真正的公共生活理念与实践并不存在,国家与个体之间也未产生"服务的生产者与消费者/使用者"的关系。在此种意义上,哈贝马斯把雅典城邦定义为"古代公共领域",更多地是为了说明现代意义上公共领域的历史渊源,古代社会的城邦生活应定义为"共同生活"。[4] 城邦是共同生活的载体,公民阶层作为权利主体,女人和奴隶的活动范围仅限于家庭这一传统意义上的私人领域,不具备进入

---

〔1〕[美]汉娜·阿伦特:"公共政治生活:行动、言语与自由",刘锋译,载谭安奎编:《公共性二十讲》,天津人民出版社2008年版,第224页。

〔2〕吴育林:"论公共生活及其主体性品质",载《江海学刊》2006年第6期。

〔3〕[德]哈贝马斯:《公共领域的结构转型》,曹卫东等译,学林出版社1999年版,第252页。

〔4〕张康之、张乾友:"从共同生活到公共生活",载《探索》2007年第4期。

第五章　政府向社会组织购买公共服务公共性的支撑性保障

公共领域的权能。可见，古希腊的城邦生活目的仅限于作为社会阶层的公民的共同利益。工业革命以及由此引发的资本主义经济大发展打破了这一局面，"公民"由原来的阶层象征发展为个体自主性的证明。[1] 具有个体自主性的个人是公共生活的历史起点，私人生活与公共生活是具有自主性的个人参与社会生活"共在"的方面。[2]

不能否认，公共生活是一个历时性的概念，即在不同历史时期，公共生活的外延并不相同，或者可以这样说，公共生活的具体样态是由时间因素和空间因素共同决定的，并受人们主观能动性深刻影响。在福利国家背景下，人们改造公共生活的探索首先着眼于个体与国家、政府的关系，包括政府如何求证其合法性存在的理由，政府如何回应民众提出的公平、正义、民主等价值诉求……这些公民意识诉求的共同着眼点，共同指向政府何以生产并运送公共性，这与"公共服务"具有内在的契合性。传统的公共行政强调政治与行政的分离，行政保持价值中立，服务的观念还不浓厚；新公共管理则强调将市场机制引入公共服务，"满足顾客而不是官僚政治的需要"体现了服务理念的强化；新公共服务则强调将公共利益的表达与实现作为目的，将公共服务的使用者作为享有公民权的"主人"而非"顾客"。由此可见，伴随着福利国家的出现和公共管理的深刻变革，公共生活的内涵和外延正在悄然发生变化，人们越来越多地意识到公共服务是公共生活的重要组成部分，是公共生活

---

[1] 张康之、张乾友："共同生活与公共生活的兴衰史"，载《学术研究》2009年第10期。

[2] 张康之、张乾友："共同生活与公共生活的兴衰史"，载《学术研究》2009年第10期。

中公共性实现的主要途径。

二、公共生活与公共精神

阿伦特和哈贝马斯描述的公共生活的特征包括广泛的开放性、参与者的独立性、表达的自由以及基于一定原则的理性批判等，这种社会品质体现了公共生活的公共性品格，而公民社会理念在某种程度上契合于公共生活的公共性品格，进而作为公民社会重要衡量标准的公民的基本素质（公共精神）则是公共生活的题中之义。[1] 虽然公共生活起源于市民社会产生的独立人格，但公共生活向公民社会发展显然不能只停留在市民社会的逻辑。在市民社会中，社会成员参与公共生活仅以自身利益为目的，"自利性"支配着社会成员的行为。如黑格尔所说："个别的人，作为这种国家的市民来说，就是私人，他们都把本身利益作为自己的目的。"[2] 市民生活的"自利性"行动逻辑的扩展则会侵蚀公共领域的价值，造成公共生活的衰落。但公共生活并不可能完全排斥私人领域中的道德体系，个体参与公共生活的根本目的也是为了"自利"的实现，问题在于个体参与公共生活应当在公共理性的指引下调适思维方式，将公共生活中公共性的要求考虑在内，养成"他利"的精神与品格，即在公共生活中保持必要的公共精神。

公共精神是公共生活的重要构件。一方面，公共生活的良善秩序需要共同体成员的公共精神；另一方面，只有共同体成员均保持必要的公共精神，才能最终实现个体利益的最优化。

---

[1] 吴育林："论公共生活及其主体性品质"，载《江海学刊》2006年第6期。
[2] ［德］黑格尔：《法哲学原理》，范扬、张企泰译，商务印书馆1961年版，第197页。

第五章　政府向社会组织购买公共服务公共性的支撑性保障

概括来说，公共生活中的公共精神主要指人们以利他方式关心公共利益的态度和行为方式。[1] 判断社会成员是否具备公共精神，关键在于他主观上对公共生活中"他利"或公共利益的关注程度，将追求公共利益作为实现自身价值的理性选择。公共生活是公共精神的客观载体，也是孕育和生成公共精神的土壤；公民公共精神的成长又推动他们积极理性地参与公共生活，公共精神是维护、巩固公共生活本身的必要条件，也是公共生活中公共性生产的重要支撑。

公共精神是个很抽象的概念，但却有着多种生动的表现形式，如参与、责任、自主、公道、宽容、理解、同情、正义、奉献等。[2] 公共精神存在于公共生活形态中，是现代社会公民应具备的基本精神，发达的公共精神也为国家、社会发展所不可或缺。实际上，个体既要关注其私利，也要关注共同体的利益，否则是不会有共同体发展的。当个体具有公共精神时，他们在关心个人利益的同时也关心他人的利益、公共利益，从而推动社会良性运转、国家良好治理。

三、公共服务与公共精神

如上文所述，本研究并不试图对公共服务作出定义，而是以公共服务的内在属性——公共性作为识别公共服务的主要特征。公共性需要在一定的时间空间场域内进行生产与运送，当时空场域发生变化，人们的行为逻辑和方式须同步调整以保障公共性的实现。公共服务作为公共生活的一部分，其公共性实

---

[1] 李萍："论公共精神的培养"，载《北京行政学院学报》2004年第2期。
[2] 袁祖社："'公共精神'：培育当代民族精神的核心理论维度"，载《北京师范大学学报（社会科学版）》2006年第1期。

现须以公共精神为支撑。公共服务在不同的时代有不同的涵盖范围，亦有不同的提供机制，与之相对应，参与此过程的主体范围亦有差别。纵向来看，总体上呈现由政府单一供给向多主体合作供给的变化。政府单一供给时代，公共性的保障和实现主要取决于政府的行为理念和方式。而当多主体合作时代到来，公共性的保障则与各个主体相关联。

多元主体合作供给是公共服务供需失衡的结果，也是政府主动的改革行为。多元主体合作供给意味着政府组织以外的力量，如企业、社会组织等进入到合作主体行列。各个主体在此之前在各自领域按照不同的逻辑行动，政府以公权力为基础，企业以追求利润为目标，社会组织则以公益性为追求。在合作供给中，如何协调各个行动主体的行为成为合作供给能否顺利进行以及公共性能否得以保障的关键所在。寻找保障合作供给成功的关键点仍要从公共服务的内在属性，即公共性入手。从公共性入手发现，参与主体的公共品格或者公共精神是实现公共性的关键。

在政府购买时，政府以其公共性、社会组织以其公益性来维护连接着政府、社会组织、社会公众的公共服务的公共性，而社会公众的公共精神正是与前两者相匹配的公共品格。作为消费者的社会公众是公共服务的实际受益者，公共服务公共性保障最终保障的是社会公众的权益，因此，社会公众须行动起来。当下，社会公众扮演的角色更加多样化，除传统的参与者、监督者等身份外，越来越多地扮演着共同生产者的角色，这与社会公众生活状态的发展变化密不可分。而且，在政府购买中社会公众不但作为公民与国家、政府发生联系，同时作为公共服务的使用者与社会组织、其他社会成员发生联系。在横纵联系的过程中，公共生活就形成了。因此，社会公众无论是从公

第五章 政府向社会组织购买公共服务公共性的支撑性保障

共服务受益者的身份出发还是从公共生活一份子的角度出发都应以其公共精神来保障公共性的实现。

公民的公共精神是现代"公共性"建构对作为个体的人的基本要求，具体到政府购买中，社会公众作为公共服务的使用者时，其公共精神体现在通过参与等对公共服务的提供者和生产者提出反馈和要求等；而作为共同生产者时，则体现为合作供给的意愿与能力等。具体来看，具备公共精神的社会公众可以通过充分的自身利益诉求表达帮助政府更准确地界定"购买需求"，克服"需求方缺陷"[1]；能够理性判断政府购买的意图而不是一味地排斥由政府以外的其他主体来生产和提供公共服务；会主动加入到对政府和社会组织合作提供公共服务的监督和评价队伍当中，促进政府购买健康发展。而这些都是政府向社会组织购买公共服务公共性保障所必需的，这也正是社会公众公共精神发挥支撑性保障作用的缘由。

第二节 政府购买中社会公众的公共精神

作为消费者的社会公众其公共精神是整个社会公共精神的一个缩影。我国公民缺乏人格独立意识、公共责任意识以及社会公德意识等，这些都是公共精神的重要组成部分，此种情景则源于传统政治文化的负面影响、市场经济发育不充分及公共

---

[1] [美] 唐纳德·凯特尔：《权力共享：公共治理与私人市场》，孙迎春译，北京大学出版社2009年版，第25~28页。

领域开放受限等多种因素。[1] 而社会公众是三元主体中的重要一元，公共服务由政府直接提供抑或通过购买形式由社会组织来供给，最终都是为了满足社会公众的需求。因而，社会公众的独立人格、公德意识、公共责任意识等每一个方面对于政府购买健康发展都是必要的，政府的公共性、社会组织的公益性、社会公众的公共精神对于保障公共服务公共性皆不可或缺。在这一过程中，社会公众的公共精神具体表现为参与意识、责任意识、规则意识、公共利益观念、权利意识、理性精神等。

一、社会公众的参与意识与责任意识

尽管公共精神本身内涵界定不一且难以用语言来精确表达，但自城邦政治时，人们对公共精神的探求就从未停止。一般来说，西方社会公共精神沿着自下而上的路径充分发育。在与政府购买相关的方面表现为社会组织的充分发展以及社会公众的积极参与。此种背景下，政府与社会组织之间易于形成契约式的平等合作伙伴关系，且改革初衷易于实现。我国政府购买出现诸多问题，除了政府、社会组织的因素之外，社会公众对政府购买监督、评估等环节参与率低也是重要原因，此外，社会公众公共服务需求的表达则既是一种参与行为，也是其责任意识的表现。参与意识、责任意识是现代社会公民公共精神的重要组成部分，社会的健康发展离不开公民的参与和责任履行。作为公共服务的使用者以及某些服务项目中的共同生产者，社会公众更应具备参与意识、责任意识，以积极参与和对自身责任的清醒定位并履行的形象作为三元主体中的重要一元而独立

---

[1] 刘鑫淼、林春逸："培育公共精神 构建和谐社会"，载《毛泽东邓小平理论研究》2005年第8期。

第五章 政府向社会组织购买公共服务公共性的支撑性保障

存在。

公民参与意识、责任意识是衡量公民社会发展状况、公共精神状况的重要因素，且公民只有在参与的过程中才能更好地维护自身的利益、他人的利益。不仅如此，参与和民主也不可分割，科恩曾将鼓励持续而有力的参与及将决定权留给参与者作为衡量人类社会民主发展的两个尺度。[1] 参与对现代民主政治发展的重要性及公民参与意识的重要性由此可见一斑。在政治生活中，公民参与获得了来自以宪法为中心的法律体系、以人民代表大会制度为核心的制度体系等方面的保障。从当前来看，公民参与取得了很大的发展。但我们仍须以审慎的态度来看待参与意识、责任意识的问题，作为公共精神的重要组成部分，其发展受到诸多历史、文化等因素的影响，而存在较大的提升空间。

在我国传统社会，"伦理本位"[2] 的特质使整个社会看似井然有序，但实际上社会被切割为一个个的个体，联系这些个体的是血缘、家庭、宗族等纽带，而非源自社会自身的横纵联系的纽带。在公共空间匮乏及个体独立人格缺失的背景下，个体的参与意识和参与能力均得不到发展。至改革开放之前，尽管表面上看起来我们的参与意识和参与度都很高，但这是一种畸形的参与，是在强大的政治动员力量之下形成的运动式的参与，参与主体的"强烈"的参与意识也是特定历史条件下的产物。改革开放之后，各个领域改革的持续推进使这一状况开始

---

[1] [美] 科恩：《论民主》，聂崇信、朱秀贤译，商务印书馆1988年版，第22页。

[2] [德] 马克斯·韦伯：《儒教与道教》，洪天福译，江苏人民出版社1993年版，第270~271页。

扭转，人们开始在法治的框架内、在制度的规范下进行理性的、有序的参与。

我国政治生活领域、经济生活领域以及社会建设领域自改革开放以来都发生了天翻地覆的变化，但社会建设滞后于经济领域、政治领域也是不争的事实。经济领域的改革成效显著，配合经济领域的改革，政治领域的改革也按部就班展开，目前进展较慢的即社会领域的建设。社会领域的改革已经开启，但"后总体性社会"并未完全打破"总体性社会"格局，人们的意识和观念以及行为习惯等并不会在短时间之间发生质的改变。改革开放之前，尽管人们的"参与度"很高、"责任意识"很强，但这种参与更多的是政治动员之下的参与，"责任意识"更多体现的是对上的忠诚、政治上的忠诚，这与作为民主社会一份子的现代公民基于对个人合理需求的表达、对他人的责任、对公共利益的维护所表现出来的参与和责任心是不同的。

聚焦政府购买，社会公众作为三元主体的一元应具备区别于传统社会臣民以及改革开放之前民众的参与行动、社会责任、独立人格、理性精神等人性品质和精神样态。社会公众应不盲从、不狭隘、敢担当、有行动力，不选择"独善其身"，尽管"独善其身"也很重要，而是选择积极融入社会、"兼济天下"。这里的"兼济天下"表现为对他人利益的关心、对公共利益的维护。维护公共利益、关心共同体每个成员的权利是公共精神的追求，在政府购买中，社会公众维护的也是整体的利益，而非只顾及自身。对社会整体利益的维护和对社会成员权利与尊严的关注要通过实际的行动来体现，参与意识和责任意识则是这种行动的重要动力源。

作为政府购买三元主体的一元，社会公众的参与意识和责任意识的重要性已不言而喻。责任意识意味着社会公众不仅仅

第五章 政府向社会组织购买公共服务公共性的支撑性保障

是作为消极的"消费者"而存在,消极地等待和接受政府或者社会组织供给的公共服务,不提出要求,不参与过程,不评价结果,而是作为整个公共服务提供过程的重要一元而存在。作为积极的一元,社会公众有义务相对清晰地、理性地表达自身的公共服务需求,帮助政府和社会组织更好地确定整个政府购买流程的起点,即确定购买内容。社会公众还可以参与到社会组织的生产过程中,对其行为进行监督,并及时将信息反馈给政府,这一监督构成过程性监督的重要组成部分。社会公众还要将公共服务质量等信息进行反馈,为政府更好地决策、社会组织改进生产行为等提供依据。具备参与意识和责任意识的社会公众才是具备公共精神的社会公众,才能助推社会公众以其公共精神来保障公共服务的公共性。

二、社会公众的规则意识与公共利益观念

公共精神是对公共意识、公民意识以及一系列理性品质的概括,可以被理解为对长期共同生活形成的准则和规范的主观认同和客观践行。[1] 准则和规范被包含在公共精神概念体系中,这些规则在长期的公共生活过程中形成,并潜移默化地对人们的行为产生影响,而遵守这些准则和规范的结果则指向对公共利益的维护。发达公民社会中的公民具有强烈的规则意识,如对法律法规、社会公德等的遵从等,他们倾向于通过制度化的、理性的途径来表达利益、争取权益、解决问题。此外,公共精神还意味着对社会整体利益的维护,以及对社会共同体中

---

[1] 袁祖社:"'公共精神':培育当代民族精神的核心理论维度",载《北京师范大学学报(社会科学版)》2006年第1期。

每一个成员的权利和尊严的关注。[1] 是否关注和维护公共利益，是否将其作为行为的底线也是衡量公共精神的重要标准。公共精神从有公共生活开始就一直被讨论，我国传统王权社会却没有给予公共精神足够的发展机会和空间，人们的公共利益观念薄弱。清末民初的思想家严复、梁启超、马君武以及林语堂等对此都有论述，梁启超认为，我们的国民仅关心个人私事，而不关心国家大事，根源在于公德不发达[2]，林语堂直接认为我国原来没有公共精神、公共意识、社会服务等词语。[3] 社会公众公共利益观念薄弱，则其志愿精神、奉献精神必然大打折扣，不关心其他社会成员的利益。

直至今日，规则意识和公共利益观念薄弱仍是阻碍社会发展的顽疾。规则意识薄弱的典型表现就是"找关系好办事"几乎成为人们的思维定势，有经济学家将人们因为办事找关系而耗费的人力、物力、财力等"交易成本"称为"关系税"或"腐败税"。[4] "找关系"现象既是社会不良现象，又徒增社会整体交易成本。人们碰到问题时习惯性地去"找关系"，缺乏通过制度化的途径和规则来解决问题的意识，有时可能是因为途径、制度、规则不健全、不完善，而有的时候即使有健全的途径、制度和规则，人们也会选择绕开这些途径、制度和规则而通过找关系来另辟自己认为有效的途径。而在社会转型期，规则意识匮乏可能造成更为严重的社会问题。在社会转型过程中，社会问题和矛盾交织，如何化解这些问题和矛盾成为保持社会

---

[1] 刘鑫淼、林春逸："培育公共精神 构建和谐社会"，载《毛泽东邓小平理论研究》2005年第8期。
[2] 梁启超：《新民说》，中州古籍出版社1998年版，第65页。
[3] 林语堂：《吾国与吾民》，宝文堂书店1988年版，第157页。
[4] 金碚："中国经济发展新常态研究"，载《中国工业经济》2015年第1期。

第五章 政府向社会组织购买公共服务公共性的支撑性保障

稳定的关键所在,这需要政府和民众的共同努力,政府要丰富和完善制度化的利益表达途径,尽可能地满足基本公共服务需求,社会公众则要通过组织化的途径理性地进行利益表达、理性地与政府互动,在政府购买中还包括理性地与社会组织的互动。当社会公众缺乏规则意识时,他们不懂得或者不愿意通过制度化、组织化的途径来进行利益表达,一味通过非理性的方式进行,易于为群体性事件等埋下祸根。

公共利益观念薄弱则是我们需要直面的另外一个问题。国家和社会的良好治理既需要良法,又需要良好的公民德性。[1] 公民德性包含繁杂的内容,但能否对他人和社会整体利益予以关注并对增进公共利益做出贡献是一个基本的标准,即在发达的公民社会中,人们的公共利益观念和社会发展之间形成良性互动,公共利益观念促进社会发展,社会发展又反过来增强人们的公共意识和公共利益观念。在公共治理主体日益多元化的背景下,公共利益的实现主体发生变化,政府、社会组织、企业以及这些主体相互结成的伙伴关系都是实现公共利益的主体[2],公民是否具有公共利益观念直接影响到多元主体对公共利益关怀的成果。个体如果沉溺于狭窄的个人利益,凡事以个人利弊得失为取舍,对公共事务、公共利益不管不问,则个体是缺乏公共精神的,个体与个体之间关系松散,个体与社会之间缺乏必要的连接,公民缺乏对公共利益关怀的情怀。新的时代赋予了公民以重任,但个体公共利益观念薄弱,个体尚不完

---

[1] 张国庆、王华:"公共精神与公共利益:新时期中国构建服务型政府的价值依归",载《天津社会科学》2010年第1期。
[2] 张国庆、王华:"公共精神与公共利益:新时期中国构建服务型政府的价值依归",载《天津社会科学》2010年第1期。

全具备公开讨论和审慎思辨的能力，而这些皆是形成公共舆论以保护公共利益所需要的。[1]

聚焦政府购买领域，规则意识和公共利益观念皆为社会公众应具备的基本素质，也是社会公众积极参与政府购买的支撑。当社会公众关注公共利益，并遵循公共生活基本规则时，便会通过制度化、组织化的途径来解决问题、实现公共利益。社会公众不会被动接受各种际遇，而是去积极争取应有的权益，但这种"争取"又是在制度规范的限定之内的。他们不是以破坏社会秩序、付出沉重个人代价来引起关注，而是通过充分利用现有制度体系内的资源来维护和实现自身的、他人的及公共的利益。这种智慧和能力将原子化的个人凝聚起来，能够超越自身利益局限，关注其他公共服务使用者的利益、公共利益。这需要一个逐步发展和转变的过程，毕竟我国公民社会建设脱胎于特殊的历史条件，传统社会的影响根深蒂固，社会公众在未经过充分的政治参与等民主训练的情况下就踏入了多元主体合作治理的时代。

具体来看，社会公众作为公共服务的使用者，在享受政府、社会组织供给的服务的同时，也应以行动来积极配合政府、社会组织的行为。社会公众要有规则意识，无论是在服务需求表达方面、监督和评估方面，还是在与其他使用者的互动方面，都要按照既定的规则来行动。社会公众规范有序的参与与政府的宏观规划、社会组织的具体生产形成良性互动，减少了三元主体之间博弈造成的内耗。同时，社会公众还应具备公共利益观念，能够理性地处理个人利益和他人利益、个人利益和公共

---

[1] 刘伟忠："论公共政策之公共利益实现的困境"，载《中国行政管理》2007年第8期。

第五章 政府向社会组织购买公共服务公共性的支撑性保障

利益之间的关系。公共服务受益对象由一个个的个体组成,个体之间尽管有着对某方面公共服务的共同需求,但是个体之间因为受教育程度、收入水平、年龄、个人观念等的不同,对公共服务水平的要求等可能不同,即对同一类型的公共服务,社会公众的需求也可能存在差异性。政府出于公平、效率等价值因素以及提供能力等现实因素的考虑,不可能面面俱到地满足每一项具体、细微的要求,政府能够做到的是汇集信息之后按照民主决策原则确定服务内容,社会组织则负责落实。这就要求社会公众有公共利益观念,不受一己私利所限,能够站在公共服务提供的全局来思考和行动。

三、社会公众的权利意识与理性精神

权利意识、理性精神是公共精神的重要组成部分。权利是人们的一种行为资格和可能性,与人们的需要和利益的满足相关,体现的是人的自主性。[1] 公共精神包含着公民权利的向度,公民权利意识强弱表现为公民对自我利益的认知、实现利益方式的选择以及如何采取措施更好地保障自身权益的心理等。权利在学理及实践中都具有特别的重要性,原因在于政府强制性的公权力来自于公民的授权,公民让渡的恰是自身的部分权利。我国社会发展的特殊性在于并未经过市场经济发展的充分洗礼即开启民主政治建设历程,市场经济发展在促进交往、扩大公共领域方面的作用尚未充分发挥。[2] 因为未经市场经济充

---

〔1〕 吕世伦、文正邦主编:《法哲学论》,中国人民大学出版社1999年版,第544~546页。

〔2〕 [法]阿兰·图雷纳:"在当代,民主意味着什么?",载中国社会科学杂志社编:《民主的再思考》,社会科学文献出版社2000年版,第18页。

分发展，缺乏发达完善的市场经济体系，缺乏独立的公共领域，知识界的精英分子承担了推进公民权利意识、公民社会建设等职责，客观上造成了公民意识"早产性"、"抽象性"和基础的"羸弱性"[1]，权利意识也不例外。有些人尚未彻底走出臣民意识和观念，习惯性地接受和服从各项安排，政治主体感意识不强，平等权利观尚未形成，这是我国政府购买的客观背景。因此，权利意识培育是我国社会主义民主建设的重要内容。

理性精神不足也是公共精神不足的表现。人们对理性的探讨发源于古希腊时期，亚里士多德"人是理性的动物"这一命题认为，人可以根据理性原理而过上理性的生活。[2] 后经文艺复兴时期的巩固，及至发展到现代社会，理性精神是西方文明发展的一条主线。理性精神有着丰富的内涵，现在一般用来指突破传统、不盲从于权威、对知识和真理的追求、对人的价值的尊重等。[3] 理性精神的匮乏是我国文化发展的一大特点。在传统社会中人们形成了权力崇拜意识和臣民心理，统治者高高在上，人们非臣即民，接受统治。时至今日，理性精神不足仍然对我们的政治生活、社会生活等发生影响。公民理性精神不足，容易臣服于权威，习惯性地服从政府的各项制度和安排，而对自身在政治生活中能否发挥作用信心不足；理性精神不足还表现为创新意识薄弱，受传统所累，对新生事物接纳缓慢。

聚焦政府购买领域，社会公众对政府购买关注度不高，意识不到这是与自身权益实现息息相关的改革举措，对政府购买

---

[1] 傅慧芳："中国公民意识的本土特质"，载《东南学术》2012年第5期。

[2] 周辅成编：《西方伦理学名著选辑上卷》，商务印书馆1987年版，第298页。

[3] 丰子义："论现代化进程中的理性与非理性"，载《北京大学学报（哲学社会科学版）》1998年第5期。

第五章　政府向社会组织购买公共服务公共性的支撑性保障

的参与度不够。在具体某项政府购买实施之前，公共服务需求确定的环节就需要社会公众的参与，有了社会公众的参与公共服务才更加明确，那么，在具体购买实施中社会组织才能够接到更为明确的任务，否则，"购买方缺陷"将拖了社会组织的后腿。在社会组织获得合作机会开始提供公共服务时，社会公众应该与政府部门以及其他主体一道扮演监督者的角色，全程监督社会组织的表现。在社会组织完成公共服务提供之后，社会公众也应作为主体之一来评估服务提供质量。若社会公众能扮演好购买过程中各个阶段的角色，那么，社会组织提升内部管理水平、增强公共服务提供功能的动力将更足。政府购买更容易实现政策初衷，社会公众的权益得以保障。

　　在政府购买中，社会公众的理性精神则会帮助其摆脱对政府直接供给公共服务功效的盲从，接纳由社会组织来供给公共服务。因为长期以来，我国的公共服务皆是由政府来垄断性地提供，社会组织的作用并不显著，且社会组织、政府购买皆是新生事物，社会公众需要一个接受的过程。社会公众若不接纳由社会组织来直接供给公共服务，则实际上是增加了社会组织提供公共服务的成本。对于具备理性精神的社会公众来说，他们能够突破公共服务供给机制变革的表象而认识到变革的本质意义所在，即公共服务供给方式变革最终目的还是要满足社会公众的需求，保障公民的社会权利。有了这样的认识，社会公众不会再盲目排斥社会组织的生产者地位，以开放的态度迎接新事物。同时，理性的社会公众对自身能够发挥的作用具有信心，会以积极的姿态参与到政府购买中，勾勒出政府购买领域积极公民的肖像。

第三节　社会公众公共精神的提升策略

社会公众的公共精神为政府向社会组织购买公共服务的公共性提供支撑性保障，但社会公众的公共精神不会自发形成。而且社会公众的公共精神是整个社会公共精神的一个缩影，不可能脱离整个社会公共精神的大环境而独立发展。正因为如此，社会公众公共精神的提升是一个系统工程，既与民主政治建设、市场经济发展等大环境有关，又与有针对性的公共意识教育、公共参与拓展相联系。培养或者提升公共精神，我们要明确目标，一句话概括即如弗雷德里克森所言，培养品德高尚的公民[1]。品德高尚的公民尊重并认同国家的法律、法规，并自觉以此为行动的边界；品德高尚的公民关心和关怀公共事务，他们有着公共情怀，有着对公共事务的热爱，有着强烈的参与意识和责任意识；品德高尚的公民乐于与政府、社会组织合作，彼此保持信任；品德高尚的公民彼此之间和谐相处，即保持托克维尔所言人们彼此之间乐于施以援手，而非袖手旁观的关系。

公共精神培育目标的明确是第一步，接下来更为重要的工作则是公共精神的培育路径问题，即如何来培育公共精神。公共精神不是人的自然秉性，难以通过私人生活培养，而只能建立在公共生活经验和公共理性的基础之上。[2] 这意味着公共精

---

[1]　[美] H. 乔治·弗雷德里克森:《公共行政的精神》，张成福等译，中国人民大学出版社2013年版，第30页。

[2]　龙兴海:"大力培育公民的公共精神"，载光明网，http://www.gmw.cn/01gmrb/2007-08/28/content_661893.htm，最后访问时间：2015年11月12日。

第五章　政府向社会组织购买公共服务公共性的支撑性保障

神的提升须与公共生活、公共空间、公共意识等相关联，只能在公共的环境中逐步培养和形成。具体来看，公共精神的培育有两个基本的方面，一方面是强化公共意识教育，另一方面是开放公共领域并拓展公共参与。公共意识与公共领域密切相关，是人们对公共领域的认识和行为的自觉性。[1] 公共意识教育表现在社会主义核心价值观教育、法治教育、公民道德教育等教育活动中。开放公共领域并拓展公共参与则提供了公共精神生成的环境和条件，在人们有了公共意识的同时，公共领域的开放、参与机会的提供就促成了从观念到行动的转化。公共意识教育强化人们的认识，拓展公共参与则是具体的行动，二者良性互动，共同推动着公共精神的提升。

一、强化公共意识教育

社会公众具备公共意识，政府购买才能健康发展。公民具备公共意识，国家和社会的良善治理才能实现。公共意识涵盖范围很广，凡是与公共生活相关，能够助推人们积极地、高质量地参与公共生活的意识和观念皆可以纳入其中。总之，增强公共意识就是使人们逐步摆脱一己私利之观念，走出狭隘的个人生活范畴，积极主动地投入到公共生活中去的观念。结合着当下我国的国情，公共意识的培育可以从社会主义核心价值观教育、法制教育、公民道德教育等方面展开，这几个方面并不是完全独立的关系，而是有所交叉又有所侧重，共同强化着包括社会公众在内的公民的公共意识。

---

〔1〕 陈付龙、叶启绩："民主模式、公共生活与公共意识"，载《江西财经大学学报》2011年第1期。

(一) 社会主义核心价值观教育

社会主义核心价值观是在价值观日益多元的时代被提出的，核心价值观既有关于国家现代化建设目标的内容"富强、民主、文明、和谐"，又有生动描述美好生活层面的内容"自由、平等、公正、法治"，还有关于公民基本道德规范方面的内容"爱国、敬业、诚信、友善"。核心价值观与公共精神有着内在的契合性，国家现代化建设层面的内容为公共精神培育创造了条件，富强、民主包含着对人的权益和自由的尊重，对人的自由而全面发展的关注。[1]"和谐"体现着人与人之间、人与自然之间的和睦相处，这与公共生活要求的公共情怀是高度一致的。关于美好生活层面的内容则体现着个体与个体、个体与社会、个体与政府、个体与国家等之间的符合公共生活原则、公共理性精神的状态。而公民基本道德规范方面的内容则体现公民个人在个人利益和他人利益、个人利益和公共利益、个人品质等方面的要求，这也与公共精神要求的超越个人利益而关心公共利益、乐善好施等品格和内涵相一致。因此，公共精神培育和提升可以通过社会主义核心价值观教育来实现。

社会主义核心价值观教育的关键在于落到实处，不能停留在口头上，更不能停留在文件中。习近平同志曾指出，"要注意把社会主义核心价值观日常化、具体化、形象化、生活化"[2]，这就提出了一个总的要求，为落实核心价值观教育指明了方向。核心价值观是我们民族价值观的精华，是我们在实践而不自知

---

〔1〕 宋丽萍、丁德科："培育公共精神与社会主义核心价值观建设"，载《西安交通大学学报（社会科学版）》2013年第5期。

〔2〕 "当好全国改革开放排头兵 不断提高城市核心竞争力"，载《人民日报》2014年5月25日，第001版。

第五章 政府向社会组织购买公共服务公共性的支撑性保障

的价值观念。开展核心价值观教育就是既要让这些观念内化为我们的精神内涵，又要让这些观念落实到我们的行动当中。要通过紧密贴近生活的、生动形象的形式来开展教育活动，并且这是一项持续性的、全民参与的活动。核心价值观教育已经在实践中初见成效，可以预见教育活动的持续开展将对人们公共意识的增强、对人们公共精神的提升起到显著的推动作用。政府购买中的社会公众作为社会的成员自然也被纳入到核心价值观教育活动当中，在不断地学习中获得提升，为其公共精神的提升夯实根基。

（二）法制教育

具备公共精神的社会公众必然是知法、遵法、守法的社会公众，法律是一种规则、包含着理性精神、维护着公共利益，因此，法制教育也是提升社会公众公共精神的重要途径之一。我国从 1986 年开始开展普法教育，其目的在于增加公民的法律知识、强化公民的法律意识并营造学法、守法、用法的环境。除却对于大众的普法教育，还有针对党员干部的专门的法制教育，其目的也在于要求领导干部要树立法治理念、运用法治思维和采用法治方式开展工作。十八大报告对全体公民和领导干部的法制教育均提出了要求，并明确了目标，推动着法制教育的开展。

国家和社会越是发展，就越需要政府、公民等自觉以法律为行动的边界。政府以法律为基本的治理手段，公民则严格守法，在不违反法律规定的情况下参与公共生活、维护个人利益和公共利益。进一步的法制教育仍然要紧紧围绕着《宪法》展开，《宪法》是对国家政治生活最基本的安排，提供的是对人权最基本的保障。公民通过学习《宪法》知晓自身的权利和义务，确立参与公共生活的准则。当前我国将每年的 12 月 4 日确立为

"国家宪法日",并确立了"宪法宣誓制度",这些从根本上都有助于社会整体公共精神的提升。除了《宪法》这一根本大法之外,我们还有一套基本完整的法律体系,这些都要纳入到法制教育的内容当中。

针对政府购买,需要普及的法律知识更加具体。首先是《政府采购法》,尽管该法是针对"政府采购"而非针对"政府购买公共服务",但可以学习其基本的规范和程序。此外,国务院及各部委出台的有关政府购买公共服务的意见、办法、规定等也要加以宣传。政府购买实践中出现的部分社会公众不了解政府购买政策、不知晓政府在公共服务领域改革事项等情况表明这一方面的工作仍然要持续不断地开展。对于社会公众来说,以《宪法》为基本依据,以包括《政府采购法》在内的政府购买公共服务的法律、法规、规定、意见等为指南,可以更好地参与到政府购买的实践中。这些法律规定框定的是社会公众的行动边界,形成的是社会公众的法律意识,最终的表现则是社会公众与政府、社会组织在政府购买中的理性互动并促成政府购买的健康发展和公共利益的实现。

(三)公民道德教育

公民道德教育亦是提升公共意识的重要进路。公民道德教育实际上是围绕着公民的本质特征而建构起来的教育体系[1],是培养现代社会公民的重要途径,有助于动员公民参与公共事务。[2] 公民道德教育关系着现代公民的培养、关系着良善社会秩序的形成、关系着健康公共生活的开展而受到各国重视。公

---

[1] 曹辉:"新中国60年公民道德教育的研究与反思",载《伦理学研究》2009年第5期。

[2] 李萍:"论公民道德建设的二重性",载《广东社会科学》2022年第2期。

第五章 政府向社会组织购买公共服务公共性的支撑性保障

民道德建设的目标在于培养合格的现代公民,基本出发点在于培养人们的独立人格,提升人们的权利意识和义务观念,以及促进人们在普遍遵守规则的基础上和谐相处。[1] 独立人格不可或缺,否则人们无法以平等、独立、责任的姿态出现在公共生活中。权利意识、义务观念以及权利和义务相统一的意识也是必要的,通过公民道德教育,人们充分认识到自己享有哪些权利,如何行使这些权利,以及在享有权利的同时要尽到必要的义务等。人与人之间的和谐相处则是在遵守一定的规则基础上实现的,是人们的互利行为和互利状态。

公共精神培养和公民道德教育目标具有高度的一致性。我国曾在2001年颁布《公民道德建设实施纲要》、2019年颁布《新时代公民道德建设实施纲要》,对公民道德教育予以指导。为提升公共精神,我们要在借鉴他国公民道德教育经验基础上更加生动、更富有成效地开展公民道德教育。在公民道德教育领域,新加坡以对国家的认同为基础,借鉴儒家文化,引入法治手段并构建了全方位的教育网络[2],成效显著。此外,美国的公民道德教育也颇具成效。借鉴他国经验,我们也要构建以家庭、学校、社区等为基础的教育网络,立足于国情,培养人们的社会公德、职业道德、家庭美德等。具有这些公德、道德、美德的公民参与政府购买作为消费者而存在时,他们会对自己的权利和义务有清晰的认识,知晓自己的权利所在,并能够按照规则来保护自身权益,同时能够兼顾其他使用者的权益,而

---

[1] 曹辉:"新中国60年公民道德教育的研究与反思",载《伦理学研究》2009年第5期。

[2] 夏家春:"新加坡公民道德教育特色及对我们的启示",载《学术交流》2009年第3期。

这些正是社会公众的公共精神。

二、拓展公共参与

公共意识教育更多的是思想观念的传递，如参与意识、责任意识、公共利益观念、权利意识等，个体接收到的是一个一个的符号。公共意识教育的结果是公民知晓了自身应具备的基本素养，并开始有意识地关注这些素养的形成。但真正的公共精神是内化在公民的行动中的，是公民在各种参与活动中体现出来的，非经过反复的实际操练无法生成。因此，要通过拓展公共参与使公民在参与中学习，不断地提升公共精神。公民参与日常政治生活积累下来的参与经验都会在公民参与到政府购买时转化为社会公众的公共精神，并促进购买的健康发展。

（一）日常政治生活中的公共参与拓展

如同政府购买中社会公众的公共精神是社会整体公共精神的缩影，社会公众的参与也是公民参与的一个缩影。社会公众的参与能力提升应以日常政治生活中经历的民主训练、积累的经验为基础。我国以《宪法》为根本依据，在《立法法》《选举法》《行政处罚法》《行政许可法》等法律支撑下构建了公民参与的制度体系，如人民代表大会制度、信访制度、基层群众自治制度等。[1] 公民参与的制度体系为日常政治生活中的参与提供了基本的保障，参与实践也呈现精彩纷呈的画面。不仅如此，公民参与还在新的参与理论指引下生发出新的形式，如"协商民主"理论及其指引下的生动实践，以浙江温岭的民主恳谈会为代表，在基层激发了极大的活力。

---

[1] 褚松燕：《权利发展与公民参与：我国公民资格权利发展与有序参与研究》，中国法制出版社2007年版，第222~242页。

第五章 政府向社会组织购买公共服务公共性的支撑性保障

公民参与有多种形式,如参与公共事务的讨论、参与投票、参与选举等[1],参与的过程正是公民公共精神形成和培养的过程。公共利益观念是对个人利益的超越,以公民长期对利益博弈的参与为基础,经验证明在维护公共利益的前提下才能够更好地维护个人利益,那么,这种观念慢慢就会内化到公民的行动中。规则意识和理性精神也不例外,公民参与公共生活,遵守或者不遵守规则、理性协商或者自顾自地表达会导致不同的结果,比如按照一定规则来理性协商解决问题的概率大于不遵守规则、不妥协不协商的概率,人们也会逐渐做出理性选择。再则,公民的参与意识等也都是在实践中逐渐生成的,参与活动带来的积极影响一点点消除人们原来消极、被动、盲从等消极观念和行为,又一点点增强人们对自身参与能够对权益维护产生的正面效应的信心。量变积累到一定程度发生质变,公共精神成为人们行动的支撑和动力。

为培养公民的公共精神,要进一步拓展公共参与的途径,鼓励公民参与社区层面、公民社会层面、国家层面的各种公共事务的管理。[2] 社区层面的公共事务为参与者所熟悉,又关系着参与者的切身利益,通过社区层面的参与可以获得基本的锻炼。实际上,不管是哪个层面的参与,关键在于参与机会的获得,即参与制度的供给和参与权利的保障。从政府整体运作的角度来看,打造公开、透明的服务型政府能够为公民参与提供保障,政府要按照《政府信息公开条例》等公开信息,为公民参与创造条件。同时,政府要逐步完善具体的参与制度,如听

---

[1] 李萍:"论公共精神的培养",载《北京行政学院学报》2004年第2期。
[2] 龙兴海:"大力培育公民的公共精神",载光明网,http://www.gmw.cn/01gmrb/2007-08/28/content_ 661893.htm,最后访问时间:2015年11月12日。

证制度等。当公民在参与的过程中感受到其参与对自身、对共同体带来的价值时，其参与才是持续的，公共精神提升也能获得源源不断的动力。

(二) 政府购买中的公共参与拓展

具体到政府购买中，社会公众的公共精神也要通过实践的方式逐步培育，即通过社会公众在各个环节的参与来潜移默化地提升公共精神。如前所述，社会公众作为消费者抑或一些医疗服务、养老服务等服务项目中的共同生产者，其公共精神表现在与政府、社会组织的良性互动中，并具体体现在政府购买的各个环节，如购买范围的确定、合作伙伴的选择、公共服务的生产、评估和监督等。这就要求政府购买要具有高度开放性，要为社会公众参与提供途径，保障社会公众参与的机会。

在购买内容确定的环节，即"买什么"的环节，这是政府确定要进行公共服务供给机制改革后行动的第一个环节，社会公众作为公共服务的最终使用者理应在这一阶段发声。这一阶段当前的做法是由各级政府制定购买目录，相关文件规定购买目录要征求社会公众意见，但在具体实践中落实效果较差。因此，这一阶段可以引入听证制度等，构建社会公众参与的途径，"买什么"要听听公共服务最终消费者的意见。

在合作伙伴确定的环节，即"向谁买"的环节，这一阶段目前聚焦于政府和社会组织之间的互动上，社会公众没有参与的机会。这一环节更多的是在封闭的状态下进行的，作为消费者的社会公众的知情权被严重侵蚀。政府承担着公共服务提供的终极责任，当政府将生产环节转交于社会组织时，社会公众有权利知晓具体的生产者是如何产生的以及具体生产者的情况。这一阶段可以通过引入社会公众评委、拟合作社会组织公示等制度搭建社会公众参与的渠道。

第五章 政府向社会组织购买公共服务公共性的支撑性保障

在公共服务的生产环节,这一环节由具体的社会组织来完成,社会组织供给服务的过程也是社会公众享受服务的过程。这一环节社会公众的参与表现为对社会组织具体生产情况的监督等,政府要搭建社会公众意见反馈渠道,并为社会公众对公共服务质量的反馈意见设置合理的权重,鼓励社会公众的参与。监督和评估环节的要求相似,都要构建社会公众意见反馈的渠道,充分发挥社会公众直接接触社会组织、直接感受公共服务质量在监督和评估方面的优势。

此外,需要指出的是公共精神是社会整体发展在精神领域的投影,仅有公共意识教育和公共参与拓展还不够,从大的背景性条件来看,需要市场经济发展、民主政治建设等的同步推进。市场经济对公共精神的培育作用在于其对人们法治观念、规则意识等的不断强化,因此,要持续不断地推进市场经济的发展,不断地增强社会自主性[1],为公共精神生成和发展提供土壤。民主政治建设的作用则在于其提供的制度、机制等保障了公民有充分的参与机会,公民在参与的过程中学会倾听、学会妥协,逐渐成长为具备公共精神的公民。而这些也是政府购买中作为消费者的社会公众的公共精神生成和提升的过程。

---

[1] 欧健:"社会主义市场经济视域中国家治理的逻辑演进",载《社会主义研究》2014 年第 5 期。

第六章　政府向社会组织购买公共服务的公共性过程建构

三元主体公共品格需要在过程中加以呈现,并在过程中实现升华。这里的"过程"指的是政府、社会组织、社会公众三元主体的互动过程,体现的是三者之间的动态博弈。政府向社会组织购买公共服务的公共性保障既需要政府、社会组织、社会公众三元主体公共品格的维护,又需要三元主体之间的良性互动,即构建政府购买的公共性过程。要构建公共性过程,首先是三元主体之间要具有相互性[1],相互性的内在要求是三元主体要在主体独立性基础上形成价值共识,在此基础上在政府主导下开展平等合作,相互性的基本保障则为公民社会建设和社会组织管理制度的科学化。其次,在相互承认、彼此认同的基础上,三元主体应立足于公共性维护这一基点、借助于以竞争性购买为主的多元购买模式来进行互动。最后,三元主体之间的互动要具有规范性,这种规范性必须通过程序的正当性、流程的科学性、过程的开放性等来加以体现和保障。

---

〔1〕 借鉴孔繁斌在《公共性的再生产:多中心治理合作机制建构》中的界定,指的是多中心治理中多元主体之间相互承认、相互尊重等。参见:孔繁斌:《公共性的再生产:多中心治理的合作机制建构》,江苏人民出版社 2012 年版,第 127 页。

第六章 政府向社会组织购买公共服务的公共性过程建构

第一节 政府向社会组织购买公共服务三元主体的相互性

在政府购买中,政府、社会组织、社会公众之间的利益博弈伴随着三元主体关系的变革和调整。关系变革不到位,利益博弈、利益调整也不会到位,相关主体受到的激励不够,其参与的积极性就会大打折扣,政府购买便不能健康发展,其中最为关键的是公共服务的公共性保障将失去依托。因此,保持三元主体间良性互动的前提和基础是明确三元主体的地位,理顺三元主体之间的关系。在此基础上,三元主体要能够形成价值共识,即通过良性互动保障公共服务的公共性、维护公共利益。三元主体关系的理顺在政府购买中则表现为政府主导下的平等合作关系。从实践来看,政府在社会治理中的主导地位还将长期存在。既然如此,那么如何才能够确保这种政府的主导始终都在民主、科学与法治的轨道上运行是我们所无法回避的现实性问题。实现这个目标,除了政府内部自身的积极主动变革之外,还需要来自社会的力量加以平衡。因此,从三元主体相互性视角而言,就是要推动公民社会的成长,其中从更为微观的角度来看则是作为公民社会重要力量的社会组织的发展,这就亟需社会组织管理制度的科学化来保障。

一、三元主体相互性的内在要求

多元主体间的相互性规则包括相互承认与尊重和相互信任与合作。政府购买中,三元主体之间实现相互性,必须满足相互性的上述要求。相互承认与尊重要求三元主体之间既相互独立,又具有追求公共利益的价值共识;相互信任与合作则要求三元主体在彼此承诺的基础上相互信任、展开合作。三元主体的相互性体现在政府与社会组织、政府与社会公众、社会组织与社会公众之间的相互性上。就我国政府购买的现实来看,集中体现在政府与社会组织之间的关系上。既彼此保持独立、互相尊重,同时又存在基于公共利益价值追求的共同信仰。从我国目前的社会实际来看,政府主导下的平等合作无疑是最佳选择。原因主要有两点:一是政府主导有着坚实的制度基础和法理依据,二是与社会组织和社会公众相比,政府的社会治理体系和治理能力相对成熟、稳定。在此还要特别说明的是,政府主导与平等合作并非彼此矛盾。政府主导强调的是结构性力量对比,而平等合作关注的是主体间的合作关系。当然,公民社会的成长和社会组织的充分发育有助于强化和巩固主体间的平等合作关系。

(一) 三元主体独立性基础上的价值共识

政府购买的实质在于变公共服务的政府垄断性供给为政府和社会组织之间的契约化供给,政府和社会组织之间应当是相互独立、平等合作的契约关系,而不是控制与被控制、管理与被管理、上级与下级之间的关系,保持主体独立性是实现合作的基础。在政府垄断供给时代,上级政府与下级政府之间、政府与其安排提供公共服务的事业单位等之间的关系由政府系统内部的科层制来规范。在政府购买的新时期,政府与社会组织之间要通过购买合同这一介质达成平等合作关系。但我国政府购买还远未发展到如此水平,在实践中出现了"纵向一体化"倾向,即政府通过人事、资金、业务主管等方式,将政府科层化、行政化的方式引入到合作的社会组织中,或者使相关的业

第六章 政府向社会组织购买公共服务的公共性过程建构

务内部化。[1] 政府的"体制嵌入"和社会组织的"组织回应"[2] 使政府与社会组织关系更加扑朔迷离,二者关系能否朝着规范的契约式合作关系发展形势并不明朗。

面对政府在公共服务中的主导地位,社会组织能够保持自身的独立性至关重要。可以说,社会组织的独立性和自主性在很大程度上决定着其与政府之间的协同效果。以我国公益慈善事业为例,尽管目前公益慈善组织发展初具规模,并且形成了一整套相对完整的制度体系,但公众依旧普遍缺少对慈善组织的信任。其中很重要的原因就是这些公益慈善组织独立性和自主性不足,或者本质上就是准政府机构。它在实际的运作过程中体现出的更多是政府意志,折射出浓厚的行政化色彩,从而导致其失去了本应具有的公益性和服务性。就社会组织自身而言,独立性和自主性不仅关系到其内部治理结构的完善,同时也直接决定着组织的治理能力。它们是社会组织的基本特征之一。按照这个判断标准,那些拥有官方头衔或半官方性质的慈善机构并非真正意义上的社会组织。就政府而言,具有独立性和自主性的社会组织是社会治理中的平等参与者。这种平等集中体现在其组织独立、决策自主、行为自治。基于多中心治理的结构体系中,独立自主的社会组织不仅是政府在社会治理中的重要帮手,也能够对政府的行为进行有效的监督和制约。从当代中国社会组织发展路径来看,政府对于社会组织态度大体经历了由"管制"向"解制"变迁的过程,即政府开始赋予社

---

[1] 邓金霞:"地方政府购买公共服务'纵向一体化'倾向的逻辑——权力关系的视角",载《行政论坛》2012年第5期。
[2] 李春霞等:"体制嵌入、组织回应与公共服务的内卷化——对北京市政府购买社会组织服务的经验研究",载《贵州社会科学》2012年第12期。

会组织更加广阔的成长空间，并以购买的方式培育社会组织的成长，而且在"解制"的过程中更加注重"服务"导向。与域外社会组织成长路径不同的是，我国很多社会组织都经历了由体制内向体制外延展的过程。也正因为如此，这些所谓的社会组织一般与政府保持着千丝万缕的联系，缺少完全的独立性和自主性。因此，要实现政府购买中主体间相互性的要求，必须依法确立社会组织在政府购买中的主体地位，强化其独立性和自主性。

相对于社会组织因独立性和自主性不足而引发的主体性欠缺不同，社会公众在政府购买中的主体性并不明显。这一方面是因为无论是社会公众还是公民社会都是高度抽象的概念，具有极大的包容性和广泛性，并不像社会组织那样有明确具体的所指，另一方面社会公众的组织化程度和主体权利责任意识相对薄弱，难以形成宏观层面的有效协同。如前所述，作为公共服务的使用者和政府公权力的授予者，社会公众毫无疑问应当成为政府购买过程的参与者、监督者和评估者，其合理性和合法性不容置疑。面对日趋扩大的公共服务领域，社会公众的独立性必须得到清晰的诠释。面对社会组织，社会公众的独立性表现在其所具有的公共精神，即以理性的公民身份来审视其与社会组织之间的互动。面对政府，社会公众的独立性表现在其平等的参与者地位上，即通过主动参与和监督来表达自身利益诉求。社会公众的公民意识包括主体人格、权利自由和参与责任三个层面。所以，其独立性的保障同样需要从上述层面切入。

强调主体独立性的最终目的是在彼此承认和尊重的基础上形成广泛的价值共识，即对公共服务公共性的维护。提供公共服务是政府的基本职能之一。在政府购买中，政府的公权力来源、社会治理和服务面向都是广泛的社会公众，其职能定位和

第六章 政府向社会组织购买公共服务的公共性过程建构

角色转换都是以保障公共服务公共性为最终目标。对于社会组织而言，它们同样有责任来维护公共服务的公共性。与一般意义上的逐利性企业不同，社会组织的首要任务是履行其社会责任，即社会组织以提升社会福祉为己任。政府虽然通过购买的方式将公共服务的生产环节转移给社会组织，但是公共服务的最终面向仍是社会公众，而且购买者又是拥有公权力的政府。这些原因使得作为公共服务生产者的社会组织必须有力地担负起维护公共性的职责。社会公众是政府购买行为和社会组织生产行为的最终受益者，并在购买、生产和使用等环节发挥着重要的监督和评估作用。社会公众的存在本身就是公共服务公共性的最佳诠释，因为他们才是公共服务的最终使用者。三元主体的公共品格并非静态意义上的显性描述，其更需要过程理性建构的支持。尽管政府、社会组织和社会公众对于政府购买的理解和认知不一而同，但是有一点是共同的，那就是维护公共服务的公共性。只有实现了主体独立基础上的价值共识，三元主体才可能在公共服务的购买中实现良性互动。

（二）政府主导下的平等合作

在明确主体独立性的前提下，三元主体之间特别是政府与社会组织之间理应是平等合作关系，是以公共服务提供为目标、以购买合同为基础、以公共服务购买及提供全过程为载体呈现出来的利益协调、目标一致的关系。政府购买将政府的权威制度和社会的志愿制度结合起来，两种制度在各自领域内都是高效的，将二者结合起来在公共服务领域发挥作用，凸显各自优势，各取所需，方能实现共赢。

三元主体关系的清晰定位，首先就要对合作过程中彼此的角色和功能有充分的认识。这一点在前述章节已有非常清晰的阐释，政府、社会组织、社会公众分别作为购买方、生产者、消费者而存在。所购买的公共服务是粘合政府、社会组织、社会公众的介质，三者之间分工不同，但各主体之间是平等合作关系。这里的平等指的是彼此独立，各自有各自的职能，在各自领域发挥作用。以政府与社会组织之间关系为例，社会公众有公共服务需求，政府回应这种需求才能夯实合法性根基，但政府回应的方式有多种，比如可以在直接生产和委托其他组织生产之间做出选择，政府购买即选择与社会组织共同来完成。政府与社会组织在政府购买中即平等的合作主体。

理顺我国政府购买三元主体之间的关系，在充分认识各主体在合作过程中角色和职能的基础上，还要做出妥善的安排以保证这种认识能够落地，毕竟合作主体之间力量对比悬殊。政府依法行政、社会组织的充分发育以及社会公众主体意识的增强都为政府购买健康发展所必需。同时，我们必须认识到政府与社会组织之间的合作是以政府为主导的合作，政府的主导体现在购买制度安排、激励政策出台、财政投入、监督管理等能够强力推进购买发展的方面。政府是购买的主动发起者，尽管政府在购买中的某些表现深受诟病，但作为以公权力为基础的规模最大的公共管理组织，承担公共服务提供职能是义不容辞的，发起公共服务供给机制改革也是为了更好地履行职责。公共服务的特殊性和政府职能共同决定了政府要承担起购买制度供给者的角色，这正是其主导地位的集中体现。

政府主导的方式是基于历史和现实的理性选择，特别是当公民社会尚未发育成熟时。强势政府一直是当代中国社会变迁的基本特征，而它所带来的直接后果就是政府长期是社会治理的主导角色。当然，强势政府亦凸显出社会组织的羸弱和公民社会成长的困境。改革开放以来，强势政府的发展势头逐渐减弱。在很多领域，政府开始注重发挥社会和市场的力量，优化

第六章 政府向社会组织购买公共服务的公共性过程建构

资源的整体配置。尤其是十八届三中全会以来，各级政府着力推行简政放权，积极转变职能和角色，竭力培育公民社会的成长。但是政府在国家和社会治理中的主导地位并未发生实质性改变。平等是对三元主体间互动地位的描述，它更多回应的是因政府强势主导而引发的互动失衡。实现这种理想预期仅靠改变政府强势地位并不能从根本上解决问题，最终还是要以发达的公民社会和成熟的社会组织为依托。随着我国逐渐由总体性社会过渡至后总体性社会，价值和利益多元日趋显性化，不同阶层的力量对比也发生显著变化。在这种情况下，政府虽然仍在国家和社会治理中居于主导性地位，但是面对来自社会的日益多元的利益诉求，政府也需要借助市场和社会的力量，追求效率和公平的最佳结合点。合作是实现共赢的唯一渠道。也正因为如此，三元主体在公共服务购买过程中的治理协同已成为各界关注的焦点。

二、三元主体相互性的基本保障

三元主体间相互性的基本保障在于公民社会的成长和社会组织的培育。在政府主导地位相对稳定的条件下，主体间的承认、尊重、信任与合作顺利实现的关键在于公民社会建设和社会组织治理的现代化。宽言之，社会公众主体人格的塑造、权利维护和责任参与以及社会组织的发展均属于公民社会建设范畴。发达的社会组织和拥有公共精神的公众都是现代公民社会的重要构成。为了清晰地勾勒出相互性保障的现实路径，笔者对社会组织管理制度建设作了专门的论述，以此凸显社会组织在政府购买中的主体角色，而社会公众公共精神的塑造则放置于公民社会建设当中阐述。与很多域外国家和地区相比，我国公民社会成长和社会组织发展呈现出明显的滞后性。政府购买中三元主体的相互性并未真正实现，尚需制度层面的革新以求达至主体间的相互性，为三元主体间的有效互动奠定基础，打开局面。这就要求我们在实施政府购买的同时开展一系列的相关工作，例如深入推进依法行政、保障公民主体人格和基本权利、为社会组织的发展营造良好的制度和舆论环境等，其中最核心的内容无外乎公民社会建设和社会组织管理制度创新。而保障三元主体相互性的重心在于保障社会组织的独立性和公益性，鉴于我国社会组织生存环境的特殊性，政府现在及未来一段时间之内都将在推动社会组织发展方面扮演重要的角色，甚至是主导性的力量。

在此需要特别指出的是，将公民社会建设和社会组织管理制度科学化作为保障政府购买过程公共性的现实路径并不意味着前后两项有着时间序列上的差异，事实上，二者之间在时间序列上是并列的，即二者是同步推进的关系。公民社会建设是一项宏观的系统工程，它不仅关系到政府职能定位和角色转换，以及社会组织的根本性变革，更涉及深层次的体制改革。毫无疑问，社会组织的充分发育是公民社会建设的重要内容，其管理制度的科学化实际上就是在为公民社会建设提供微观层面的创新驱动力。

（一）公民社会建设

公民社会发育程度与一个社会的发展程度高度相关。我国公民社会发展路径与西方公民社会"自下而上"的演进道路不

第六章 政府向社会组织购买公共服务的公共性过程建构

同[1],中国公民社会发展的主要动力来自于国家而非社会。[2]这意味着国家或其代表政府的关注点会对公民社会的发展发挥显著作用,正因为如此,尽管我国在清末民初已有现代意义上的公民社会雏形[3],但公民社会发展之曲折也有目共睹。新中国成立后至改革开放前,公民社会缺乏发展空间,改革开放后与经济领域改革相伴随,政治领域、社会领域开始慢慢松动,我国公民社会发展才算步入正道。但无论是从公民意识程度还是从社会自治程度来看,我国公民社会发育程度都很低。公民社会发育不足导致政府与社会博弈中双方根本不在一个量级上,同样,在政府购买中,社会组织被动参与,缺乏话语权。在我国,公民社会自我发育式的成长方式显然已不可行,由政府主导的上下结合的公民社会建设成为唯一可行的选择。

公民社会建设在政府购买中基本保障作用发挥的逻辑在于其培育的社会力量将逐步改变原来政府与社会组织、社会公众之间的非对称性依赖关系,社会组织的社会根基日益扎实,社会公众的参与权保障愈发稳固,从而加大了其在与政府对话与合作中的分量,为社会组织、社会公众在参与政府购买中争取到更有利的外部环境。社会建设与政府购买的同步推进意味着更多的具有理性、包容、妥协精神的社会公众出现。他们不仅具有强烈的参与意愿和较为突出的参与能力,而且更为重要的是其公共精神的塑造日臻完善。这一方面直接为社会组织的生

---

[1] 郁建兴等:《在参与中成长的中国公民社会:基于浙江温州商会的研究》,浙江大学出版社2008年版,第2页。
[2] 郁建兴、江华、周俊:《在参与中成长的中国公民社会:基于浙江温州商会的研究》,浙江大学出版社2008年版,第7页。
[3] 俞可平:"中国公民社会的制度环境",载俞可平等:《中国公民社会的制度环境》,北京大学出版社2006年版,第9页。

存和发展提供了坚实的社会基础，逐步改变了我国社会组织单向度的发展模式，同时也为实现社会组织民间性、独立性等特征准备了条件，另一方面亦可通过社会公众的参与对政府购买决策和行为形成监督，改变政府在自身发起的改革中的"独角戏"局面，保证购买决策的科学性和购买流程的规范性，从而使社会组织真正在参与政府购买中受益。

公民社会建设应立足于主体人格、权利保障和参与责任三个层面。从主体人格层面而言，公民社会建设需培育独立、自由、平等的微观理性个体，并在此基础上通过共同的文化纽带塑造出具有共同利益、目标和价值的群体性力量。与此形成鲜明对比的是，传统意义上的"国家中心论"固化了民众的臣民心态，从而使个体长期束缚在狭隘的社会关系之中。它所带来的直接后果就是阶层固化、等级分明，社会生活格局越来越封闭。从权利保障层面而言，公民社会建设应依托于全面法治的驱动，充分保障公民基本权利和义务的实现，真正使公民成为社会生活的主体。具体而言，法治对公民社会建设的驱动集中体现在法治国家、法治政府和法治社会建设的联动。平心而论，我国国家、政府仍处于强势地位，因此，笔者认为有必要将国家、政府和社会建设都纳入到法治轨道上来，把依法治国、依法行政和依法执政统一起来，不断为公民社会成长提供法治保障，充分释放其成长空间。从参与责任层面，公民社会建设要努力唤醒公众的公共责任与参与意识。实现这个目标除了借助法治力量的彰显，切实保障公民的各项权利之外，还必须通过强化公共意识教育、拓展公众参与等方式塑造社会公众的公共精神。

（二）社会组织管理制度科学化

社会组织管理是政府主导的社会治理创新的重要组成内容。

第六章 政府向社会组织购买公共服务的公共性过程建构

因此,深入解析社会组织管理制度科学化问题有必要先从社会治理的宏观视域做一个全面的审视。我国在改革开放之前通过城市的"单位制"和农村的"人民公社制"牢牢地控制着社会关系网络,从表面上看社会是高度组织化的,人们都分别属于不同的"组织",鲜有游离于组织之外的人。但这种"组织化"是以强势的国家、高度集权的政府、行政力量对社会的强势介入为基础的"组织化",而不是在社会发展过程中人们自发结社、自我治理的产物。这一时期的社会治理更多体现为政府对社会的绝对控制。改革开放后,与"单位制"和"人民公社制"的松动相伴随,人们从高度组织化的结构中脱离出来。在市场经济发展及政治体制改革的双重刺激之下,人们之间的关系重新进行排列组合。特别是近年来,伴随着社会综合治理创新进入政策议程,社会治理问题已然成为各级政府改革的重中之重。但到目前为止,从总体上看,我国社会治理创新仍任重而道远。在强势政府的主导下,社会组织对社会缺少及时、有效的回应。而回应力匮乏的根本原因在于其制度设计层面的滞后。实际上,前文对这个问题已经有所涉及。如果以体制作为划分边界,体制外草根社会组织管理制度滞后主要表现在制度供给不足,而体制内的社会组织管理制度滞后集中体现在其制度体系的僵化。需要说明的是,体制内社会组织主要指的是那些脱胎于政府机构内部具有官方或准官方性质的社会组织。它们虽然在价值导向和组织架构等方面具备了社会组织的特征,但是其管理运作仍然沿袭着政府的行政机制,其具体行为透露出明显的行政化色彩。

社会组织管理制度科学化,首先要解决的就是科学分类的问题。按照我国现行法律法规对于社会组织的分类,社会组织根据其性质可分为民政部门划分的三大类型。这种分类方法虽然简化了政府的管理工作，但是类型不周全导致大量社会组织游离于法律法规之外。[1] 此外，税务部门、立法机构也有各自的分类方法。分类的不统一、名称的多样化影响到了统一立法和规范管理。[2] 为构建科学的社会组织管理制度体系，实现管理的科学化、规范化，第一步就要对社会组织进行科学分类。从目前来看，民政部门的三分法接受度比较高，可以考虑在此基础上再结合着社会组织的资源动员、社会协调、公益服务、政策倡导等不同功能进行分类，使分类更具针对性。[3] 这种方法可以解决管理混乱的问题，但还是没有将一些社会组织纳入到管理范围之中。可以借鉴联合国"国际标准产业"分类体系（ISIC）、萨拉蒙的分类标准（ICNPO），考虑我国社会组织发展实际情况，或根据是否有偿、所属领域、社会功能、组织性质等进行分类[4]，不管是根据哪种标准进行分类都是为了确立统一的标准，使立法和具体管理制度在形式上保持一致，避免管理制度和管理措施上的混乱。

社会组织管理制度科学化核心是继续推进现有的双重管理制度的深入改革。我国社会组织的双重管理体制也是特殊历史时期的产物，体现的是政府本位的理念，对社会组织的高度防范和严格管控在便利政府管理的同时严重削弱了社会组织的功

---

〔1〕 魏红英、郑昕："分类管理应同社会组织功能相匹配"，载《开放导报》2014年第5期。

〔2〕 魏红英、郑昕："分类管理应同社会组织功能相匹配"，载《开放导报》2014年第5期。

〔3〕 王名："非营利组织的社会功能及其分类"，载《学术月刊》2006年第9期。

〔4〕 范炜烽、王青平："我国社会组织的分类及登记管理策略研究"，载《学术论坛》2015年第11期。

第六章 政府向社会组织购买公共服务的公共性过程建构

能发挥和自主治理性。[1] 社会组织越是发展，这种阻碍作用越是明显，在改革过程中行业协会商会类等四种类型的社会组织获得直接登记的资格，严格的双重管理体制开始松动，社会组织管理体制开始步入后双重管理体制时代。[2] 改革的基本取向是变政府本位为社会本位，变严格管控为全面服务，变限制社会组织发展为推动社会组织发展，放松社会组织的入口。社会组织登记管理要按照自愿、最少限制、简便快捷、透明、无歧视的原则，并以规范的程序来保障，全面降低准入门槛，并将工作重点转移到对社会组织运作过程的监督和评估上来，确保社会组织运作公开、透明。在过程管理中，全面的监管扮演着重要的角色。现有的监管体制碎片化严重，各部门缺乏协同机制，进一步的监管制度建设要在统一登记的基础上，将行业监管与职能主管等协调起来，建立系统的监管体制。[3] 有了高效的协调机制各相关部门监管才能形成协同效应。社会组织管理制度科学化当然不只局限于其分类和等级管理制度，各界普遍关注的强制信息披露、第三方评估和信用信息公示制度等都将成为未来科学化的着力点。

---

〔1〕 杨柯："试论社会组织登记管理体制改革路径选择"，载《理论月刊》2011年第12期。

〔2〕 郁建兴等："后双重管理体制时代的行业协会商会发展"，载《浙江社会科学》2013年第12期。

〔3〕 马庆钰、廖鸿主编：《中国社会组织发展战略》，社会科学文献出版社2015年版，第193页。

第二节　政府向社会组织购买公共服务三元主体间的互动性

政府购买的过程实际上就是三元主体间的互动过程，而且这种主体间的互动以其相互性为前提。在三元主体具备相互性之后，建立保障其相互之间有效互动的制度便成为构建公共性过程的关键。三元主体间的互动，必须以公共性维护为博弈基点，三元主体之间相互监督、彼此合作，共同维护公共服务的公共性，最终实现公共利益。而三元主体之间的互动则要借助于以竞争性为主的多元购买模式的构造，根据具体情况选择最佳方式，从而实现有效互动，实现利益共赢。

一、三元主体互动的基点：博弈中的公共性维护

政府购买作为一项创新性举措，必然会涉及到利益格局的调整，一些部门和个人的利益在改革过程中会被触碰，这些部门和个人对政府购买的态度就很复杂。中外政府购买确实出现了一些问题，如在英美等发达国家以及我国一些较早改革的城市中都出现过反公共服务市场化的现象。我国的政府购买业已出现购买形式化、购买缺乏竞争性、购买成为单向度行为等不正常、不规范的现象。正是实践中不断出现的这些现象引发了人们的质疑。事实上，我国政府购买诸多问题的成因是复杂的，既有政府方面的，也有社会组织、社会公众方面的，是多种因素导致的矛盾和冲突在政府购买这一现象上的聚焦，而不同主体的分歧根本表现在利益的冲突上，即不同主体所主张和代表的利益的不同导致政府购买难以按照最初的政策设定进行。对

第六章 政府向社会组织购买公共服务的公共性过程建构

于政府来说，购买不是甩包袱，但确实是有转移职能、降低成本的考虑。同时，政府并不愿意主动从一些有利可图的领域退出。如此一来，政府既要做出改革的举动，又要保证对改革进程的掌控，与此同时还要在公共服务供给的同时担负起培育社会组织发展的任务。站在社会组织的角度，政府购买打开了社会组织发展的一扇窗户，社会组织要抓住这次机会，于是出现了部分社会组织在组织独立和对政府的依赖、维护公共利益和谋求私利等之间的徘徊和挣扎。对于社会公众来说，他们期望自身的需求能够得到满足，但对新的供给者表示质疑。政府、社会组织、社会公众的上述行为失范都是对公共性的背离。实践中，这些利益相关者在博弈过程中往往倾向于突破底线，打破公共性的价值追求，将自身利益作为最终极的取舍标准。在合作过程中要么是冲突不断，要么是一方对他方的非对称性依赖、臣服。无论是冲突还是臣服都不利于政府购买的健康发展，公共服务的公共性保障也因此失去了依托。

建构政府购买的公共性过程，政府、社会组织、社会公众要在公共利益维护和增进这一底线下进行博弈，在维护公共利益、公共服务公共性这一基础上开展合作，从而实现利益共赢，这是三元主体之间良性互动的基点。政府购买举措本身即政府致力于改革的体现，作为最大的公权力机构，政府支配着庞大的公共资源，同样肩负着维护公共利益的责任，体现在公共服务供给中则是要尽可能低成本、高质量地满足社会公众的公共服务需求。但作为具体的实施购买的部门或者操作购买的个人，不可避免地会有部门利益、个人利益等，妥善处理作为公权力机构而肩负的公共利益维护责任与部门利益、个人利益之间的关系成为关键。坚守政府公共性，那么，政府在购买过程中，本着公平、正义、民主、责任等价值观，政府要站在维护公共利益的立场上来开展购买。政府理应做好制度准备，使购买各个环节都有章可循；政府应按照法定程序和合理标准来选择合作伙伴，选择那些切实具备相应服务提供能力、具备高度的责任心和合作精神的社会组织参与到合作中；在购买过程中，政府会按照规定履行监督职责，与社会组织良性互动等等。在维护和增进公共性这一底线下，政府的行为逻辑不再是担心社会组织会抢去其"风头"，不再是千方百计地、明里暗里地"为难"社会组织，也不再是将服务供给责任"扔给"社会组织而逃避责任，而是变换履行公共服务供给职责的方式，将社会组织纳入到公共服务供给主体体系中，通过与社会组织的合作各自发挥自身优势达至双赢，共同促进公共服务供给效能的提升。

为了充分保障购买过程的公共性，社会组织的行为逻辑也要做出调整。社会组织总体实力不足导致社会组织与政府购买的需求之间有较大差距，但培育社会组织发展本身也是政府购买的政策目标之一。这既是客观趋势，也是社会发展阶段的产物，难以通过简单的制度变革在短时间之内得到改观。但是，自改革开放到现在我国社会组织经过四十余年的发展，也积累了一定的力量，通过与地方政府在公共服务领域的合作也积累了一些经验，全国范围政府购买的实施为社会组织的发展打开了一扇门。在合作过程中，社会组织若一味站在组织自身发展的立场上有意识地向政府靠拢、逐步脱离社会，或者出现沽名钓誉行为、谋利行为等非法、非规范行为，那么社会组织的主体公共品格也就丧失殆尽了。所以，社会组织参与到政府购买中的基本行为逻辑应是在坚守其公共利益表达和公共服务提供功能基础上与政府、社会公众的互动，既能把握公众的公共服务需求，又能够"不卑不亢"地与政府开展合作。

对于社会公众来说，他们需要通过公共精神的塑造逐步成

第六章 政府向社会组织购买公共服务的公共性过程建构

长为现代社会的公民。他们有公共利益观念、有责任心、有参与的意识和能力、理性、具有妥协精神等,他们了解政府的运作过程、知晓公共服务购买的缘由及益处,对由社会组织等政府之外的主体按照法律法规规定来具体提供服务表示接受。因此,具备公共精神的社会公众,其行为的基本逻辑在于接纳由社会组织按规定来提供公共服务这一新举措,对社会组织表示信任,并通过监督、评估等方式参与政府与社会组织的合作当中,客观理性地表达意见,以消费者的身份来推进政府购买的发展、推进社会组织的发展。博弈过程中的利益共赢必须以保障公共服务的公共性为基本前提,否则它就失去了其应有的价值追求。

二、三元主体互动的关键点:以竞争性购买为主的多元购买模式

关于政府购买,各级政府已经形成了普遍的共识。特别是在经济新常态背景下,很多地方政府面临着巨大的财政压力,而与此同时,整个社会对于公共服务的质量和数量都提出了更高的要求。在公共服务需求扩张与财政紧缩的矛盾面前,政府必须充分利用各种方式实现资源的优化配置。基于效率和成本的考量,政府购买成为理想选择。接下来最关键性的问题就是"如何购买"的问题,即购买方式、模式的问题。购买模式、方式是三元主体互动的关键点,它们直接影响到购买成效,这一点毋庸置疑。若政府不通过购买方式提供服务,则三元主体互动无从谈起。因此,关键是要构建科学、合理的购买模式[1],

---

[1] 相对来讲,购买方式是更为具体的内容,购买模式则是对购买状态的总体描述,更具概括性。

助推三元主体的良性互动。

  我国尽管实施政府购买的时间不长，但也出现了较为集中的几种购买模式，学界也进行了总结。因为分类时采取的指标并不完全一致，学界对于购买模式的分类虽有分歧，但大体上是一致的，其中比较具代表性的是王名、乐园的分类，分类的基本维度为政府与社会组织关系、购买程序是否具有竞争性。事实上，每种模式都有自己的优缺点，购买公共服务的政府部门选择熟悉的社会组织可能会最大程度地减少判断失误，进而降低了因判断失误可能带来的风险，但也可能导致外界对政府选择合作伙伴标准和购买规范化问题的质疑。此外，从熟悉的对象中选择合作伙伴会否因为范围窄而出现"矮个里拔将军"的局面也是个问题。购买公共服务的部门通过充分竞争的方式来选择合作伙伴，通过公开、公平、公正的方式将那些优秀的社会组织挑选出来作为合作伙伴，这种方式理论上的认同度高，但在现实操作中也会出现问题，即过度市场化竞争而诱发公共性流失问题。

  我国公共服务购买实践存在多样化的购买模式、方式，但相对来讲，非竞争性方式更受青睐，这也正是政府纠结态度的表现。一方面迫于内外部压力，政府购买势在必行；另一方面不甘心失去对一些领域"控制权"的政府部门会采取策略性的行为，直接采取非竞争的方式或者采取形式化的竞争选择自己心仪的合伙伙伴。政府购买在具有"契约化合作"形式的同时，实质上仍然是行政化供给。[1] 政府购买采取非竞争化的方式导致改革"形式化"，政府的垄断性控制仍然存在，社会组织等社

---

[1] 吴月："吸纳与控制：政府购买社会服务背后的逻辑"，载《学术界》2015年第6期。

第六章 政府向社会组织购买公共服务的公共性过程建构

会力量仍然作为"配角"在政府的改革号召之下被动参与到购买过程中,这样不仅无助于实现改革的预期目标,甚至可能因此而淡化了公共服务的公共性价值。政府购买深受国家太过强大而社会太过弱小[1]现状影响,但从技术层面上我们切实需要采取一些措施来改变这种改革形式化的局面,因为这种形式化改革下没有真正的三元主体互动,也于公共服务供给效能提升无根本性助益。

若要实现三元主体的良性互动,政府购买的模式、方式就需要作出变革和调整,需要逐步实现以竞争性购买为主的多元购买模式。政府购买意味着要承认公共服务供给存在着准市场[2],有市场就会有竞争,就需要一个个独立的"市场主体"存在并在彼此之间形成竞争。在政府购买中,这种竞争就表现为试图参与购买的彼此独立的社会组织之间的竞争,通过竞争政府择优录用,保证服务供给效能;同时,择优录用也对参与到政府购买中的社会组织或有参与到政府购买打算的社会组织形成一种激励,推动社会组织整体的发展。当然,公共服务本身有特殊性,在政府购买中,尽管竞争性购买的益处和重要性不言而喻;但是,其他的方式,比如谈判模式、合作模式等,也都有适合的领域。因此,政府购买模式理想的状况是形成以竞争性购买为主的多元化模式。

---

[1] [美]詹姆斯·斯科特:《国家的视角:那些试图改善人类状况的项目是如何失败的》,王晓毅译,社会科学文献出版社2012年版,第210页。

[2] 准市场是介于官僚制和传统市场之间的一种中间体形式,即既不是完全由政府来垄断,也不是完全由传统市场来提供,而是政府主动将其他生产者吸纳到公共服务等公共品生产领域中的情形。参见:L. Kähkönen, "Quasi-Markets, Competition and Market Failures in Local Government Services", Kommunal Ekonomi och politik, 2004, Vol. 8, No. 3, pp. 31~47。

以竞争性购买为主的多元购买模式之所以受到理论上的推崇是因为它在一定程度上化解了效率与公平的冲突问题。但需要指出的是，竞争性购买只是众多购买方式中的一种，并不意味着对其他方式的排斥。任何购买方式的选择都必须充分考虑到政府、社会组织和社会公众的现实性需求，以保障公共服务公共性为基本价值前提。政府购买方式选择不能出现极端化，即从购买形式化一下子转变到所有购买项目都采用竞争购买方式。若不分项目类别，全部采用竞争购买方式，那么，社会组织和社会组织之间会呈现恶性竞争局面，政府和社会组织之间也以"价格"为唯一博弈依据，社会公众利益的保障就无从谈起。因此，降低成本和提升效率并非是政府购买的全部追求所在，从根本上看其最终落脚点还是公共性的保障。

第三节 政府向社会组织购买公共服务三元主体互动过程的规范性

政府、社会组织、社会公众之间的互动贯穿于政府购买的全过程，历经政府购买流程的各个环节。构建政府向社会组织购买公共服务的公共性过程，不仅需要三元主体之间互动，还要求这种互动具有规范性。三元主体互动的规范性则要依靠程序正当、流程科学、过程开放等来加以保障。程序正当是法治的基本要求，也是政府购买健康发展的基本支撑。程序正当事实上是在政府购买中存在较大自由裁量空间的背景下为规范各主体行为，特别是占主导地位的政府的行为而设置的各项程序性的要求，通过程序来约束行为，以达到使行为符合规范、符合政府购买政策预期的目的。同时，政府购买是一个包含确定

第六章 政府向社会组织购买公共服务的公共性过程建构

购买事项、选择合作伙伴、签订购买合同、监督和评估购买行为和成效等内容的一个流程，三元主体的互动发生于整个流程，流程要具有科学性。此外，公共性过程还要求政府购买的全过程是开放的，多元主体有机会参与进来。过程的开放性还表现在信息公开方面，政府、社会组织都要进行信息公开，要构建一个各主体能够共享信息的平台，达到信息实时共享的目的。

一、政府向社会组织购买公共服务程序的正当性

我国现行法律法规对政府购买的程序性规定鲜有涉及，程序的正当性无从谈起。确保政府购买公共服务的公共性，程序的正当性是关键。构建我国政府购买的基本程序，使其具备正当性，符合法治的一般要求，是目前亟需解决的大问题。购买程序的正当化，首先应当从基本原则的确立与具体制度的建立两方面进行完善。

（一）基本原则的明确

程序正当性的基本原则是评判程序是否符合法治要求的基本准则。政府购买涉及多种类型的公共服务，且不同类型的公共服务适用的购买方式也不同，这就使政府购买的实际程序看起来纷繁复杂。构建政府购买的公共性过程客观上要求加快程序建设进度，明确程序正当性的基本原则是首要解决的问题。程序正当性的原则可以从多个角度进行探讨，结合着政府购买的实践，民主决策原则、效能原则是最基本的原则。

1. 民主决策原则。政府购买本身就是一项重大决策，其购买范围、购买方式、资金来源以及具体的制度供给等都直接关系到服务购买的成效。任何微小的决策失误，都可能带来巨大的损失。政府的执政能力、社会组织的公信力和社会公众对于公权力机构的信心都会因此而大打折扣。可以说，民主决策是

政府购买科学化、规范化和法治化的重要保障。民主决策意味着政府购买必须坚持依法、公开和理性原则。首先，民主决策的本质是依法决策。任何脱离宪法和法律依据的决策都是背离民主原则的。因此，对于三元主体而言，民主决策的前提就是要拥有明确的法律和制度依据，真正做到有法可依、于法有据。其次，民主决策必须坚持公开透明，充分保证社会公众的知情权和参与权。公众作为公共服务的使用者和政府公权力的授予者理应获得参与决策的权利。对于政府而言，社会公众和社会组织的加入也降低了决策失误的风险，保障了决策结果的科学、合理和规范。最后，民主决策还必须坚持理性导向。很多情况下，决策过程不只是一个程序问题，同时也涉及到多元主体间的利益分配问题。既然是民主决策，那就意味着多元主体的参与。但由于价值多元和利益诉求的差异，决策过程难免出现主体间的分歧和冲突。为了提升决策效率，三元主体在面对利益分歧和冲突时必须充分发扬理性精神，全面审视公共性的价值追求，通过平等协商的方式达成决策共识。在这个过程中，政府、社会组织和社会公众需要做出适当的妥协和退让，以换取公共利益的实现。作为现代法治社会的基本特征，民主决策不仅是要让社会公众充分表达自身诉求，有效回应社会组织的利益追求的过程，同时也是一个凝聚社会共识的过程。

2. 效益原则。效益和效率是衡量公共服务质量的基本原则。与聚焦于成本和收益的效率原则相比，效益原则显然更为宽泛。在政府购买中，效率固然重要，但政府不能为了片面追求经济效益而忽略政治和社会效益。在很多情况下，政治影响和社会效益常常关系到政府官员的任期、部门绩效以及政府与立法和司法的关系。与经济效益相比，政治和社会效益具有较广泛的覆盖面。实现公共服务的效益原则并不意味着对购买程序的必

第六章 政府向社会组织购买公共服务的公共性过程建构

然排斥。因为,确立某种类型的购买程序的法定要求,并不必然带来时间上的耗费和效率上的减损。一个合理顺畅的政府购买过程,需要完成信息收集、信息汇总、信息筛选、需求分析、服务决策、合作伙伴筛选、服务提供等一系列工作。根据不同类型的公共服务和购买的不同阶段,在实践的基础上总结出基本固定的程序,使政府购买的全过程如工业产品在流水线上生产一般,可以相应缩短公共服务事项决定和购买的时间。但是政府购买并不完全是以效率为核心的。换言之,追求成本和收益的效率原则无法取代效益原则,因为公共服务的公共性价值追求不是以效率为唯一参照标准的,它需要更多兼顾政治效益和社会效益。因此,在建构政府购买程序时,应当遵循效益和效率相结合的原则,通过理顺政府、社会组织和社会公众之间的权责关系、精简购买流程、明确购买范围和时效,以及制定科学合理的程序规范来实现。

公共服务与公共利益是多种多样、纷繁复杂的,这就决定了相应的购买和提供不可能完全依靠严格的法定程序进行。当没有相应的法定程序时,针对具体问题采取适当的购买程序是政府的职责所在,也是法律授予的政府自由裁量权范围内的事项。不过,这一自由裁量权的行使同样需要通过一定程序做出。政府购买都应当通过某种正当的程序进行,这是法治行政程序正义的内在要求。当政府行使程序选择的自由裁量权时,要确保购买程序和服务程序的正当性,必须坚持效益原则。要注重控制购买程序的边际成本,将公共服务的预期效果与遵循购买程序成本综合进行考虑,不可单纯为了加快购买进程而牺牲必要的程序正义,损害公共服务的公共性,也不可片面强调程序公正,无限度的加大购买成本,降低公共服务的预期效益。

(二) 具体制度的建立

正当程序在制度上有其具体体现，在政府购买中，程序的正当性在形式上是由不同阶段的典型程序制度呈现出来的，忽视符合正当性要求的具体程序的运用和相关制度的建设，程序正当便无从谈起。在政府购买中亟需重视并尽快建立的程序性制度有很多，其中较为典型的为回避制度和听证制度。之所以称之为典型是因为目前政府购买过程的公共性流失问题主要出现在监管环节，尤以制度缺位或不健全为主。在这当中，政府部门相关工作人员的回避和社会公众的听证是遭受外界批评最多的两项内容。从学理层面而言，与政府购买具有利益关联的个人和集体显然不宜介入这个操作流程。回避制度的缺失可能导致公权力的非公共运行。听证是社会公众参与公共事务决策的重要渠道，同时也是三元主体间互动的理想平台。但现实中暴露出的问题在于如何才能真正确保听证会的公开、公平和公正性。例如，很多涉及物价调整的听证会就被公众戏称为"假听证、真涨价"。而在政府购买中，程序性制度缺位更为严重，须加快回避制度、听证制度建设进程以解燃眉之急。

1. 回避制度。"自己不做自己的法官"是正当程序的首要要求，根据这一要求，在政府购买的全过程都要设置并遵循严格的回避制度。我国目前尚未有《行政程序法》，也没有政府购买的专门立法，《公务员法》《政府采购法》《行政处罚法》等法律中有关于回避制度的规定，但这些规定并不能完全涵盖政府购买的全过程，而且这些法律关于回避制度的规定较为简略。在今后的程序制度建设中，首先要着重构建政府购买时的回避制度。无论政府通过何种方式选择合作伙伴，都需要适用回避制度，政府所有参与购买活动的人员与备选社会组织不得存在利害关系，否则应当回避。而在社会组织提供服务过程中，该

第六章 政府向社会组织购买公共服务的公共性过程建构

社会组织工作人员,尤其是负责人员,与消费者之间存在利害关系,也应当建立一种有效的回避制度,预防公共性流失的风险。

2. 听证制度。1996年10月正式生效的《行政处罚法》首次以立法的形式规定了听证程序,在行政领域听证制度由此建立。但与传统行政听证制度不同,政府购买中的听证制度主要是指行政机关在确定公共服务事项、选择合作伙伴以及确定服务对象等过程中听取利益相关人意见并就相关事项进行说明的法律制度。听证制度是确保公民、社会组织参与政府购买全过程的核心制度,也是保障政府购买过程公共性的一项重要的制度设计。政府购买源起于公共服务需求的出现及公民诉求的汇集,政府就何种事项通过购买的方式提供以及选择哪个社会组织作为合作伙伴都不是凭空臆断的,而是应当根据公共意愿决定。听证制度是保证公民意志表达的法定渠道,为政府购买的决策与实施提供了第一手信息来源。我国社会组织发展很不完善,能够影响公共政策制定的利益集团中能够切实代表普通公民的组织少之又少,听证程序一定程度上将分散的公民组织起来,起到放大民间心声的作用,同时也为三元主体的互动创造了机会和条件。

政府购买中的听证通常是一个双向过程,政府听取公民和社会组织意见的过程,同时也是政府就有关情况进行说明的过程。社会公众和社会组织在表达意见的同时也参与了政府购买相关事项的讨论,见证了政府购买的全过程,并对政府购买的相关事项进行质询,保障了社会公众及社会组织的知情权和参与权,体现了政府购买过程的公共性,同时也可以避免政府盲目购买和徇私舞弊。但遗憾的是,我国尚未形成政府购买听证程序的具体制度,这或许可以成为后续制度建设的重点。

二、政府向社会组织购买公共服务流程的科学性

政府购买公共服务全过程应当体现为一个完整有序、科学合理的流程，这一流程由前后相继的不同环节构成，每一主要环节以及各环节之间的连结点，都应当有相应的制度加以规范，从而确保流程的顺畅与明确。政府购买流程设计得是否科学，将直接决定政府购买的整体效果，政府购买流程的科学性是其过程公共性的必然要求和重要体现。实现政府购买流程科学性的根本在于关键环节的制度设计，这些关键环节主要包括购买范围的确定、合作伙伴的选择、服务合同的签订、全程监督和评估等。

（一）购买范围的确定

国务院2013年《指导意见》对购买范围进行了原则性的规定。《政府购买服务管理办法》又列出了不得纳入政府购买服务范围的事项，并规定政府服务的具体范围和内容实行指导性目录管理，目录依法公开。上述规定并未明确划定政府购买的范围，边界不够明确，虽具有较强的指导意义，但缺乏直接适用的明确性。因此，地方政府在实施购买时首先面对的就是购买范围的问题。政府购买范围的确定是一个复杂的过程，与公共服务本身的性质有关，如美国在确定购买范围时将"政府固有职能"排除在外，即统治行为和货币交易及相应权利不能购买。[1]但这只是理论上的范围，实际情况要复杂得多。

科学合理地确定购买范围，要将公共服务性质、供给市场发育程度、政府监管能力等因素综合考虑进去，并进行"成

---

[1] 常江：《美国政府购买服务制度及其启示》，载《政治与法律》2014年第1期。

第六章 政府向社会组织购买公共服务的公共性过程建构

本——效益"分析来最终确定一个范围，并动态地进行调整。划定准确范围时，可以以可行性和必要性为基本标准。可行性主要以该公共服务的公共性强弱为核心指标，公共性极强的，如国防、司法等，不宜购买。这类公共服务一旦出现供给失误，其后果是致命性的。在确定可行性后，需要进行必要性分析，也即购买的经济性问题。降低成本是政府购买的一个基本考虑，如果某项公共服务通过购买方式提供没有明显的经济性优势，则不宜纳入购买范围。这一点在深圳的政府购买负面清单中已经有明确规定。同时，不同地区的政府购买范围还受到公共服务供给市场、社会组织成熟程度以及政府监管水平等多种因素影响[1]，在一个地区符合经济性要求的，在另一个地区则可能不符合经济性要求。因此，各地政府购买范围和内容不可盲目效仿，可以借鉴经验，但应因时间、地点等因素动态调整。无论最终的范围如何界定，确定一个相对准确的政府购买范围清单无疑是政府购买的第一步。

（二）合作伙伴的选择

合作伙伴产生的方式即政府购买的方式，这一点我们在"以竞争性购买为主的多元购买模式"部分已有充分的论述。但鉴于合作伙伴及其行为后果的重要性，我们还是要再次强调这一问题。国务院 2013 年《指导意见》及《政府购买服务管理办法（暂行）》都有关于购买方式的列举，但并没有具体的建议，即没有对购买方式的适用情况做出说明，这也导致了购买操作中购买方式选择的随意性，公开招标的重要性并未凸显出来，其他非竞争性的方式占据了重要地位。若监督不到位，非竞争

---

[1] 马海涛、王东伟："完善政府购买公共服务制度的思考"，载《中国政府采购》2014 年第 4 期。

性方式更容易滋生腐败,导致政府购买偏离预期目标、违背公共利益。因此,进一步的制度建设要包含着合理购买方式建议的内容,当然合理购买方式并不是单一的方式,但要将购买方式选择是否合理纳入到政府购买监管内容中,以此提升购买方对购买方式的重视程度。

(三) 服务合同的签订

在合作伙伴选择制度之外,合同签订也要受到重视。合同签订是后续社会组织义务履行情况及服务项目验收的重要标准,关系到购买成败。在政府购买之初,买卖双方对合同签订重视程度不够,导致购买过程中出现了一些扯皮事项。在我国政府购买中,买方的强势地位、卖方的弱势地位是显而易见的。合同签订可以在保障公共服务供给的质量和效率的同时,更好地保障三元主体的利益。[1] 明确购买合同的性质,确定合同必须规定的项目,特别是要规定具体的合作项目以及双方出现纠纷时解决的办法等。规范的政府购买合同既能保证购买的顺利推进,又能够保障利益相关方的权益。

(四) 监督与评估

对政府购买的监督与评估既是整个流程的收尾阶段,也是贯穿于全过程始终的公共性维护机制。政府对合作者提供的公共服务进行事后监督,追究社会组织违法、违约责任,对于公共服务公共性的维护无疑十分重要。对于服务效果的事后评估也是评估机制中最重要的一环。但为了确保政府购买的过程公共性,建立全程监督与评估机制也是十分必要的。重要的环节都需要建立相应的监督与评估制度。在政府确定购买事项过程

---

[1] 杨玺、谭志福:"政府购买公共服务的合同规范亟待加强",载《中国党政干部论坛》2015年第10期。

中，需要进行事前公共性风险评估。拟定向社会提供的公共服务事项一旦通过向社会组织购买的方式供给，是否需要承担较大的公共性风险，政府需要在决策前进行风险评估，并对可能出现的风险做出应对预案。而在选择合作者的过程中，政府要加强监督，既要监督参与竞争的社会组织依法竞争，也要监督机关工作人员依法行使职权。在合同签订之后，政府的主要职责便是对社会组织履约过程进行全程监督和定期评估，这是政府不可推卸的责任。在服务过程中，社会公众也应当有一个明确的信息反馈渠道，方便政府以及社会组织定期对公共服务效果进行评估，提前发现问题、解决问题。服务结束之后，政府可以通过审计、绩效评估等方法进行监督。同时建立社会公众评价机制，让社会公众、政府[1]共同进行评价，既是对社会组织的监督，也可以为政府购买的进一步发展总结经验。

三、政府向社会组织购买公共服务过程的开放性

过程开放是三元主体间良性互动的必然要求，建构政府向社会组织购买公共服务的公共性过程，必须要保证政府购买全过程的开放性。

（一）多元参与

民主社会的治理必然存在着多中心因素[2]，反过来，多中心治理又需要民主社会的精神土壤和民主行政的制度支持。政

---

[1] 实际上还有专业的第三方机构，而且引入第三方机构的评估已经成为一个趋势。2018年7月，财政部印发了《关于推进政府购买服务第三方绩效评估工作的指导意见》，该意见要求通过试点先行，抓好政府购买第三方绩效评价工作。关于第三方评价相关事宜，结论部分会提及。

[2] [美]迈克尔·麦金尼斯主编：《多中心体制与地方公共经济》，毛寿龙、李梅译，上海三联书店2000年版，第47页。

府购买的全过程，既是三元主体的互动过程，也是包括三元主体在内的多元主体的参与过程，过程的开放性要求参与主体的多元化、参与机会的多样化。

1. 参与主体的多元化。参与主体的多元化主要表现在三元主体的广泛参与上，当然实际上也包括相关专家、媒体、潜在消费者的参与等。首先是政府部门的广泛参与。具体的政府部门在政府购买全程中应始终"在场"，这意味着政府将公共服务事项转交给社会组织之后不能不承担起相应监管责任。因此，政府部门的参与实际上是以新的责任履行形式呈现的。其次是社会组织的广泛参与。这里的社会组织不仅包括作为具体生产者的社会组织，还包括参与到政府购买竞标或者谈判等确定合作伙伴环节的社会组织。参与的社会组织越多越有利于形成竞争性的供给方市场结构，有利于政府从中择优。同时，当合作者确定之后，那些落选的社会组织并不因此而被排斥在公共服务过程之外，可以选取其中一些加入到监管者行列中。再次，社会公众的广泛参与。社会公众的广泛参与体现在政府购买的各个环节，对规范政府、社会组织等的行为起到积极作用。最后，需要指出的是，除了这三元主体之外，普通公众、专家、媒体、第三方机构等力量在政府购买范围确定、过程监督以及绩效评估等方面都发挥着不可忽视的作用。这些尽管不是本研究的重点，但也是本领域的基本事实。

2. 参与机会的多样化。在我国政府购买的全过程中，多元主体参与其中需要由多样化的参与机会作保证。就目前来看，这样的参与机会并不多，现有的参与渠道也并不畅通，从而导致参与效果并不理想。因此，需要从两方面着手以实现参与机会的多样化。一是畅通现有的参与渠道。我国在政府购买领域现存的参与渠道主要有：人大代表提案与监督、政府面向社会征求意见、专家参与、听证会、招投标等。目前的关键任务是将现有的、较为成熟的参与方式科学化、制度化，使其成为多元主体能够真正利用的参与机会，提升参与效果。二是创新参与制度。政府购买本身就是我国政府的重要创新举措，在参与机制上也应有符合政府购买特点的相应创新。政府购买决策过程中的民意调查以及提供公共服务过程中及服务后的民意调查是社会公众参与的可行途径。此外，还可以通过向某种类型社会组织集中征求意见的方式来拓展参与渠道，创新参与制度。再则，政府购买评估主体中也要有社会组织、社会公众，并分别设置合理的权重，既能保证评估结果的全面性、客观性，又是一种实质性的参与制度创新。

（二）信息公开

在政府购买中，政府需要信息公开，社会组织同样需要信息公开。在2008年《政府信息公开条例》实施以后，我国政府的信息公开状况有了显著好转，但仍然有很大提升空间，尤其是在政府购买领域。在政府购买的全过程中，每一个环节政府都需要将其掌握的需要社会公众广泛知晓的信息对外公开。根据2008年《政府信息公开条例》第10条的规定，"政府集中采购项目的目录、标准及实施情况"属于信息公开的重点内容；国务院2013年《指导意见》在"购买机制中"规定"及时、充分向社会公布购买的服务项目、内容以及对承接主体的要求和绩效评价标准等信息"；《政府购买服务管理办法》也有类似规定。这一条款为政府购买中信息公开提供了直接依据，但规定是原则性的，较为笼统，尚需更加明确的制度跟进。进一步的制度建设可以参照《政府采购法》的有关规定，除涉及国家秘密、商业秘密外，相关信息应当主动公开，至少应当纳入可申请公开的范围。

2014年10月21日,中国政府采购网开通了政府购买服务信息发布平台,这一举措是信息公开的有益尝试,但目前该平台仅是一个购买信息的发布平台,公开的信息仅包括招标公告、中标公告和征求意见公示三部分,并非是购买全过程的信息发布平台,其公开的信息仅是应当公开的一小部分,尚有很大的提升余地。而且,信息发布平台仅仅是为信息公开提供了发布渠道,对于政府购买的信息公开并没有强制约束力。而对于社会组织的信息公开,则更加缺乏制度规范。《2015年政府信息公开工作要点》首次将社会组织纳入到政府信息公开的范围,各地也在探索建立社会组织信息发布平台。但目前对于作为政府合作伙伴的社会组织的信息公开制度跟进乏力,这些社会组织只是在政府监管过程中向政府提供信息,并不面向社会公开相关信息,进一步的制度建设应在此方面有所强化。

除了便于社会监督,提高透明度,提升公信力之外,政府与社会组织的信息公开还有助于防止信息不对称,这也是保证三元主体相互性、互动性的必然要求。只有三元主体间实现信息共享、彼此尊重、彼此信任,才能真正以公共利益为最终目标而展开充分合作。政府购买中的信息共享,包括府际间的信息共享,政府与社会组织、社会公众间的信息共享,以及社会组织间的信息共享等。府际间的信息共享与同步,目前尚有很多问题,属于行政系统内部的协调问题。而政府与社会组织、社会公众间的信息共享,搭建信息共享平台应当是一个既便捷又经济的可行方案。由政府建设信息共享平台,明确政府与社会组织的信息公开规范,并对外开放平台共享信息,实现三元主体之间信息实时共享的目的,也方便外部主体的监督与评估。2015年7月,国务院办公厅发布《关于运用大数据加强对市场主体服务和监管的若干意见》,提出采用大数据理念更好地服务

第六章 政府向社会组织购买公共服务的公共性过程建构

和监管市场主体。政府购买也可以借鉴此理念和做法,通过更有效的信息公开来促进三元主体的良性互动。一些地方的探索也具有借鉴意义,以上海为例,上海市建设了"上海市政府购买社会组织服务供需对接平台",该平台面向市、区、街镇三级符合条件的购买主体和经民政部门登记的社会组织发布、查询和使用购买服务的信息,而且有年度承接购买服务的社会组织推荐目录,这样在一定程度上形成一种监督。

结　语

公共服务的特征决定了政府在公共服务供给中的当然责任，这一点经济领域、政治领域的理论家们从不同角度进行了充分的论证。伴随着时代的发展，政府公共服务职能的重要性日益凸显，并构成政府合法性的重要基础。同时，公共服务相关理论的变革与政府的治理变革相契合，公共服务供给多中心化成为趋势，政府主动寻求社会力量参与到公共服务供给中，以消解转型期公共服务供需之间的巨大张力。市场经济发展激发了市场主体的活力，"总体性社会"消解迎来了社会组织大发展的时代，这些又为政府准备了在公共服务领域的潜在合作伙伴。政府向社会力量购买公共服务正是公共服务供给多中心化的现实呈现，在这一过程中社会组织因为其受非分配约束等特征而受到政府青睐，政府与社会组织在公共服务供给领域开展了广泛的合作。

我国政府购买已经走过二十余年的历程，在提升服务供给效能、促进政府职能转变、推动社会组织发展以及培育公共精神等方面都起到了积极的推动作用，但凡事要做两面观。走在改革前列的西方国家已经开始对源于新公共管理的改革运动进行反思，理论上出现了更加重视公共利益、公民权等因素的新

结 语

公共服务理论，实践中则通过制度构建等来进一步规范购买行为，防止公共利益在购买中被侵蚀。我国政府购买相比于发达国家面临着更为复杂的背景，政府缺乏合作的经验，社会组织发展并不充分，作为消费者的社会公众参与积极性有待提升，且我国政府购买本身还包含着推动社会组织发展的政策目标，这就进一步加剧了政府购买行为的复杂性。

政府购买仅仅是公共服务供给方式的变革，而非供给责任的转移，改革的底线在于公共服务公共性的维护，公共服务品质不能因为供给方式变革而降低。我国政府购买出现的公共性问题，其根源则在于政府、社会组织、社会公众三元主体公共品格有待提升及其互动过程公共性的不足。政府行为对公共利益的偏离、社会组织对其公益性宗旨的偏离、社会公众公共精神不足以及三者互动规则不足、程序不规范等共同造成了政府购买的公共性问题，最终的消极后果则要由作为消费者的社会公众来承担。

政府向社会组织购买公共服务的公共性保障可以从多个角度入手，本研究则从三元主体公共品格维护和三元主体互动公共性过程的构建入手进行分析。政府公共性维护以理念转变和制度供给的形式呈现，政府是公共服务的天然供给主体，又以公权力为基础，并兼具这项改革运动的发起人身份，这些共同决定了政府公共性在公共性保障中的基础性地位。社会组织是公共服务的具体生产者，且社会组织与公共服务原本也有某种契合，这些决定了社会组织公益性在公共性保障中的关键性地位。社会组织公益性宗旨的维护以其内部治理优化、公信力建设和能力提升来呈现。作为消费者的社会公众则以其行动中不断培养起来的公共精神起着支撑性保障作用。在三元主体公共品格维护的同时，还要保障三元主体互动过程的公共性。互动过程的公共性通过三元主体的相互性、互动性以及互动的规范性来实现，这要借助于程序的正当性、流程的科学性、过程的开放性等来实现，其目的在于保障三元主体之间的良性互动。

此外，需要指出的是政府向社会组织购买公共服务的公共性保障是个复杂的、牵扯面广的问题，除了三元主体分析框架下的分析路径之外，还可以有其他的路径。但是，不管是在哪种路径之下，公共性都包含着公开、参与、透明等内涵，强化评估监督力度是保障公共性的需要，特别是中立、专业的第三方评估机构的加入是基本的趋势。本研究没有将第三方机构的评估纳入到研究范围，但第三方机构事实上早已介入到评估中。比如，南京市、上海市、广州市等多地在探索中都将第三方机构引入到评估主体当中，比较典型的是《杨浦区政府购买社会组织公共服务项目绩效评估办法（试行）》，明确指出购买可以委托第三方机构进行绩效评估，广州市也规定购买方评估和第三方评估皆可。[1] 民政部在 2015 年 5 月下发了《民政部关于探索建立社会组织第三方评估机制的指导意见》，可以为政府购买的第三方评估提供参考。

事实上，在政府购买中，由于委托代理关系的复杂性，其评估和监管的主体应该是多元的。[2] 第三方机构的优势在于其处于购买利益相关者圈子之外，具有优质的外部智力资源，因此，其评估相对客观，也更能够为政府购买各方所接受。也正因为如此，第三方机构在政府向社会组织购买公共服务的公共

---

[1] 金碧华："政府向社会组织购买公共服务的评估机制研究——基于上海、广州、东莞、宁波的考察分析"，载《西安电子科技大学学报（社会科学版）》2015 年第 3 期。

[2] 周俊：《社会组织管理》，中国人民大学出版社 2015 年版，第 127 页。

结语

性保障中地位凸显出来。利益不相关、专业性、权威性、客观性等是我们对第三方机构的理想设定，事实上，我国当前第三方机构发育并不充分，第三方评估的合法性、独立性、专业性、公信力方面也都受到质疑[1]，这是我们的第三方机构参与评估面临的困境。而克服困境的出路则在于加大对第三方机构的培育力度，并完善第三方机构参与的法律法规体系，并在具体项目中明确第三方资质、公开第三方评估结果信息等，实现第三方机构能力和公信力并进。

最后，我们必须要承认政府向社会组织购买公共服务的公共性保障是个有意义的问题，但也是对研究人员要求较高的问题。探索这一问题要求研究人员既要对政府购买有充分的了解，又要对公共性思想有基本的把握，才能形成对这一问题的基本认识，在探索保障路径时也更有针对性。本文选择了三元主体的分析框架，从三元主体公共品格和三元主体互动过程公共性维护入手来进行分析，这只是众多分析路径之一。且受到本人学术积累的限制，在这一框架下研究的深度也有待进一步提升。鉴于本研究的意义，本人在以后的学习中会更加关注这一问题，对政府购买再多一些了解，对公共性再多一些认识，以探索和形成更规范、丰满的政府向社会组织购买公共服务的公共性保障路径。

---

[1] 李春、王千："政府购买养老服务过程中的第三方评估制度探讨"，载《中国行政管理》2014年第12期。

参考文献

中文著作类：

[1] 曹鹏飞：《公共性理论研究》，党建读物出版社2006年版。
[2] 长谷川公一："NPO与新的公共性"，载［日］佐佐木毅、［韩］金泰昌主编：《公共哲学第7卷：中间团体开创的公共性》，王伟译，人民出版社2009年版。
[3] 陈振明等：《公共服务导论》，北京大学出版社2011年版。
[4] 复旦大学发展与政策研究中心：《公共服务与中国发展》，世纪出版集团 上海人民出版社2008年版。
[5] 甘绍平："论公民社会"，载李鹏程、单继刚、孙晶主编：《对话中的政治哲学》，人民出版社2004年版。
[6] 高峰：《社会发展导论》，社会科学文献出版社2004年版。
[7] 何颖：《行政哲学研究》，学习出版社2011年版。
[8] 胡仙芝等：《社会组织化发展与公共管理改革》，群言出版社2010年版。
[9] 黄晓勇：《中国民间组织报告（2013）》，社会科学文献出版社2013年版。
[10] 贾西津：《中国公民参与：案例与模式》，社会科学文献出版社2008年版。

［11］孔繁斌：《公共性的再生产：多中心治理的合作机制建构》，江苏人民出版社 2012 年版。

［12］梁启超：《新民说》，中州古籍出版社 1998 年版。

［13］《梁溯溟全集·第 3 卷》，山东人民出版社 1990 年版。

［14］林语堂：《吾国与吾民》，宝文堂书店 1988 年版。

［15］刘泽华：《中国的王权主义：传统社会与思想特点考察》，上海人民出版社 2000 年版。

［16］吕世伦、文正邦：《法哲学论》，中国人民大学出版社 1999 年版。

［17］马海涛等：《中国基本公共服务均等化问题研究》，经济科学出版社 2011 年版。

［18］彭和平等编译：《国外公共行政理论精选》，中共中央党校出版社 1997 年版。

［19］钱满素、刘军宁：《自由与社群》，生活·读书·新知三联书店 1988 年版。

［20］乔耀章：《政府理论》，苏州大学出版社 2003 年版。

［21］仇保兴等：《中国城市公用事业特许经营与政府监管研究》，中国建筑工业出版社 2014 年版。

［22］秦晖：《政府与企业以外的现代化——中西公益事业史比较研究》，浙江人民出版社 1999 年版。

［23］孙关宏等：《政治学概论》，复旦大学出版社 2007 年版。

［24］谭奎安编：《公共性二十讲》，天津人民出版社 2008 年版，编者序第 1 页。

［25］万军：《社会建设与社会管理创新》，国家行政学院出版社 2011 年版。

［26］汪晖、陈燕谷主编：《文化与公共性》，生活·读书·新知三联书店 1998 年版。

［27］ 王名、刘培峰：《民间组织通论》，时事出版社 2004 年版。
［28］ 王名主编：《社会组织概论》，中国社会出版社 2010 年版。
［29］ 王名等：《中国社团改革——从政府选择到社会选择》，社会科学文献出版社 2001 年版。
［30］ 王浦劬、［美］莱斯特·M.萨拉蒙等：《政府向社会组织购买公共服务研究：中国与全球经验分析》，北京大学出版社 2010 年版。
［31］ 王诗宗：《治理理论及其中国适用性》，浙江大学出版社 2009 年版。
［32］ 王世刚主编：《中国社团史》，安徽人民出版社 1994 年版。
［33］ 夏铸久：《公共空间》，台北艺术家出版社 1994 年版。
［34］ 杨仁忠：《公共领域论》，人民出版社 2009 年版。
［35］ 余晖、秦虹：《公私合作制的中国试验》，上海人民出版社 2005 年版。
［36］ 俞可平："中国公民社会的制度环境"，载俞可平等：《中国公民社会的制度环境》，北京大学出版社 2006 年版。
［37］ 张康之等：《公共行政学》，经济科学出版社 2002 年版。
［38］ 郑国安等：《国外非营利组织的经营战略及相关财务管理》，机械工业出版社 2001 年版。
［39］ 郑琦：《论公民共同体：共同体生成与政府培育作用研究》，中国社会出版社 2011 年版。
［40］ 中国青少年发展基金会、基金会发展研究委员会编：《处于十字路口的中国社团》，天津人民出版社 2001 年版。
［41］ 周辅成编：《西方伦理学名著选辑上卷》，商务印书馆 1987 年版。
［42］ 周俊：《社会组织管理》，中国人民大学出版社 2015 年版。
［43］ 竺乾威等：《社会组织视角下的政府购买公共服务》，北

京：中国社会科学出版社 2016 年版。

[44]［德］哈贝马斯：《公共领域的结构转型》，曹卫东等译，学林出版社 1999 年版。

[45]［德］康保锐：《市场与国家之间的发展政策：公民社会组织的可能性与界限》，隋学礼译，中国人民大学出版社 2009 年版。

[46]［德］柯武刚、史漫飞：《制度经济学社会秩序与公共政策》，韩朝华译，商务印书馆 2000 年版。

[47]［法］卢梭：《社会契约论》，何兆武译，商务印书馆 1996 年版。

[48]［法］托克维尔：《论美国的民主》（上卷），董果良译，商务印书馆 1991 年版。

[49]［美］莱斯特·M. 萨拉蒙：《全球公民社会：非营利部门视界》，贾西津等译，社会科学文献出版社 2007 年版。

[50]［美］莱斯特·M. 萨拉蒙："公民社会部门"，载何增科主编：《公民社会与第三部门》，社会科学文献出版社 2000 年版。

[51]［美］莱斯特·M. 萨拉蒙：《公共服务中的伙伴》，田凯译，商务印书馆 2008 年版。

[52]［美］杰勒德·克拉克："发展中国家的非政府组织与政治"，闫月梅译，载何增科主编：《公民社会与第三部门》，社会科学文献出版社 2000 年版。

[53]［美］E. S. 萨瓦斯：《民营化与公私部门的伙伴关系》，周志忍等译，中国人民大学出版社 2002 年版。

[54]［美］戴维·奥斯本、特德·盖布勒：《改革政府：企业家精神如何改革着公共部门》，周敦仁等译，上海译文出版社 2006 年版。

［55］［美］尼古拉斯·亨利：《公共行政学》，项龙译，华夏出版社 2002 年版。

［56］［美］唐纳德·凯特尔：《权力共享——公共治理与私人市场》，孙迎春译，北京大学出版社 2009 年版。

［57］［美］文森特·奥斯特罗姆等：《美国地方政府》，井敏等译，北京大学出版社 2004 年版。

［58］［美］戴维·H. 罗森布鲁姆：《公共行政学：管理、政治和法律的途径》，张成福等译，中国人民大学出版社 2002 年版。

［59］［美］阿尔蒙德：《公民文化》，徐湘林译，浙江人民出版社 1989 年版。

［60］［美］埃莉诺·奥斯特罗姆：《公共事物的治理之道》，余逊达等译，上海三联书店 2000 年版。

［61］［美］奥克森：《治理地方公共经济》，万鹏飞译，北京大学出版社 2005 年版。

［62］［美］汉娜·阿伦特："公共政治生活：行动、言语与自由"，刘锋译，载谭安奎编《公共性二十讲》，天津人民出版社 2008 年版。

［63］［美］乔治·弗雷德里克森：《公共行政的精神》，张成福等译，中国人民大学出版社 2013 年版。

［64］［美］詹姆斯·E. 安德森：《公共决策》，唐亮译，华夏出版社 1990 年版。

［65］［美］J. 罗尔斯：《政治自由主义》，万俊人译，译林出版社 2000 年版。

［66］［日］今田高俊："从社会学观点看公私问题——支援与公共性"，载［日］佐佐木毅、［韩］金泰昌主编：《社会科学中的公私问题》，刘荣、钱昕怡译，人民出版社 2009

年版。

[67]［美］罗伯特·D. 帕特南：《使民主运转起来：现代意大利的公民传统》，王列等译，中国人民大学出版社 2015 年版。

[68]［英］杰弗里·托马斯：《政治哲学导论》，顾肃等译，中国人民大学出版社 2006 年版。

[69]［英］约翰·密尔：《自由论》，顾肃译，译林出版社 2010 年版。

[70]［英］霍布斯：《利维坦》，黎思复、黎廷弼译，商务印书馆 1986 年版。

[71] 世界银行：《中国：深化事业单位改革，改善公共服务提供》，中信出版社 2005 年版。

中文期刊类：

[1] 薄贵利："建设服务型政府的战略与路径"，载《国家行政学院学报》2014 年第 5 期。

[2] 蔡长昆："从'大政府'到'精明政府'：中国政府职能转变的逻辑"，载《公共行政评论》2015 年第 2 期。

[3] 常江："美国政府购买服务制度及其启示"，载《政治与法律》2014 年第 1 期。

[4] 陈东利："慈善组织的公信力危机与路径选择"，载《天府新论》2012 年第 1 期。

[5] 陈桂兰："我国公共服务中的政府与社会组织合作：障碍与对策"，载《四川行政学院学报》2015 年第 3 期。

[6] 陈少晖、陈冠南："公共价值理论视角下公共服务供给的结构性短板与矫正路径"，载《东南学术》2018 年第 1 期。

[7] 陈晓蓉、张汝立："手段偏差与目标替代：制度逻辑视角下

政府购买服务绩效评估困境",载《求实》2021年第5期。
[8] 陈毅:"对政府职能转变的思考——从'划桨'到'掌舵'再到'服务'",载《云南行政学院学报》2010年第1期。
[9] 陈友华、祝西冰:"中国的社会组织培育:必然、应然与实然",载《江西社会科学》2014年第3期。
[10] 褚松燕:"论公共精神",载《探索与争鸣》2012年第1期。
[11] 崔月琴:"转型期中国社会组织发展的契机及其限制",载《吉林大学社会科学学报》2009年第3期。
[12] 崔正等:"政府购买服务与社会组织发展的互动关系研究",载《中国行政管理》2012年第8期。
[13] 丁煌、梁健:"探寻公共性:从钟摆到整合——基于公共性视角的公共行政学研究范式分析",载《江苏行政学院学报》2022年第1期。
[14] 杜专家、杨立华:"如何防止转型期公共政策公共性的流失?——基于四种类型划分的案例比较研究",载《公共行政评论》2021年第3期。
[15] 范逢春、李晓梅:"农村公共服务多元主体动态协同治理模型研究",载《管理世界》2014年第9期。
[16] 范炜烽、王青平:"我国社会组织的分类及登记管理策略研究",载《学术论坛》2015年第11期。
[17] 冯梦成:"浦东社会组织发展的实践及经验",载《开放导报》2014年第5期。
[18] 傅慧芳:"中国公民意识的本土特质",载《东南学术》2012年第5期。
[19] 顾昕、王旭:"从国家主义到发团主义——中国市场转型过程中国家与专业团体关系的演变",载《社会学研究》

2005 年第 2 期。

[20] 郭湛："治理的根本：共同体、公共性及其发展理念"，载《华中科技大学学报（社会科学版）》2018 年第 4 期。

[21] 管兵："竞争性与反向嵌入性：政府购买服务与社会组织发展"，载《公共管理学报》2015 年第 3 期。

[22] 郝君超："'政府购买社会组织公共服务'国际学术研讨会综述"，载《社团管理研究》2012 年第 2 期。

[23] 胡穗："政府购买社会组织服务绩效评估的实践困境与路径创新"，载《湖南师范大学社会科学学报》2015 年第 4 期。

[24] 胡薇："政府购买社会组织服务的理论逻辑与制度现实"，载《经济社会体制比较》2012 年第 6 期。

[25] 黄春蕾、刘君："绩效视角下政府购买社会工作服务模式的优化——济南市的经验"，载《中国行政管理》2013 年第 8 期。

[26] 姜明安："论法治中国的全方位建设"，载《行政法学研究》2013 年第 4 期。

[27] 姜彦国、蒋文玉："我国社会管理创新的'三元困境'"，载《学术探索》2014 年第 9 期。

[28] 金碚："中国经济发展新常态研究"，载《中国工业经济》2015 年第 1 期。

[29] 敬乂嘉："从购买服务到合作治理——政社合作的形态与发展"，载《中国行政管理》2014 年第 7 期。

[30] 敬乂嘉："合作治理：历史与现实的路径"，载《南京社会科学》2015 年第 5 期。

[31] 敬乂嘉、胡业飞："政府购买服务的比较效率：基于公共性的理论框架与实证检验"，载《公共行政评论》2018 年

第 3 期。

[32] 李春霞等："体制嵌入、组织回应与公共服务的内卷化——对北京市政府购买社会组织服务的经验研究"，载《贵州社会科学》2012 年第 12 期。

[33] 李慧龙、文宏："外部约束与内在激励：政府购买公共服务持续性的双重逻辑——以 A 市社区购买社工服务为例"，载《甘肃行政学院学报》2019 年第 6 期。

[34] 李景鹏："中国公民社会成长中的若干问题"，载《社会科学》2012 年第 1 期。

[35] 李萍："论公民道德建设的二重性"，载《广东社会科学》2022 年第 2 期。

[36] 李一宁等："推进政府购买公共服务的路径选择"，载《中国行政管理》2015 年第 2 期。

[37] 李友梅等："当代中国社会建设的公共性困境及其超越"，载《中国社会科学》2012 年第 4 期。

[38] 马全中："社会组织的行政化：表征、生成机理及治理路径——基于 C 基金会的经验分析"，载《中共天津市委党校学报》2018 年第 4 期。

[39] 毛寿龙、景朝亮："近三十年来我国政府职能转变的研究综述"，载《天津行政学院学报》2014 年第 4 期。

[40] 欧纯智、贾康："公共服务供给方式及其优化选择的框架式分析——兼论 PPP 是优化公共产品与服务供给的善治选项"，载《学术论坛》2018 年第 4 期。

[41] 潘小娟："以深化'放管服'改革为抓手 推进法治政府建设"，载《中国行政管理》2021 年第 10 期。

[42] 齐洁、毛寿龙："非政府组织健全与社会管理创新"，载《现代管理科学》2015 年第 1 期。

［43］芮国强、常静："公共精神形塑下的行政转型"，载《学术界》2007 年第 6 期。

［44］沈荣华："论服务型政府的结构理性"，载《行政论坛》2014 年第 5 期。

［45］施惠宇、马发财："南京：以招商方式购买社会组织服务"，载《中国社会组织》2013 年第 10 期。

［46］石国亮："慈善组织公信力重塑过程中第三方评估机制研究"，载《中国行政管理》2012 年第 9 期。

［47］石国亮、苏媛媛："通过第三方评估建设社会组织公信力的战略思考"，载《中国社会组织》2019 年第 9 期。

［48］史云贵、欧晴："社会管理创新中政府与非政府组织合作治理的路径创新论析"，载《社会科学》2013 年第 4 期。

［49］双艳珍："推动政府与社会组织形成合作养老服务合力——基于构建政府与社会组织互信关系的视角"，载《新视野》2021 年第 6 期。

［50］邰鹏峰："政府购买公共服务的监管成效、困境与反思"，载《辽宁大学学报（哲学社会科学版）》2013 年第 1 期。

［51］谭清华："马克思公共性思想初探——基于阿伦特、哈贝马斯和罗尔斯的比较视角"，载《中国人民大学学报》2013 年第 3 期。

［52］唐文玉："社会组织公共性：价值、内涵与生长"，载《复旦学报（社会科学版）》2015 年第 3 期。

［53］田海林："法治型公共政府的必然选择——政府公共性与自利性的视角"，载《社科纵横（新理论版）》2010 年第 12 期。

［54］田凯："政府与非营利组织的信任关系研究"，载《学术研究》2005 年第 1 期。

[55] 田凯:"组织外形化:非协调约束下的组织运作——一个研究中国慈善组织与政府关系的理论框架",载《社会学研究》2004年第4期。

[56] 田毅鹏:"'活私开公':东亚志愿主义发展的新路径",载《南开学报(哲学社会科学版)》2013年第3期。

[57] 田毅鹏:"东亚'新公共性'的构建及其限制——以中日两国为中心",载《吉林大学社会科学学报》2005年第6期。

[58] 汪锦军:"浙江政府与民间组织的互动机制:资源依赖理论的分析",载《浙江社会科学》2008年第9期。

[59] 汪锦军:"政府购买公共服务与非营利组织的角色——基于北京、浙江两地的问卷调查数据分析",载《中共浙江省委党校学报》2012年第3期。

[60] 汪习根:"法治政府的基本法则及其中国实践",载《理论视野》2015年第1期。

[61] 王春婷:"政府购买公共服务的内涵与动因",载《湖北科技学院学报》2012年第10期。

[62] 王丛虎:"政府购买公共服务的底线及分析框架的构建",载《国家行政学院学报》2015年第1期。

[63] 王达梅、张文礼:"政府购买社会组织服务的'三层次条件合作共强关系理论'",载《兰州学刊》2021年第12期。

[64] 王建芹:"从西方国家社团组织发展的历史脉络看现代公益制度发展特征",载《社团管理研究》2008年第11期。

[65] 王晶:"微博问政:公民意识的觉醒与反思",载《理论月刊》2013年第9期。

[66] 王乐夫、陈干全:"公共管理的公共性及其与社会性之异

同析",载《中国行政管理》2002年第6期。

[67] 王名、丁晶晶:"社会组织参与社会管理创新的基本经验",载《中国行政管理》2013年第4期。

[68] 王名、乐园:"中国民间组织参与公共服务购买的模式分析",载《中共浙江省委党校学报》2008年第4期。

[69] 王名、李健:"社会管理创新与公民社会培育:社会建设的路径与现实选择",载《当代世界与社会主义》2013年第1期。

[70] 王名、孙伟林:"我国社会组织发展的趋势和特点",载《中国非营利评论》2010年第1期。

[71] 王名:"非营利组织的社会功能及其分类",载《学术月刊》2006年第9期。

[72] 王名:"改革民间组织双重管理体制的分析和建议",载《中国行政管理》2007年第4期。

[73] 王名:"中国的非政府公共部门(上)",载《中国行政管理》2001年第5期。

[74] 王诗宗、宋程成:"独立抑或自主:中国社会组织特征问题重思",载《中国社会科学》2013年第5期。

[75] 王诗宗等:"中国社会组织多重特征的机制性分析",载《中国社会科学》2014年第12期。

[76] 王锡忠、顾建龙:"社会组织内部治理的危机与出路",载《中国社会组织》2016年第11期。

[77] 魏红英、郑昕:"分类管理应同社会组织功能相匹配",载《开放导报》2014年第5期。

[78] 魏娜、刘昌乾:"政府购买公共服务的边界及实现机制研究",《中国行政管理》2015年第1期。

[79] 文军:"中国社会组织发展的角色困境及其出路",载《江

苏行政学院学报》2012 年第 1 期。

[80] 吴锦良:"政府与社会:从纵向控制到横向互动",载《浙江社会科学》2001 年第 4 期。

[81] 吴月:"嵌入式控制:对社团行政化现象的一种阐释",载《公共行政评论》2013 年第 6 期。

[82] 吴月:"社会服务内卷化及其发生逻辑:一项经验研究",载《江汉论坛》2015 年第 6 期。

[83] 吴月:"吸纳与控制:政府购买社会服务背后的逻辑",《学术界》2015 年第 6 期。

[84] 吴月:"隐性控制、组织模仿与社团行政化——来自 S 机构的经验研究",载《公共管理学报》2014 年第 3 期。

[85] 吴月:"政府购买公共服务的偏离现象及其内在逻辑研究",载《求实》2015 年第 10 期。

[86] 夏志强、谭毅:"公共性:中国公共行政学的建构基础",载《中国社会科学》2018 年第 8 期。

[87] 项显生:"我国政府购买公共服务监督机制研究",载《福建论坛·人文社会科学版》2014 年第 1 期。

[88] 萧功秦:"重建公民社会:中国现代化的路径之一",载《探索与争鸣》2012 年第 5 期。

[89] 徐家良、赵挺:"政府购买公共服务的现实困境与路径创新:上海的实践",载《中国行政管理》2013 年第 8 期。

[90] 徐湘林:"政治特性、效率误区与发展空间——非政府组织的现实主义理性审视",载《公共管理学报》2005 年第 3 期。

[91] 徐小玲、马贵侠:"社会组织培育:动因、困境及前瞻",载《理论与改革》2013 年第 5 期。

[92] 徐勇:"公共服务购买中政府职能转变的困境与出路",载

《中共天津市委党校学报》2015年第4期。

[93] 许光建、吴岩:"政府购买公共服务的实践探索及发展导向——以北京市为例",载《中国行政管理》2015年第9期。

[94] 许耀桐、傅景亮:"当代中国公共性转型研究",载《上海行政学院学报》2007年第4期。

[95] 燕继荣:"现代国家治理与制度建设",载《中国行政管理》2014年第5期。

[96] 阳盛益等:"政府购买就业培训服务的准市场机制及其应用",载《浙江大学学报(人文社会科学版)》2010年第6期。

[97] 杨安华:"政府购买服务还是回购服务?——基于2000年以来欧美国家政府回购公共服务的考察",载《公共管理学报》2014年第3期。

[98] 杨宝:"政府购买公共服务模式的比较及解释——一项制度转型研究",载《中国行政管理》2011年第3期。

[99] 杨宝:"治理式吸纳:社会管理创新中政社互动研究",载《经济社会体制比较》2014年第4期。

[100] 杨朝聚:"我国非营利组织的行政化及其影响",载《华北水利水电学院学报(社科版)》2007年第6期。

[101] 杨柯:"试论社会组织登记管理体制改革路径选择",载《理论月刊》2011年第12期。

[102] 杨思斌、吴春晖:"慈善公信力:内涵、功能及重构",载《理论月刊》2012年第12期。

[103] 杨玺、谭志福:"政府购买公共服务的合同规范亟待加强",载《中国党政干部论坛》2015年第10期。

[104] 姚锐敏:"困境与出路:社会组织公信力建设问题研究",

载《中州学刊》2013年第1期。
[105] 俞可平：“改善我国公民社会制度环境的若干思考”，载《当代世界与社会主义》2006年第1期。
[106] 俞祖成：“战后日本公共性的结构转型研究”，载《太平洋学报》2011年第12期。
[107] 虞维华：“政府购买公共服务对非营利组织的冲击分析”，载《中共南京市委党校南京市行政学院学报》2006年第4期。
[108] 郁建兴等：“后双重管理体制时代的行业协会商会发展”，载《浙江社会科学》2013年第12期。
[109] 袁祖社：“'公共精神'：培育当代民族精神的核心理论维度”，载《北京师范大学学报（社会科学版）》2006年第1期。
[110] 袁祖社：“公共性的价值信念及其文化理想”，载《中国人民大学学报》2007年第1期。
[111] 袁祖社、张媛：“走向一种实践的共同体文化：公共性视角下现代人的价值理性期待”，载《东岳论丛》2021年第2期。
[112] 张晨颖：“公共性视角下的互联网平台反垄断规制”，载《法学研究》2021年第4期。
[113] 张东苏：“重视社会组织发展的微观制度环境——以上海城市社区为例”，载《探索与争鸣》2012年第7期。
[114] 张海、范斌：“政府购买社会组织公共服务方式的影响因素与优化路径”，载《探索》2013年第5期。
[115] 张海：“基层政府购买社会组织服务中的目标置换问题及其治理”，载《学习与实践》2021年第4期。
[116] 张杰：“我国社会组织公信力不足的制度成因探析”，载

《青海社会科学》2014年第2期。

［117］张军:"如何用竞争性磋商方式购买残疾人服务",载《中国政府采购》2015年第5期。

［118］张汝立、陈书洁:"西方发达国家政府购买社会公共服务的经验和教训",载《中国行政管理》2010年第11期。

［119］张文礼:"合作共强:公共服务领域政府与社会组织关系的中国经验",载《中国行政管理里》2013年第6期。

［120］张文凌:"在政协增设'草根组织'界别",载《中国青年报》2014年02月20日,第06版。

［121］张亚泽:"公共精神与和谐社会的公民之维",载《内蒙古社会科学》2006年第3期。

［122］张宇、刘伟忠:"地方政府与社会组织的协同治理:功能阻滞及创新路径",载《南京社会科学》2013年第5期。

［123］张祖平:"慈善组织公信力的生成、受损和重建机制研究",载《上海财经大学学报》2015年第4期。

［124］张敏:"从面向政府到面向社会:西方公共行政学发展的一个基本分期——兼论公共行政公共性的发现",载《江海学刊》2019年第6期。

［125］赵罗英、夏建中:"社会资本与社区社会组织培育——以北京市D区为例",载《学习与实践》2014年第3期。

［126］赵蓬奇:"公信力——社会组织的生命力",载《社团管理研究》2008年第7期。

［127］赵小平等:"精英组织参与城市社区社会组织培育:模式特征与策略选择",载《新视野》2014年第3期。

［128］赵欣:"授权式动员:社区自组织的公共性彰显与国家权力的隐形在场",载《华东理工大学学报(社会科学版)》2012年第6期。

［129］郑杭生、何珊君："和谐社会与公共性——一种社会学视野"，载《甘肃理论学刊》2005年第1期。

［130］郑杭生："社会和谐与公共性"，载《中国特色社会主义研究》2005年第1期。

［131］郑苏晋："政府购买公共服务：以公益性非营利组织为重要合作伙伴"，载《中国行政管理》2009年第6期。

［132］郑卫东："城市社区建设中的政府购买公共服务研究——以上海市为例"，载《云南财经大学学报》2011年第1期。

［133］郑新蓉、王国明："教育公共性的嬗变——也谈我国农村教育兴衰"，载《妇女研究论丛》2019年第1期。

［134］周俊："政府购买公共服务的风险及其防范"，载《中国行政管理》2010年第6期。

［135］朱健刚、陈安娜："嵌入中的专业社会工作与街区权力关系——对一个政府购买公共服务项目的个案分析"，载《社会学研究》2013年第1期。

［136］左敏、周梅华："动态绩效管理视域下政府购买服务的评估困境及路径优化"，载《重庆社会科学》2020年第10期。

外文文献类：

［1］Aaron D. Cushman, "How do we re-establish public confidence in the media? The answer is simple", *Public Relations Tactics*, 2006, Vol. 13, Issue1, p. 10.

［2］Alessandro Ancarani, "Supplier evaluation in local public services: Application of a model of value forcustomer", *Journal of Purchasing& Supply Management*, 2009, No. 15, pp. 33~42.

[3] Bratton M, "The Politics of Government-NGO Relations in Africa", *World Development*, 1989, Vol. 17, No. 4, pp. 576~579.

[4] Hastak, M, Maris, M. B, Morris, L. A, "The role of consumer surveys in public policy decisionmaking ", *Journal of Public Policy & Marketing*, 2001, No. 2, pp. 170~185.

[5] Hugh R. Waters, Laura L. Morlock & Laurel Hatt, "Quality-based purchasing in health care", *International Journal of Health Planning and Management*, 2004, No. 19, pp. 365~381.

[6] Jamed C. McDavid, "Solid-waste Contracting-out, Competition, and Bidding Practices among Canadian Local Government", *Canadian Public Administration*, 2002, Vol. 44, Issue1, p. 195.

[7] James Ferris, Elizabeth Graddy, "Contracting out: For What? With Whom?" *Public Administration Review*, 1986, Vol. 46, No. 4.

[8] James L. Mercer, "Growing opportunities in public service contraction", *Harvard Business Review*, 1983, No. 61, pp. 178~188.

[9] Jocelyn M. Johnston, Barbara S. Romzek, "Contracting and Accountability in State Medicaid Reform: Rhetoric, Theories, and Reality", *Public Administration Review*, 1999, Vol59, No. 5.

[10] Lindsey McDougle, "Understanding public awareness of nonprofit organizations: exploring the awareness-confidence relationship", *International Journal of Nonprofit and Voluntary*

Sector Marketing, 2014, No. 19, pp. 187~199.

[11] Meyer, J., and B. Rowan, "Institutionalized Organizations: Formal Structure as Myth and Ceremony", *American Journal of Sociology*, 1977, Vol. 83, No. 2, pp. 340~363.

[12] Philip Meyer, "Defining and Measuring Credibility of Newspapers: Developing and Index", *Journalism&Mass Communication Quarterly*, 1988, Vol. 65, No. 3, pp. 567~574.

[13] R. B. Denhardt. "Trust as capacity: the role of integrity and responsiveness", *Public Organization Review*, 2002, Vol. 2, Issue 1, pp. 65~76.

[14] Ruh hoogland dehoog, "Competition, negotiation or cooperation: three models for service contracting", *Administration and society*, 1990, Vol. 22, No. 3, pp. 317~340.

[15] Salamon. L M, "Rethinking Public Management: Third-Party Government and the Changing Forms of Government Action", *Public Policy*, 1981, Vol. 29, No. 3, pp. 255~275.

[16] Saxton J, "The Achilles' Heel of Modern Nonprofits Is Not Public 'Trust and Confidence' But Public Understanding of 21st Century Charities", *International Journal of Nonprofit and Voluntary Sector Marketing*, 2004, Vol. 9, No. 3, pp. 188~190.

[17] Hansmann H, *Economic theories of nonprofit organizations*, New Haven: Yale University Press, 1987, p. 29.

[18] Ralph M. Kramer, Paul Terrell, *Social Services Contracting in the Bay Area*, Berkeley: University of California, Institute of Governmental Studies, 1984, pp. 17~25.

[19] Kevin Lavery, *Smart Contracting for local Government Services: Processes and Experience*, Westport: Praeger publishers,

1999, pp. 1~13.

[20] Tandon R, *Ngo-Government Relations: A Source of Life or a Kiss of Death*, New Delhi: PERA, 1989, p. 21.

[21] Tsou, Tang, "*Revolution, Reintegration, and Crisisin Communist China: a Framework for Analysis*" in: Ho, Ping-ti &Tsou, Tang (ed.) Chinaincrisis1V.1Book1. Chicago: University of Chicago Press, 1967. pp. 277~364.

[22] Wolch J R, *The Shadow State: Government and the Voluntary Sector in Transition*, New York: The Foundation Center, 1990, pp. 3~96.

附 录

广东省政府向社会组织购买公共服务范围

类别		服务事项
社会公共服务与管理事项	基本公共服务事项	教育、卫生、文化、体育、公共交通、住房保障、社会保障、公共就业等领域适宜由社会组织承担的部分基本公共服务事项
	社会事务服务事项	社区事务、养老助残、社会救助、法律援助、社工服务、社会福利、慈善救济、公益服务、人民调解、社区矫正、安置帮教和宣传培训等
	行业管理与协调事项	行业资格认定和准入审核、处理行业投诉等
	技术服务事项	科研、行业规划、行业调查、行业统计分析、社会审计与资产评估、检验、检疫、检测等
	其他事项	按政府转移职能要求实行购买服务的其他事项
履行职责所需要的服务事项	辅助性和技术性事务	法律服务、课题研究、政策（立法）调研、政策（立法）草拟、决策（立法）论证、监督评估、绩效评价、材料整理、会务服务等
	其他事项	按政府转移职能要求实行购买服务的其他事项